高职高专"十二五"规划教材——汽车专业系列

二手车鉴定评估

主　编　喻媛媛　熊其兴
副主编　张　洲　罗　恒　程　俊
　　　　方　波
参　编　陈爱群　齐　芳　蒋汪萍
　　　　李　媛　李　卫

东南大学出版社
·南京·

内容简介

本书基于二手车鉴定评估的工作流程,涵盖了其所涉及的专业知识与技能。系统地阐述了汽车的基础知识、二手车的鉴定与评估知识、汽车的使用与管理、汽车的碰撞事故评估以及二手车的交易等内容。具有较强的理论性、实践性、针对性和可操作性。

编写过程充分考虑到高职高专教育的需要,注重理论联系实际,精选了二手车鉴定评估实践中最新信息和案例,内容全面而又实用。

图书在版编目(CIP)数据

二手车鉴定评估 / 喻媛媛,熊其兴主编. —南京:东南大学出版社,2015.6
 ISBN 978-7-5641-5749-4

Ⅰ.①二… Ⅱ.①喻… ②熊… Ⅲ.①汽车-鉴定 ②汽车-价格评估 Ⅳ.①U472.9②F766

中国版本图书馆 CIP 数据核字(2015)第 107646 号

二手车鉴定评估

出版发行:东南大学出版社
社　　址:南京市四牌楼 2 号　邮编:210096
出 版 人:江建中
责任编辑:史建农　戴坚敏
网　　址:http://www.seupress.com
电子邮箱:press@seupress.com
经　销:全国各地新华书店
印　刷:常州市武进第三印刷有限公司
开　本:787mm×1092mm　1/16
印　张:15.5
字　数:403 千字
版　次:2015 年 6 月第 1 版
印　次:2015 年 6 月第 1 次印刷
书　号:ISBN 978-7-5641-5749-4
印　数:1~3000 册
定　价:33.00 元

本社图书若有印装质量问题,请直接与营销部联系。电话:025-83791830

高职高专"十二五"规划教材——汽车专业系列丛书编委会

编委会人员名单：（按姓氏笔画排序）

韦　倾	方　波	印德彬	刘志君	刘　涛
杜　潜	李　磊	吴炳理	吴　浩	邱翠蓉
何细鹏	张宝利	陈宝华	陈　高	林振琨
易宏彬	罗子华	周　欢	胡春红	耿会斌
聂　进	谈丽华	黄云力	鄂　义	董继明
熊少华				

前言

新世纪以来,汽车走入家庭的步伐越来越快,汽车市场保有量不断提高,家庭收入的提高使得人们在拥有汽车数年后考虑更换,二手车市场就应运而生了。在发达国家,二手车交易量可达到新车的2~3倍。近年来,我国汽车销量稳居世界第一,二手车交易量也快速增长,且潜力巨大。二手汽车取代新车市场地位,成为汽车消费市场的主体是汽车产业发展的必然趋势。面对如此迅猛发展的二手车市场,国家急需从事二手业务的实用型高技能人才。

二手车交易涉及汽车技术状况鉴定、评估、销售、拍卖、过户等知识,本书密切联系国内二手车市场实际,为了适应市场对于从业者的要求,提高其职业能力而编写。本书涵盖了二手车交易其所涉及的专业知识与技能,系统地阐述了汽车的基础知识、二手车的鉴定与评估知识、汽车的碰撞事故及评估以及二手车的交易等内容。具有较强的理论性、实践性、针对性和可操作性。

本书由武汉软件工程职业学院喻媛媛、武汉职业技术学院熊其兴主编;武汉理工大学华夏学院张洲、湖北生态工程职业技术学院罗恒、黄冈职业技术学院程俊、重庆能源职业学院方波任副主编;参与教材编写的还有襄阳汽车职业技术学院陈爱群、武汉理工大学华夏学院齐芳、蒋汪萍、李媛,湖南信息职业技术学院李卫。

本书既可作为职业院校、高校汽车专业教材、二手车鉴定评估专业人员的培训教材,同时也可供评估机构、拍卖公司、政府部门等相关技术人员作为学习参考。

本书在编写过程中引用和借鉴了部分文献资料,为此对相关作者表示衷心的感谢。由于编者水平有限,时间仓促,错误和疏漏之处在所难免,恳请专家同仁和广大读者批评指正。

编 者
2015年5月

目 录

项目1 汽车基础知识 ··· 1
  任务1 汽车发展史 ··· 1
  任务2 汽车分类与编号 ··· 5
  任务3 汽车的组成 ·· 16
  任务4 汽车的特征参数和主要性能指标 ·· 17
  任务5 汽车的使用寿命 ·· 25

项目2 二手车鉴定评估概述 ·· 30
  任务1 认识二手车 ·· 30
  任务2 二手车鉴定评估基础理论 ··· 33
  任务3 二手车鉴定评估的基本条件 ·· 35
  任务4 影响二手车评估的因素 ·· 43

项目3 二手车技术状况鉴定 ·· 47
  任务1 静态检查 ··· 47
  任务2 动态检查 ··· 58
  任务3 仪器检测 ··· 64

项目4 二手车评估方法 ·· 81
  任务1 现行市价法 ·· 81
  任务2 重置成本法 ·· 86
  任务3 收益现值法 ·· 92
  任务4 清算价格法 ·· 96
  任务5 二手车鉴定评估方法的选择 ·· 99
  任务6 二手车鉴定评估的价值计算 ··· 101

项目5 二手车鉴定评估报告书 ·· 105
  任务1 二手车鉴定评估报告书概述 ··· 105
  任务2 二手车鉴定评估报告书的要求及内容 ··· 109
  任务3 二手车鉴定评估报告书制度 ··· 116

项目 6　汽车碰撞事故损失的评估 ··· 119
　　任务 1　汽车型号的确定 ·· 119
　　任务 2　汽车碰撞事故损坏 ·· 120
　　任务 3　碰撞损伤的检验与测量 ·· 127
　　任务 4　主要零部件损伤评估 ·· 133
　　任务 5　汽车修理工时费用的确定 ·· 142
　　任务 6　车辆损伤评估报告的撰写 ·· 149

项目 7　二手车交易市场概述 ··· 156
　　任务 1　二手车交易市场基础知识 ·· 156
　　任务 2　发达国家二手车市场概况 ·· 158
　　任务 3　我国二手车市场概况 ·· 160

项目 8　二手车交易 ··· 169
　　任务 1　二手车交易概述 ·· 169
　　任务 2　二手车交易的证件和证件检查 ·· 177
　　任务 3　二手车交易过户、转籍的办理程序 ·· 182
　　任务 4　二手车收购 ·· 185
　　任务 5　二手车销售 ·· 192
　　任务 6　二手车置换 ·· 202
　　任务 7　二手车拍卖 ·· 208

项目 9　二手车鉴定评估机构和人员 ··· 217
　　任务 1　二手车鉴定评估机构 ·· 217
　　任务 2　二手车鉴定评估人员 ·· 219
　　任务 3　二手车鉴定评估从业资格 ·· 223

附录 A　二手车交易规范 ··· 228
附录 B　二手车流通管理办法 ··· 233
附录 C　中国汽车流通协会《旧机动车鉴定估价师注册登记管理办法（试行）》 ············· 237
附录 D　国家汽车报废新标准 ··· 239

参考文献 ··· 240

项目 1　汽车基础知识

项目要求

1. 了解汽车的发展历史；
2. 掌握机动车的分类知识，能够进行汽车识别和读懂代码的主要含义；
3. 掌握汽车的主要性能指标及各性能对汽车的影响；
4. 掌握汽车的基本构造知识，并能够识别汽车的总成和零部件；
5. 掌握影响汽车使用寿命的因素。

任务 1　汽车发展史

汽车发展至今已有两百多年的历史，如今，它不仅仅作为代步和运输的工具，还要满足人们对它越来越高的要求。近几十年来，各种新技术在汽车上的广泛应用，使汽车各方面的性能得以改善。如今汽车不再是简单的机械组成，而是集各种先进技术为一身的产品。

1.1.1　汽车的起源和发展

1771 年，法国人居纽设计出蒸汽机三轮车。

1860 年，法国人雷诺制造出了以煤炭瓦斯为燃料的汽车发动机。

1885 年，德国工程师卡尔·本茨(1844—1929)在曼海姆制造成一辆装有 0.85 马力汽油机的三轮车，德国另一位工程师戈特利布·戴姆勒(1834—1900)也同时造出了一辆用 1.1 马力汽油发动机作动力的四轮汽车，这便是现代意义上的汽车。他们俩被公认为以内燃机为动力的现代汽车的发明者。

1886 年 1 月 29 日，卡尔·本茨申请了汽车专利，并获得成功，这一天就是汽车的诞生日。

1908 年，美国人福特采用流水式生产线大量生产价格低、安全性能高、速度快的 T 型汽车。汽车的大众化由此开始。

1912 年，凯迪拉克公司推出电子打火启动车，使妇女也开始爱上汽车。

1926 年，世界第一家汽车制造公司戴姆勒·本茨公司成立。

1934 年，第一辆前轮驱动汽车面世。

1940 年，大战令许多汽车制造商停产，欧洲车商开始转向生产军用车辆。

50 年代，德国沃尔沃的甲壳虫轿车一经推出就成为最受欢迎的汽车。

1970 年到 2000 年，日本车在亚洲走俏，丰田、本田、三菱以及日产等高技术小型车入侵欧美市场，改写了欧美牌子垄断的局面。

1.1.2 我国汽车的发展历史

中国的汽车工业从诞生到现在经历了若干发展阶段,从日本侵略者占领下的早期发展阶段,到如今中国汽车生产商已赢得了自己的一席之地,并向历史悠久的跨国巨头发起了挑战。与上个世纪的中国历史一样,中国汽车工业在过去的110年里也同样历经了几番起伏。

但有些主题却是贯穿始终的。尽管外国企业一直占据着重要地位,但是从上世纪30年代以木炭为动力的汽车,到如今比亚迪公司在电池方面取得的突破,中国企业家和工程师在自主创新方面的探索从未停止过。此外,政府也始终在中国汽车业的发展中扮演着重要的角色。即便是穷兵黩武并且腐败严重的蒋介石政府也在上世纪30年代筹集到了足够的资本创建了国有汽车生产厂。进入21世纪,上海汽车工业(集团)总公司等国有企业依然在中国汽车工业领域扮演着举足轻重的角色。

1901年,匈牙利人李恩时(Leinz)开创先河,把第一辆汽车引进了中国。他订购了2辆Oldsmobile汽车,从美国出发,途经香港,最终运抵上海。翌年,上海市政府颁发了中国第一块汽车牌照。

1928年,张学良是第一个组织生产国产汽车的人。

1929年,进口车辆8 781辆。

1930年,汽车保有量为38 484辆。

1931年,为改变中国交通落后和依赖洋油的被动局面,汤仲明造出了第一台由木炭驱动的汽车。1931年夏天,这款汽车首次在河南郑州试驾。

1936年,张德庆成为中国汽车制造公司株洲总厂副厂长。张德庆是中国为数不多的曾在美国和德国学习工作过的工程师之一,为中国汽车工业的发展做出了卓越贡献。

1937—1945年,抗日战争直至第三次国内革命战争时期,中国的汽车工业陷入停滞,汽车工厂以及大批汽车工程师转而开始设计炸弹和武器装备。

1950年,毛泽东主席访问苏联,中苏双方商定,由苏联全面援助中国建设第一个载重汽车厂。经过一年多的调查研究,1951年,中共中央和中央人民政府决定把第一汽车制造厂的厂址设在吉林长春市郊。

1956年,被毛主席命名为"解放"牌的第一批国产汽车试制成功。长春一汽生产的"解放"牌汽车是以苏联生产的吉斯150型汽车为范本,并根据中国的实际情况,改进部分结构而设计和制造出来的。

1959年,"红旗"轿车正式定型投产,生产型号CA72,为双排座式,这是我国有编号的第一辆真正的红旗牌高级轿车。新中国成立10周年庆典当天,2辆"红旗"轿车参加了检阅,6辆"红旗"轿车参加了群众大游行。

50年代末,中国的汽车制造厂迅速增长到16家,汽车改装厂增加到28家,汽车、特别是载货汽车产量迅速稳步增长,达到2万多辆的水平。

1967年4月1日,第二汽车制造厂正式破土动工,举行开工典礼,9月工程全面开工,建设周期长达10年之久。

1969年,为了解决大型工程亟须矿用自卸车,以及依赖进口受制于人的问题,中国掀起了一个全国制造重型自卸车的热潮。1969年,第一辆上海SH380试制成功,这是以上海货车制造厂为主、全国169家工厂大协作的成果。

60年代后期,为满足重型载货汽车需求,四川汽车制造厂和陕西汽车制造厂,以及一大批配套厂先后投入建设。

1976年,全国汽车厂家增加到66个,专用改装车厂家增加到166个。

1979年,中国汽车产量已达到19万辆,形成了以载货车和越野车为主体的汽车产品体系。

1980年,丰田在北京设立首家汽车维修服务中心。同年10月,丰田在北京设立了代表处,成为最早在中国设立代表处的国外汽车厂商之一。

1984年,上海大众合资合同在北京人民大会堂签署,国内第一个轿车合资企业诞生。起初,上海大众主要生产桑塔纳,如今由其生产的大众及斯柯达品牌汽车已达12款。

1985年3月,中国与德国合资的上海大众汽车有限公司正式成立,9月正式开业。

1987年8月,国务院北戴河会议讨论发展轿车工业问题,确定一汽、二汽、上海3个轿车生产基地。

1990年11月,一汽和德国大众公司15万辆轿车合资项目在北京签字。1991年2月8日,中外合资的一汽大众有限公司在长春成立。

1990年12月,二汽与雪铁龙公司轿车合资项目在法国签字。

1991年1月,上海大众汽车有限公司生产的桑塔纳轿车在1990年的累积国产化率达60.09%,整车和发动机开始出口。

1993年11月,汽车行业名列前10位的是:上海汽车工业总公司、东风汽车公司、中国第一汽车集团公司、北京吉普汽车有限公司、重庆汽车制造厂、江西汽车制造厂、金杯汽车股份有限公司、广州标致汽车公司、南京汽车制造厂、湖南汽车制造厂。

1997年1月8日,奇瑞汽车股份有限公司注册成立,公司于1997年3月18日动工建设,1999年12月18日,第一辆奇瑞轿车下线;目前,奇瑞公司已具备年产90万辆整车、发动机和40万套变速箱的生产能力。

1997年,吉利开始进入汽车产业;1998年8月8日,吉利自主研发的第一台轿车——吉利·豪情两厢轿车在临海正式下线。已拥有年产40万辆整车、40万台发动机、40万台变速器的生产能力。

1998年6月,中日合资广州本田成立。

1998年12月,上海通用别克下线。

2009年,随着美国经济陷入衰退,美国的汽车销量大幅下滑;但大洋另一端,中国的汽车市场仍阔步前进。2009年年初,中国成为全球最大的汽车市场。

2010年,中国的汽车销量超过1 800万辆,国内厂商所占的市场份额从2年前的26%上升到了30%。

1.1.3 未来汽车的发展方向

1)汽车的总体发展趋势

随着汽车新技术的不断更新,未来汽车的发展已经进入全球视野。在2010年的伦敦、北京、成都、纽约等国际车展上,宝马、丰田、奥迪、大众等知名厂商纷纷推出旗下的概念车和新型跨界汽车,未来汽车的发展趋势主要表现为安全系数大大提升、交通轨道多元化以及能源清洁化、多样化。

(1) 乘用车柴油机化的比例将越来越高。随着柴油机技术的不断发展，特别是小型高速直喷式柴油机技术的日趋完善，使其较汽油机更为经济、排放更低，因此装用柴油机的车型将越来越受欢迎。有专家预测，10年以后，世界乘用车市场柴油机化的比例将超过50%。

(2) 电动汽车将进入实用阶段。随着低价格、高能量和长寿命新型电池的研究发展，以及人们对环保的强烈呼声，电动汽车将越来越多地在各大城市取代石油能源汽车成为一种代步工具。

实际上，今天汽车能源由石油占据绝对优势的局面已经被打破，尽管石油能源汽车在未来三四十年内仍会保持领先，但由于燃气汽车、醇类汽车以及电动汽车的迅速发展，石油能源汽车很快将走下坡路。专家预计，到21世纪中叶其下降速度将急剧增快。就整个21世纪而言，呈现在人们面前的将是汽油汽车、柴油汽车、燃气汽车、醇类汽车、电动汽车、氢气汽车以及其他多种能源汽车活跃的多级模式。21世纪中叶之后，上升势头最猛的非电动汽车莫属。到21世纪末，汽油汽车和柴油汽车可能已经或即将退出历史舞台，燃气汽车也成了强弩之末，电动汽车势必稳取汽车世界的霸主宝座。

(3) 汽车安全标准将会更加严格。为保证汽车安全，今天选装或正在研发的许多安全装置，如ABS、EBS、智能气囊（含侧面）、三点自动上肩式安全带、防侧撞杆等均将逐渐成为标准装备。

(4) 汽车排放控制标准将会更加严格。如美国2007年开始执行的EPA2007排放标准要求将EPA2004中规定的微粒物（PM）减少90%，氮氧化合物（NO_x）减少95%。同时，对柴油品质也做出规定：石油公司必须将柴油含硫量按目前标准减少97%，仅占15%。

(5) 降低油耗将成为各大汽车制造厂商制胜市场的首选课题。随着近年国际燃油价格的不断攀升，低油耗车型成为市场上的抢手货。

(6) 使用更多替代钢、铁的轻质材料，以降低车辆自重。铝合金、镁合金、工程塑料及碳素纤维等轻质材料在汽车制造上的应用将越来越多。

(7) 各种电子、电控、智能装置将越来越多地应用在汽车上。如电子防盗门锁、电控可变技术、智能驾驶等等，无所不有。

(8) 前轮驱动汽车的比例将不断增加，发动机横置技术进一步发展。因为这两种技术将使汽车的经济性大大改善。

(9) 通信、网络技术在汽车尤其是商用车上应用越来越普遍。如在美国现代卡车上，现已全面应用GPS技术，实现卫星监控和导航技术。在最新型号的重卡上，驾驶室有键盘和显示器，装置一个称为全线通的移动通信和跟踪网络系统，它是由美国高通公司研制开发的车辆跟踪和调度管理系统，将GPS、GIS、通信、计算机、物流技术融为一体，不仅为交通运输业提供卫星定位、双向通信、网上发布（车、货）动态信息，使货主能通过因特网方便地查询托运货物的动态情况，还能够与企业现有的调度、财务和仓储等系统集成，实现物流管理的一体化和全面自动化。

(10) 重型载货汽车向高吨位发展。在20世纪50年代，重型载货车的最大功率约150 kW（近200马力），90年代末已提高到最大功率约440 kW（近600马力），40年内提高了近3倍。有专家预测，在未来的50年内，重卡的最大功率将达到735 kW（1 000马力）。

2) 我国汽车市场的发展趋势

(1) 汽车市场仍快速增长。汽车市场的增长与经济增长有直接关系，随着中国经济的强劲增长,中国汽车市场仍将保持快速增长。

(2) 行业集中度继续提高,部分边缘品牌将退市。汽车行业是资金密集、技术密集、人才密集型的行业,在原材料价格涨价时,汽车行业却在一轮轮降价,国内中级车及以下的车型利润空间已经大幅缩水。投资汽车行业已经不再是一本万利能够迅速收回投资的时代了。我国汽车市场已经是国际竞争的平台,各大跨国汽车巨头悉数到来建立合资企业,或者建立销售渠道以进口车形式销售,在各个细分市场的竞争已经接近白热化。边缘品牌退市是优胜劣汰的竞争结果。一些企业生产的车型质量不过关,价格没优势,后续产品很难跟进,这样的企业退市对汽车行业整体的发展是有利的。

(3) 车型将迎来换代高峰。近几年很多重量级的车型迎来新一代产品,这些产品有的是完全改款也就是新一代产品,有些是中期改款,无论怎么改都将有更好的性价比,都成为车市的明星。

(4) SUV(Sport Utility Vehicle)市场车型增多,SUV 热还将持续升温。在 SUV 市场快速增长的驱动下,很多企业将推出自己的 SUV 车型。逍客、宝马 X6、奥迪 Q5、力帆 SUV、路虎全新双门 SUV 等十几款 SUV 已上市。

(5) 日系车将全面雄起。现在日系车在我国汽车的总销量中明显提高,特别是丰田车系,其产品增加、产能扩大、价格不断下降,对我国自主品牌形成了严峻的挑战。

(6) 中高级车价格战竞争加剧。中高级车市场中,新君威、新雅阁、新天籁、新马自达 6 和新迈腾等车型已挑起白热化的市场竞争。

(7) 新能源汽车将有望批量生产。新能源汽车是未来发展的方向,因为不可再生的石油资源终究有一天将被开采殆尽。现在国内汽车企业中长安、哈飞、奇瑞、上汽和一汽等无不在进行自己的新能源汽车计划。比亚迪汽车已在全球率先发布可充电的双模电动汽车并商业化。

(8) 自主小车面临挑战,合资精品小车扎堆上市。小车已经不再只是便宜的代步工具,在提供最快捷、最经济的代步用途的同时,也不断融入时尚、流行、个性的元素,成为彰显鲜明自我个性的载体,更加吸引消费者。CROSSPOLO、马自达 2、新雨燕 1.5 L、新威姿、雅锐斯等合资企业的精品小车扎堆上市,这些小车主要会向下挤压部分国产车型市场。

(9) 销售网络优胜劣汰,4S 店集团开始更多出现。4S 店兼并重组进入频繁期,更多的 4S 店集团将不断出现并不断壮大。一些有实力的 4S 店早已瞄准开始出手收购,因为收购一个店比自己建店来得更容易。未来在全国多个区域有影响力的 4S 店集团也将更多出现,4S 店的行业集中度也将提高。

(10) 汽车金融渐成气候,贷款购车将成规模。各大合资企业的汽车金融公司都已经进入中国,为了提高汽车销量,这些公司还经常通过贷款买车优惠的方式促进销售。上海通用雪佛兰、一汽大众等企业都推出了各种贷款买车优惠政策,预计将来在汽车销售竞争更加激烈的环境中,还将有更多的汽车金融公司参与到刺激消费的工作中,进一步推动汽车贷款消费市场扩大。

任务 2 汽车分类与编号

汽车具有高速、机动、舒适、使用方便以及门对门服务等优点,极大地方便了人们的生活,提高了劳动生产率,备受人们青睐,得到迅速普及与发展。

1.2.1 汽车定义

现代社会几乎没有人不知道汽车,但却没有多少人能够准确地给汽车下定义。

汽车的定义与科技的发展密切相关,在不同时期和国家其含义不同。

根据国家标准《汽车和挂车类型的术语和定义》(GB/T 3730.1—2001),我国现在对汽车的定义是:由动力驱动,具有4个或4个以上车轮的非轨道承载的车辆,主要用于载运人员和(或)货物、牵引载运人员和(或)货物的车辆;特殊用途。本术语还包括:①与电力线相连的车辆,如无轨电车;②整车整备质量超过400 kg的三轮车辆。

1.2.2 汽车的分类

出于不同的需要,对汽车的分类也不尽相同,例如,可以从大小、用途、使用的燃料、驱动方式及结构形式等多角度区分不同的汽车。不同的分类反映了汽车不同的属性,由此也产生了汽车的各种习惯称谓。为了便于车辆的管理,许多国家会根据车辆的种类以及国家标准形式规定汽车的型号的编制规则。

1) 按国家标准(GB/T 3730.1—2001)分类

根据《汽车和挂车类型的术语和定义》(GB/T 3730.1—2001),汽车按用途可以分为乘用车和商用车两大类。

(1) 乘用车

在其设计和技术特性上主要用于载运乘客及其随身行李物品的汽车,包括驾驶员座位在内最多不超过9个座位。它也可以牵引一辆挂车。乘用车又可以分为11种,见表1-1。

表1-1 乘用车分类

序号	分类	说明					图例
		车身	车顶	座位	车门	车窗	
1	普通乘用车	封闭	硬顶	≥4	2或4		图1-1
2	活顶乘用车	可开启	硬顶或软顶	≥4	2或4	≥4	图1-2
3	高级乘用车	封闭	硬顶	≥4	4或6	≥6	图1-3
4	小型乘用车	封闭	硬顶	≥2		≥2	图1-4
5	敞篷车	可开启	硬顶或软顶	≥2	2或4	≥2	图1-5
6	仓背乘用车	后部有一仓门	硬顶	≥4	2或4	≥2	图1-6
7	旅行车		硬顶	≥4	2或4	≥4	图1-7
8	多用途乘用车	座位数超过7个,多用途					图1-8
9	短头乘用车	指一半以上的发动机长度位于车辆前风窗玻璃最前点以后,并且方向盘的中心位于车总长的前四分之一部分内					图1-9
10	越野乘用车	在其设计上所有车轮同时驱动(包括一个驱动轴可以脱开的车辆),或其几何特性(接地角、离去角、纵向通过角、最小离地间隙)、技术特性(驱动轴数、差速锁止机构或其他型式机构)及其性能(爬坡度)允许在非道路上行驶的一种乘用车					图1-10
11	专用乘用车	专门用途(救护车、旅居车、防弹车、殡仪车等)					图1-11

项目 1　汽车基础知识

图 1-1　普通轿车

图 1-2　活顶乘用车

图 1-3　高级乘用车

图 1-4　小型乘用车

图 1-5　敞篷车

图 1-6　仓背乘用车

图 1-7　旅行车

图 1-8　多用途乘用车

图1-9 短头乘用车

图1-10 越野乘用车

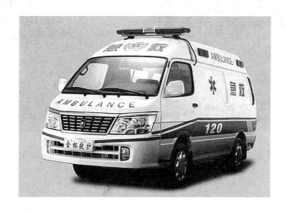
图1-11 专用乘用车

(2) 商用车

商用车是在设计和技术特征上用于运送人员和货物的汽车,并且可以牵引挂车。商用车又分为客车、货车、挂车和汽车列车四大类,见表1-2。

表1-2 商用车分类

分 类		说 明	图 例
客车	小型客车	载客,≥16座(驾驶员座位除外)	图1-12
	城市客车	城市用公共汽车,有座位和站位	图1-13
	长途客车	城市间用的长途客车,有座位,没有站位	图1-14
	旅游客车	为旅游设计的用车	图1-15
	铰接客车	由两节刚性车厢铰接组成的客车	图1-16
	无轨电车	经架线由电力驱动的客车	图1-17
	越野客车	所有车轮可以同时驱动,可在非道路上行驶的一种客车	图1-18
	专用客车	一种经特殊布置和安排后才能载运人的车辆	图1-19

续表 1-2

分 类		说 明	图 例
货车	普通货车	敞开(平板式)或封闭(厢式)的载货车	图 1-20
	多用途货车	驾驶座后可载 3 人以上的货车	图 1-21
	全挂牵引车	牵引杆式挂车的货车	图 1-22
	越野货车	所有车轮可以同时驱动,可在非道路上行驶	图 1-23
	专用作业车	特殊作业的货车(消防车、救险车、垃圾车、应急车、街道清扫车、扫雪车、清洁车等)	图 1-24
	专用货车	运输特殊物品的货车(罐式车、乘用车运输车、集装箱运输车等)	图 1-25
挂车	牵引杆挂车	至少有 2 根轴的挂车,一轴可转向;通过角向移动的牵引杆与牵引车联结;牵引杆可垂直移动,联结到底盘上,因此不能承受任何垂直力	图 1-26
	半挂车	车轴置于车辆重心(当车辆均匀受载时)后面,并且装有可将水平或垂直力传递到牵引车的联结装置的挂车	图 1-27
	中置轴挂车	牵引装置不能垂直移动(相对于挂车),车轴位于紧靠挂车的重心(当均匀载荷时)的挂车	图 1-28
汽车列车		一辆汽车与一辆或多辆挂车的组合	图 1-29

图 1-12 小型客车

图 1-13 城市客车

图 1-14 长途客车

图 1-15 旅游客车

图 1-16　铰接客车

图 1-17　无轨电车

图 1-18　越野客车

图 1-19　残疾人专用客车

图 1-20　普通货车

图 1-21　多用途货车

图 1-22　全挂牵引车

图 1-23　越野货车

图 1-24　专用作业车

图 1-25　专用货车

图 1-26　牵引杆挂车

图 1-27　半挂车

图 1-28　中置轴挂车

图 1-29　汽车列车

2）按发动机位置及驱动形式分类

根据发动机和各个总成相对位置以及驱动方式的不同,现代汽车的布置型式通常有以下几种(见图 1-30):

(1) 发动机前置后轮驱动(FR)——这是比较传统的布置型式,一般多用于货车,轿车及客车上就相对应用得少些。

(2) 发动机前置前轮驱动(FF)——这是目前轿车主流的布置方式,具有结构紧凑、减少重量、降低地板高度、改善高速时的操纵稳定性等优点。

(3) 发动机后置后轮驱动(RR)——这是大多数客车所采用的布置方式,具有降低室内噪音、利于车身内部布置等优点。

(4) 发动机中置后轮驱动(MR)——多运用于运动型跑车和方程式赛车上。由于这种类型的汽车需要极大功率的发动机,因此其发动机的尺寸也比较大,将发动机安置在驾驶员座椅之后和后桥之前,有利于获得最佳轴荷分配和提高汽车的性能。著名的保时捷跑车便是采用这种布置型式的。

(5) 全轮驱动(nWD)——通常是越野车所采用的方式,此种方式一般发动机前置,在变速器后装用分动器以便将动力分别输送到全部车轮上。不过现在的一些豪华轿车也都采用了这种方式,如奥迪A8等。

汽车驱动通常采用4×2、4×4等表示,乘号前数字表示汽车总车轮数,乘号后数字表示汽车驱动轮数。

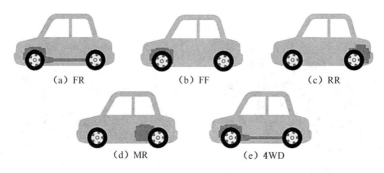

图1-30 发动机位置及驱动形式

3) 轿车按车身分类

(1) 一厢式:发动机舱、客舱和行李箱在外形上形成了1个空间状态。

(2) 两厢式:发动机舱、客舱和行李箱在外形上形成了2个空间状态。

(3) 三厢式:发动机舱、客舱和行李箱在外形上形成了3个空间状态。若轿车顶盖不可开启,称该车身为闭式;若客舱顶为敞顶或按需要可以开闭,称该车身为开式。见图1-31。

图1-31 轿车车身分类

4) 根据机动车辆类型分类

(1) M类

至少有4个车轮并且用于载客的机动车辆。M类又可分为M1、M2和M3类。

① M1类:包括驾驶员座位在内,座位数不超过9个的载客车辆。

② M2类:包括驾驶员座位在内,座位数超过9个,且最大设计总质量不超过5t的载客车辆。

③ M3类:包括驾驶员在内,座位数超过9个,且最大设计总质量超过5t的载客车辆。

(2) N 类

至少有4个车轮并且用于载货的机动车辆。N 类又可分为 N1、N2 和 N3 类。

① N1 类：最大设计总质量不超过 3.5t 的载货车辆。

② N2 类：最大设计总质量超过 3.5t，但不超过 12t 的载货车辆。

③ N3 类：最大设计总质量超过 12t 的载货车辆。

另外，O 类为挂车（包括半挂车），L 类为两轮或三轮机动车辆。

5) 按动力装置种类分类

(1) 内燃机汽车：以内燃机为动力的汽车。如汽油机（以汽油为燃料）、柴油机（以柴油为燃料）、气体燃料车（以天然气、液化石油气等气体为燃料）、两用燃料汽车和双燃料汽车。

两用燃料汽车有2套相互独立的燃料供给系统，一套供给天然气或液化石油气，另一套供给天然气或液化石油气以外的燃料，它们分别但不共同向气缸供给燃料。如汽油/压缩天然气两用汽车。

双燃料汽车有2套燃料供给系统，一套供给天然气或液化石油气，另一套供给天然气或液化石油气以外的燃料，它们按预定的配比向气缸供给燃料。如柴油/压缩天然气双燃料汽车。

(2) 蒸汽机汽车：以蒸汽机为动力装置的汽车。

(3) 电动汽车：以电能为驱动力的汽车。包括蓄电池电动汽车、混合动力电动汽车和燃料电池电动汽车。

(4) 其他动力装置的汽车：如燃气轮（采用航空发动机或火箭发动机及特殊燃料，用喷气反作用力驱动的发动机，主要用于赛车）、斯特林、太阳能汽车、喷气式等。

1.2.3 车辆识别代码

车辆识别代码 VIN（Vehicle Identification Number）是为识别车辆而指定的一组字码组成的代码，这个代码是由制造厂按照一定的规则，依据本厂的实际而指定的。

VIN 码由17位字母、数字组成的编码，又称17位识别代码。车辆识别代码经过排列组合，可以使车型生产在30年之内不会发生重号现象，这很像我们的身份证不会产生重号一样，它具有对车辆的唯一识别性，因此又有人将其称为"汽车身份证"。车辆识别代码中含有车辆的制造厂家、生产年代、车型、车身型式、发动机以及其他装备的信息。

我国轿车的 VIN 码大多可以在仪表板左侧、挡风玻璃下面找到；其他地方，如保险单、发动机室内的各种铭牌、驾驶员侧车门柱上等也可见到。

如：最常见的通用位置——仪表板左侧，桑塔纳2000仪表板右侧，别克 GLX 悬挂上支架上的 VIN 码，别克 GL8 横梁上的 VIN 码；捷达 GIX 翼子板内板上的铭牌。机动车行驶证上，新的行驶证在"车架号"一栏一般都打印 VIN 码。

车辆识别代码各位说明：

1～3位（WMI）：制造厂、品牌和类型。

第1位：生产国家代码：I—美国、L—中国、V—法国、J—日本、S—英国、W—德国、Z—意大利。

第2位：汽车制造商代码。

A-Alfa Romeo、H-Honda、V-Volkswagen、A-Audi J-Jeep V-Volvo、A-Jaguar L-Daewoo Y-Mazda、L-Lincoln Z Ford、Z-Mazda。

G-所有属于通用汽车的品牌:Buick,Cadillac,Chevrolet,Oldsmobile,Pontiac,Saturn。

第3位:汽车类型代码。

不同的厂商有不同的解释,有些厂商可能使用前3位组合代码表示特定的品牌:

TRU/WAU Audi 1YV/JM1 Mazda

4US/WBA/WBS BMW WDB Mercedes Benz

2HM/KMH Hyundai VF3 Peugeot

SAJ Jaguar WP0 Porsche

SAL Land Rover YK1/YS3 Saab

YV1 Volvo

第4~8位(VDS):车辆特征。

轿车:种类、系列、车身类型、发动机类型及约束系统类型。

MPV:种类、系列、车身类型、发动机类型及车辆额定总重。

载货车:型号或种类、系列、底盘、驾驶室类型、发动机类型、制动系统及车辆额定总重。

客车:型号或种类、系列、车身类型、发动机类型及制动系统。

第9位:校验位,按标准加权计算(参见《世界汽车识别代号(VIN)资料手册》P21~23)。

第10位:车型年款,见表1-3。

表1-3 车型年款

字母	代表年份	字母	代表年份	数字及字母	代表年份
B	1981	M	1991	1	2001
C	1982	N	1992	2	2002
D	1983	P	1993	3	2003
E	1984	R	1994	4	2004
F	1985	S	1995	5	2005
G	1986	T	1996	6	2006
H	1987	V	1997	7	2007
J	1988	W	1998	8	2008
K	1989	X	1999	9	2009
L	1990	Y	2000	A	2010

第11位:装配厂。

第12~17位:顺序号。

不同的国家或汽车生产厂家,其VIN含义有细微的不同,下面举几个例子具体说明。

例1:美国福特汽车公司轿车VIN

第1位:生产国别代码;

第2位:生产或归口部门代码;

第3位:车型类别代码;

第4位:乘员安全保护装置代码;

第5位:车型系列代码;

第6~7位:车身类型代码;

第8位:发动机型号代码;

第9位:VIN检验数代码;

第10位:车型年款代码;

第11位:总装工厂代码;

第12位:出厂顺序号代码。

例2:德国宝马汽车公司轿车VIN

第1位:生产国别代码;

第2位:生产厂家代码;

第3位:车型及种类代码;

第4~6位:车型代码;

第7位:发动机型号代码;

第8位:乘员安全保护装置代码;

第9位:VIN检验数代码;

第10位:车型年款代码;

第11位:总装工厂代码;

第12位:出厂顺序号代码。

例3:德国奔驰汽车公司轿车VIN

第1位:生产国别代码;

第2~3位:生产厂家代码;

第4位:车身及底盘系列代码;

第5位:发动机类型代码;

第6~7位:车型代码;

第8位:乘员安全保护装置代码;

第9位:VIN检验数代码;

第10位:车型年款代码;

第11位:总装工厂代码;

第12位:出厂顺序号代码。

例4:日本丰田汽车公司凌志轿车VIN

第1位:生产国别代码;

第2位:生产厂家代码;

第3位:车型类别代码;

第4位:发动机型号代码;

第5位:车型代码;

第6位:车型与型号代码;

第7位:系列/级别代码;

第8位:车身类型代码;

第9位:VIN检验数代码;

第10位:车型年款代码;
第11位:总装工厂代码;
第12位:出厂顺序号代码。

任务3　汽车的组成

汽车总体由发动机、底盘、车身和电气设备四大部分组成,见图1-32。

图1-32　汽车总体构造

1) 发动机

发动机是汽车的动力,现代汽车发动机主要采用的是往复活塞式内燃机,负责将燃料燃烧所产生的热能转化为机械能。它一般由曲柄连杆机构、配气机构、燃油供给系统、润滑系统、冷却系统、点火系统和启动系统两大机构、五大系统组成。

2) 底盘

底盘负责将发动机的动力进行传递和分配,并按驾驶员要求行驶(加速、减速、转向和制动等)。它一般由传动系、行驶系、转向系和制动系等组成。

传动系:将发动机的动力传递给驱动车轮。它包括离合器、变速器、传动轴、驱动桥等部件。

行驶系:将汽车各总成及部件连成一个整体并对全车起支承作用,以保证汽车正常行驶。行驶系包括车架、前轴、驱动桥的壳体、车轮(包括转向轮和驱动轮)、悬架等部件。

转向系:保证汽车能按照驾驶员选择的方向行驶,由转向盘的转向器及转向传动装置组成。

制动系:使汽车减速或停车,并保证驾驶员离开后汽车能可靠地停驻。每辆汽车的制动装备都包括若干个相互独立的制动系统,每个制动系统都由供能装置、控制装置、传动装置和制动器组成。

3) 车身

车身是驾驶员操作和容纳乘客及货物的场所,车身应为驾驶员提供方便的操作条件,以及为乘客提供舒适安全的环境或保证货物完好无损。一般由车身本体、开启件(各种门窗、行李箱和车顶盖等)、附件(各种座椅、内外饰、仪表电器、刮水器、洗涤器、风窗除霜装置、空调等)和安全保护装置(保险杠、安全带、安全气囊等)组成,载货车及专用车辆还有货箱及专用设备。

4）电气设备

电气设备由电源组、发动机启动系和点火系、汽车照明和信号装置组成。此外,在现代汽车上愈来愈多地装用了各种电子设备,如微处理机、中央计算机系统及各种人工智能装置等,显著提高了汽车的性能。

任务4　汽车的特征参数和主要性能指标

评价汽车技术水平的高低以及性能好坏,通常用其主要的技术参数和性能指标来衡量。

1.4.1　汽车的主要技术参数

汽车的主要技术参数分为两大类:汽车质量参数和汽车尺寸参数。

1）汽车质量参数

（1）整车装备质量

整车装备质量是指汽车完全装备好的质量,包括发动机、底盘、电气设备、车身以及汽车正常行驶所必备的辅助设备,加足的润滑油、燃料、冷却液、制动液及其他工作液,随车工具、备胎和灭火器等备品的质量。

（2）最大装载质量

最大装载质量(kg)是指汽车设计允许在道路上行驶时的最大装载质量和载客人数。

（3）最大总质量

最大总质量(kg)是汽车满载时的总质量。

（4）最大轴载质量

最大轴载质量(kg)是汽车单轴所允许承载的最大总质量,它与道路通过性有关。

2）汽车结构参数

汽车尺寸参数如图1-33所示。

图1-33　汽车尺寸参数

汽车通过性参数如图1-34所示。

（1）车长(mm):汽车长度方向两极端点间的距离。

（2）车宽(mm):汽车宽度方向两极端点间的距离。

（3）车高(mm):汽车最高点至地面间的距离。

（4）轴距(mm):汽车前轴中心至后轴中心的距离。

（5）轮距(mm):同一车左右轮胎胎面中心线间的距离。

(6) 前悬(mm):汽车最前端至前轴中心的距离。

(7) 后悬(mm):汽车最后端至后轴中心的距离。

(8) 最小离地间隙(mm):汽车满载时,最低点至地面的距离。

(9) 接近角(°):汽车前端突出点向前轮所引的切线与地面的夹角。

(10) 离去角(°):汽车后端突出点向后轮所引的切线与地面的夹角。

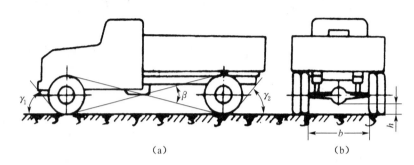

图 1-34 汽车通过性参数

h—最小离地间隙;b—两侧轮胎内缘间距;γ_1—接近角;γ_2—离去角;β—纵向通过角

1.4.2 汽车主要性能指标

汽车的使用性能是指汽车能适应使用条件,而发挥最大工作效率的能力,是由决定汽车利用效率和方便性的结构特征表征的。

汽车主要使用性能有汽车的动力性、汽车的燃油经济性、汽车的制动性、汽车的操纵稳定性、汽车的行驶平顺性和汽车的通过性 6 大汽车基本性能,其次还有汽车的安全性、质量利用、容载量、使用方便性、可靠性、耐久性和维修性等使用性能。

这些使用性能均可定量表征,可用以全面、客观地评价汽车结构的完善程度。但是对于不同用途的汽车,用以衡量其结构完善程度的使用性能应有所侧重,如轿车,尤其是高级轿车,主要的使用性能是汽车的行驶平顺性、动力性、安全性、可靠性、耐久性和燃油经济性。

1) 汽车的动力性

汽车是一种高效率的运输工具,其运输效率的高低在很大程度上取决于汽车的动力性。

汽车的动力性是指汽车在良好路面上直线行驶时,由汽车受到的纵向外力决定的所能达到的平均行驶速度。

(1) 汽车动力性评价指标

从获得尽可能高的平均行驶速度的观点出发,汽车的动力性主要由三方面的指标来评价,即汽车的最高车速、汽车的加速时间和汽车的最大爬坡度。

① 汽车的最高车速 U_{amax}

汽车的最高车速是指汽车满载在水平良好的路面(混凝土或沥青)上所能达到的最高行驶车速。

② 汽车的加速时间 t

汽车的加速时间表示汽车的加速能力。它对平均车速有很大影响,特别是轿车,对加速时间更加重视。加速时间越短,汽车的加速性就越好,整车的动力性随即越高。它包括汽车的原地起步加速时间和超车加速时间。

原地起步加速时间,是指汽车从静止状态下,由第一挡或二挡起步,并以最大的加速强度(包括选择最恰当的换挡时机)逐步换至高挡后,到某一预定的距离或车速所需的时间。超车加速时间,指用最高挡或次高挡全力加速至某一高速所需要的时间。因为超车时汽车与被超车辆并行,容易发生安全事故,所以超车加速能力越强,并行行程越短,行驶就越安全。

③ 汽车的最大爬坡度 i_{max}

最大爬坡度是指汽车满载时,不拖挂,在良好路面上以一挡行驶能通过的最大坡度。爬坡度用坡度的角度值(以度数表示)或以坡度起止点的高度差与其水平距离的比值(正切值)的百分数来表示。

轿车最高车速大,加速时间短,经常在较好的道路上行驶,一般不强调其爬坡能力。然而,它的一挡加速能力越大,爬坡能力越强。货车在各种地区的各种道路上行驶,所以必须有足够的爬坡能力,一般 i_{max} 在30%,即16.7°左右。越野车要在坏路或无路条件下行驶,因而爬坡能力是一个重要指标,它的最大爬坡度可达60%,即31°左右。

(2) 汽车的驱动力和行驶阻力

① 汽车的驱动力

汽车驱动力是汽车行驶时克服各种阻力推动汽车前进的作用力,它是由发动机的扭矩经传动系传至驱动轮上所得到的。

② 汽车的行驶阻力

汽车的行驶阻力包括滚动阻力、空气阻力、加速阻力和坡度阻力。其中,滚动阻力在任何行驶条件下均存在,坡度阻力和加速阻力仅在一定行驶条件下存在,在水平道路上等速行驶就没有坡度阻力和加速阻力。

(3) 汽车的附着力和汽车行驶的驱动-附着条件

① 汽车的附着力

地面对轮胎的切向反作用力的极限值,称为附着力。汽车的附着力取决于附着系数以及地面作用于驱动轮的法向反作用力。附着系数主要取决于路面的种类和状况。行驶车速和车轮运动状况对附着系数有影响,故一般取附着系数的平均值。

② 汽车行驶的驱动-附着条件

汽车行驶的驱动-附着条件是:汽车的驱动力应大于汽车行驶过程中遇到的各种阻力之和,但驱动力决不会大于汽车的附着力。

2) 汽车的燃油经济性

在保证动力性的条件下,汽车以尽量少的燃油消耗量经济行驶的能力,称为汽车的燃油经济性。

燃油经济性好,可以降低汽车的使用费用,减少国家对进口石油的依赖性,节省石油资源;同时也降低了发动机产生的 CO_2(温室效应气体)的排放量。

发动机的燃油消耗率与排放污染是有密切关系的,只能在保证排放达到有关法规要求的前提下来降低发动机的燃油消耗率,提高汽车的燃油经济性。

由于节约燃料、保护环境已成为全球关注的重大事件,汽车燃油经济性越来越受到各国政府、汽车制造业与汽车使用者的高度重视。

(1) 汽车燃油经济性的评价参数

汽车燃油经济性常用一定运行工况下汽车行驶百公里的燃油消耗量或一定燃油消耗量能

使汽车行驶的里程来衡量。在我国及欧洲,燃油经济性指标的单位为 L/100 km,即行驶 100 km 所消耗的燃油升数。其数值越大,汽车燃油经济性就越差。美国为 MPG 或 mile/gal(美),指的是每加仑燃油能行驶的英里数。其数值越大,汽车燃油经济性就越好。

汽车燃油经济性还用单位运输工作的燃油消耗量作为评价参数,通常货车以升/百吨公里(L/100 t·km),客车以升/千人公里[L/1 000(人·km)]为单位。此参数常用来比较不同容载量汽车的燃油经济性。

运输过程中,汽车的行驶速度随运行条件、发动机消耗的功率、油耗发生相应的变化。因此,计算汽车运输过程的燃油消耗量是很困难的。一般计算式是用于分析汽车的燃油经济性,燃油经济性指标的量值主要需通过试验来确定。

(2) 影响燃油经济性的因素

汽车的燃油经济性主要取决于发动机在各种工况时的油耗率,以及与汽车结构有关的行驶阻力和效率,同时还取决于发动机与底盘的匹配,发动机经济转速范围的宽窄。

影响汽车燃油经济性的主要结构因素有发动机结构、传动系、汽车整备质量、汽车外形和轮胎等。

① 发动机对燃油经济性的影响

目前的轿车发动机都是高速汽油发动机,发动机的热效率越高燃油利用率越高,也就越省油。而发动机的热效率随压缩比的增加而增加,现在轿车汽油发动机压缩比一般在 9.3～10.5 之间。同时,还采用配气系统可变装置(可变气门升程、可变凸轮轴转角、可变进气管长度等)和稀燃技术来达到节油目的。

② 传动系对燃油经济性的影响

汽车的传动系对汽车的燃油经济性有重要影响。变速器挡位越多,不但汽车换挡平顺,而且使发动机增加了处于经济工况下运行的机会,有利于提高燃油经济性。因此,现代汽车都趋向于 5 挡或 5 挡以上变速器,或者采用无级变速,保证在任何条件下具有使发动机在最经济工况下工作的可能性。

③ 车身造型对燃油经济性的影响

由于现代汽车速度的增高,汽车的造型对燃油经济性也有重要影响,车速越快影响越大,这就是人们常说的"风阻"。减小空气阻力主要是通过减少汽车的迎风面积和空气阻力系数来实现,一般而言,迎风面积取决于汽车的体积,空气阻力取决于车身造型。为此,汽车车身紧凑化和流线型是提高燃油经济性的途径。目前许多轿车的空气阻力系数在 0.28～0.3 左右,对减少燃油消耗起到很大作用。

3) 汽车的制动性

汽车行驶时能在短距离内停车且维持行驶方向稳定性,以及在下长坡时维持一定车速的能力,称为汽车的制动性。

汽车的制动性直接关系到交通安全,重大交通事故往往与制动距离太长、紧急制动时发生侧滑等情况有关。所以,汽车的制动性是汽车安全行驶的重要保障。

汽车的制动性主要由下列三方面来评价:

(1) 制动效能

汽车的制动效能是指汽车迅速降低车速直至停车的能力。它有两个评价指标:制动距离和制动减速度。

① 制动距离

制动距离与汽车的行驶安全有直接的关系,它指的是汽车以一定速度行驶时,从驾驶员开始操纵制动踏板到汽车完全停住为止所驶过的距离。制动距离与制动踏板力、路面附着条件、车辆载荷等诸多因素有关。

② 制动减速度

制动减速度反映了地面制动力,因此它与制动器制动力(车轮滚动时)及附着力(车轮抱死拖滑时)有关。

由于各种汽车动力性不同,对制动效能的要求也就不同:一般轿车、轻型货车的行驶速度高,所以要求其制动效能也高;而重型货车行驶速度相对较低,其制动效能的要求也就稍低一些。

(2) 制动效能的恒定性

汽车在繁重的工作条件下制动时(例如在下长坡时,制动器就要较长时间连续地进行较大强度的制动),制动器温度常在300℃以上,有时高达600～700℃。高速制动时,制动器温度也会很快上升。制动器温度上升后,摩擦力矩常会有显著下降,这种现象称为制动器的热衰退。如 Lexus LS400 汽车在冷制动时,起始制动车速为 195 km/h,制动距离为 163.9 m,减速度为 8.5 m/s^2,而经过下山中的 26 次制动,前制动器温度达 693℃,这时以同样的起始车速制动,减速度为 6.0 m/s^2,制动距离加长了 80.6m,达到 244.5 m。热衰退是目前制动器不可避免的现象,只是程度上有所差别。

制动效能的恒定性主要指的是热衰退性能。抗热衰退性能一般用一系列连续制动时制动效能的保持程度来衡量。汽车在高速行驶或下长坡连续制动时制动效能保持的程度,称为抗热衰退性能。

在山区行驶的货车和高速行驶的轿车,对抗热衰退性能有更高的要求。一些国家规定,大型货车必须装备辅助制动器,以保持山区行驶的制动效能。

(3) 制动时汽车的方向稳定性

即制动时汽车不发生跑偏、侧滑以及失去转向能力的性能。

制动过程中,有时会出现制动跑偏、后轴侧滑或前轮失去转向能力而使汽车失去控制离开原来的行驶方向,甚至发生撞入对方车辆行驶轨道、掉下沟、滑下山坡的危险情况。

① 制动跑偏

制动时汽车自动向左或向右偏驶称为制动跑偏。造成汽车制动时跑偏的原因有 2 个:一是汽车左、右车轮,特别是前轴左、右车轮(转向轮)制动器的制动力不相等;二是制动时悬架导向杆系与转向系拉杆在运动学上的不协调(互相干涉)。其中第一个原因是制造、调整误差造成的,汽车究竟向左还是向右跑偏,要根据具体情况而定;而第二个原因是设计造成的,制动时汽车总是向左(或向右)一方跑偏。

② 侧滑

侧滑是指制动时汽车的某一轴或两轴发生横向移动。其中最危险的情况是在高速制动时发生后轴侧滑,此时汽车常发生不规则的急剧回转运动而失去控制,严重时甚至可使汽车调头。

③ 失去转向能力

失去转向能力是指汽车在弯道制动时,不再按原来弯道行驶而是沿弯道切线方向驶出,或直线行驶制动时转动方向盘汽车仍按直线方向行驶的现象。

侧滑和跑偏是有联系的，严重的跑偏会引起后轴侧滑，而易于发生侧滑的汽车也有加剧跑偏的趋势。失去转向能力和后轴侧滑也是有联系的，一般汽车如果后轴不会侧滑，前轮就可能失去转向能力；后轴侧滑，则前轮常仍有转向能力。由实验和理论分析得出一个结论，制动时若后轴车轮比前轴车轮先抱死拖滑，就可能出现后轴侧滑；若能使前、后轴车轮同时抱死或前轴车轮先抱死、后轴车轮后抱死或不抱死，则能防止后轴侧滑。不过，若前轴车轮先抱死，汽车将失去转向能力。

制动跑偏、侧滑和前轮失去转向能力是造成交通事故的重要原因。一些国家对交通事故的统计表明，发生人身伤亡的交通事故中，在潮湿路面上约有 1/3 与侧滑有关，在冰雪路面上有 70%～80% 与侧滑有关。而根据对侧滑事故的分析，发现有 50% 是由制动引起的。因此，从保证汽车制动时方向稳定性的角度出发，首先不能出现只有后轴车轮抱死或后轴车轮比前轴车轮先抱死的情况，以防止危险的后轴侧滑。其次，应尽量少出现只有前轴车轮抱死或前、后轴车轮都抱死的情况，以维持汽车的转向能力。最理想的情况是，防止任何车轮抱死，前、后车轮都处于滚动状态，这样就可以确保制动时的方向稳定性。

4）*汽车的操纵稳定性*

汽车的操纵稳定性是指驾驶员在不感到过分紧张、疲劳的条件下，汽车能遵循驾驶员通过转向系及转向车轮给定的方向行驶，且当遇到外界干扰时，汽车能抵抗干扰而保持稳定行驶的能力。

汽车的操纵稳定性不仅影响到汽车驾驶的操纵方便程度，而且也是决定高速汽车安全行驶的一个重要因素，人们称之为"高速车辆的生命线"。

随着道路的改善，特别是高速公路的发展，汽车以 100 km/h 或更高车速行驶的情况常见。现代轿车设计的最高车速一般超过 200 km/h，有些运动型轿车甚至达到 300 km/h。因此，汽车的操纵稳定性显得尤为重要。

汽车的操纵稳定性通常用汽车轮胎的横向附着系数和抗侧翻性来评价。

构成汽车稳定性的主要因素有：轴距和轮距、质心位置、汽车通过质心垂线的转动惯量、悬架结构特性和前轮定位参数、轮胎特性（侧向刚度、自动回正力矩、转弯特性）、转向系的结构和性能、车身的空气动力学性能（侧向风压中心）、汽车稳态转向特性。

5）*汽车的行驶平顺性*

汽车行驶平顺性是指保持汽车在行驶过程中乘员所处的振动环境具有一定舒适度的性能。对于载货汽车，还包括保持货物完好的性能。由于平顺性主要根据乘坐者的舒适程度来评价，所以有时又被称为乘坐舒适性。

汽车行驶时车轮与不平路面的作用使汽车承受冲击，从而引起汽车振动，冲击和振动将降低乘员的舒适性，影响运输货物的完好和汽车的使用寿命。

显然，驾驶员和乘客的疲劳、运输货物的完好、车辆在不平路面上的运行速度（运输生产率）以及车架、车身和悬架装置的动载荷均取决于汽车的行驶平顺性。

表征汽车行驶平顺性的结构参数有：汽车质量分配系数、悬架轮胎的换算刚度、悬挂质量和非悬挂质量之比、客车座位布置。

减少悬架刚度，即增大静挠度，可提高汽车行驶平顺性。但刚度降低会增加非悬挂质量的高频振动位移。而大幅度的车轮振动有时会使车轮离开地面，前轮定位角也将发生显著变化，在紧急制动时会产生严重的汽车"点头"现象。为了使悬架既有大的静挠度又不影响其他性能指标,可采取一些相应措施,如采用悬架刚度可变的非线性悬架。

为了提高汽车行驶平顺性,轮胎径向刚度应尽可能减小。在采用足够软的悬架的情况下,在相当大的行驶速度范围内,低频共振的可能性完全可以消除。但轮胎刚度过低,会增加车轮的侧向偏离,影响稳定性,同时,还使滚动阻力增加,轮胎寿命降低。

座位的布置上,实际感受和试验表明:座位接近车身的中部,其振动最小。座位位置常由它与汽车质心间的距离来确定,用座位到汽车质心距离与汽车质心到前(后)轴的距离之比评价座位的舒适性。该比值越小,车身振动对乘客的影响越小。对载货汽车和公共汽车,座位在高度上的布置也是重要的。为了减小水平纵向振动的振幅,座位在高度方面与汽车质量中心间的距离应该不大。

此外,为了满足汽车舒适性的需求,大客车的发动机多采用后置式,以利于隔绝噪声和方便维修。车身越来越多采用承载式结构、空气悬架,以减轻振动和噪声。市内公共汽车因需经常起步、加速和换挡,传动系统多采用液力—机械自动变速器和自动变速器,以实现自动换挡和无级变速,减轻驾驶员的疲劳和起到改善发动机功率的利用。

6) 汽车的通过性

车辆的通过性是指车辆不用其他辅助措施,能以足够高的平均速度通过各种路面(湿、雪、冰)、无路地段和自然障碍的能力。

车辆通过性可分为以下3种:

(1) 轮廓通过性

轮廓通过性是表征车辆通过坎坷不平路段、障碍(陡坡、侧坡、台阶、壕沟等)的运行能力。

评价车辆轮廓通过性的主要参数是:最小离地间隙、接近角和离去角、纵向和横向通过半径及车辆通过的最大侧坡。

① 最小离地间隙

它指车辆的最低点(除车轮外)与路面间的距离。用以表征车辆无碰撞地面越过石块、树桩等障碍物的能力。汽车的离地间隙通常在驱动桥壳的部位上最小。

② 接近角(前悬)和离去角(后悬)

接近角和离去角是指从车身前后突出点向前、后车轮引切线,此切线与路面间的夹角。接近角和离去角表征车辆接近和离开障碍物时(如小丘、沟洼地等)不产生碰撞的可能性。显然,接近角和离去角越大,车辆通过性越好。

③ 纵向通过半径

纵向通过半径是汽车上与前、后车轮及两轴间轮廓线最低点相切的圆半径。它表征车辆能无碰撞地通过凸起障碍(小丘、拱桥等)的轮廓尺寸。纵向通过半径越小,车辆通过性越好。

④ 横向通过半径

它是指在汽车上与驱动桥两车轮及桥壳离地最低点上相切的圆半径。

⑤ 车辆通过的最大侧坡

车辆在侧坡上行驶,当坡度大到车辆重力通过一侧车轮中心,而另一侧车轮的地面法向反作用力等于0时,车辆将发生侧翻。显然,车辆发生侧翻的极限侧坡,取决于车辆的轮距和质心高度。

(2) 支承通过性

支承通过性是表征车辆在松软土壤、雪地、冰面、沙漠、滑溜路面上运行的能力。

评价车辆支承通过性的主要指标是:附着重力、附着系数及车轮接地比压(车轮对地面的单位压力)。

(3) 机动性

车辆机动性是车辆在最小面积内活动的能力。

机动性在很大程度上表征了车辆能够通过狭窄弯曲地带或绕开不可越过的障碍的能力,因此车辆的通过性也受机动性的制约。而车辆装卸货点的场地尺寸、停车场通道宽度、车辆维修作业所需的场地面积与车辆的机动性密切相关,尤其是汽车列车,其通过性对列车的使用方便性有很大的影响。

车辆机动性主要评价指标有:前外轮最小转弯直径、转弯通道宽度及突伸距和内轮差。其中,转弯半径指汽车转向时车外侧转向轮的中心平面在车辆支承平面上的轨迹圆半径。而转向盘转到极限位置时的转弯半径为最小转弯半径。

7) 汽车的安全性

汽车安全性是汽车一系列结构性能的综合。汽车预防交通事故、保证乘员安全的结构性能主要有:操纵稳定性、驾驶员座位的视野性、信号装置的效能、主动安全性、被动安全性、防火安全性和防公害的安全性(无害性)。

(1) 驾驶员视野性

驾驶员视野性是保证行车安全的重要条件之一,它可分为前方、后方和侧方视野。

(2) 被动安全性

它是指汽车发生交通事故后减少乘员和行人伤亡,以及减少车辆损失的结构性能,是在无法避免碰撞事故的情况下,只有依靠车辆本身保护撞击,将撞击伤害降到最低的装置。车辆的钢板、车身结构、安全带、安全气囊、头枕、可溃缩的方向盘及制动踏板等都是被动安全的重要组成部分。

(3) 主动安全性

它是指在车辆有撞击危险之前可以起到防患于未然的系统,其目的是提高汽车行驶的稳定性,减少操控的偏差。

如常见的防抱死制动系统(ABS),具有防滑、防止车轮抱死的功能,能有效提高制动性能,防止制动跑偏、甩尾、侧滑。电子制动力分配系统(EBD),能自动调节前、后轴的制动力分配比例,提高制动效能,在一定程度上可以缩短制动距离,并配合 ABS 提高制动稳定性。还有驱动防滑装置(ASR),可以避免车辆加速时驱动轮打滑,维持车辆行驶方向的稳定性。

此外,还有在车辆行驶中的稳定车辆的安全系统,如牵引力控制系统(TRC),能使汽车在各种行驶状况下获得最佳的牵引力,减少光滑路面上打滑现象的发生。电子稳定装置(ESP)不但可以控制驱动轮,而且可以控制从动轮,在转向不足时,还可以校正方向。ESP 系统实际上是一种牵引力控制系统,包含 ABS 及 ASR,是这两种系统功能上的延伸,因此,ESP 称得上是当前汽车防滑装置的最高级形式。车辆稳定控制系统(VSC)可以对因猛打方向盘或者路面湿滑而引起的侧滑现象进行控制,电子辅助制动系统(EBA)能有效降低油门踏板和制动踏板之间切换频率,这些主动安全装置已成为目前家庭轿车普遍装配的系统。

(4) 防火安全性

防止车辆火灾的结构措施主要有:提高车身内装零部件的耐火性,如内饰材料用不可燃材料;安装防火壁分隔发动机;防止电线短路、供油系起火和排气管过热的结构措施;完善消防装置。

(5) 防公害的安全性

汽车的公害主要指废气排放、噪声以及电波的干扰。为防止汽车排放物和噪声的危害,国内外都制定了严格的法规限制。

任务5　汽车的使用寿命

1.5.1　汽车的使用寿命分类

汽车的使用寿命是指汽车从投入使用到不宜再继续使用的总运行年限或总行驶里程,又称为汽车使用期限。汽车使用寿命通常分为技术使用寿命、经济使用寿命和合理使用寿命。

1) 技术使用寿命

汽车技术使用寿命是指汽车自投入使用到由于零件磨损和老化而丧失工作能力,即使加以修理也无法继续使用所行驶的年限或里程。技术使用寿命受汽车制造质量、运行条件和保修方式等因素影响,须在实际使用中通过试验测定其有关参数后确定。成批使用的车辆,应积累长期使用数据,经统计、分析、研究后确定某种型号汽车技术使用寿命的定额值。

2) 经济使用寿命

经济使用寿命是指汽车自开始使用,到使用期内变化着的运行总费用为最小值时所行驶的里程或年限。汽车在使用过程中,随着运行时间或行驶里程的增长,它的每千公里(或吨公里)的单位费用将是变化的。在一般情况下,汽车运行总费用中的管理费、轮胎费和养路费等可视作与使用时间的变化无关;燃料费、维修费随着使用时间的增长而累进增加;每年应分摊的汽车购置费将随着使用时间的增长而减少。从这些费用随里程变化中可以发现,当汽车使用里程达到某一值时,其汽车运行总费用为最小。超过这一限值继续使用,运行总费用将会逐步增加。所以在确定汽车经济使用寿命时必须有切合实际的计算模式,同时还要有汽车使用过程中的详尽统计数据,以得出正确的结果。汽车经济使用寿命涉及的因素很多,除汽车制造质量和使用技术外,与经营管理方面的因素也有密切关系。

国外研究资料表明,一辆汽车的制造费用平均约占全部使用期内总费用的15%,而使用和维修费用则占总费用的85%左右。所以,如果汽车在长期使用中,能保持其较低的使用维修费用,那么其经济使用寿命则延长,反之则缩短。

许多国家的汽车使用寿命完全按经济规律确定,除考虑车辆本身的运行费用增长外,还考虑新车型性能的改进和价格下降等因素。

汽车的经济使用寿命是汽车经济效益的最佳时机,使用者在更新车辆时,应在国家政策允许的情况下,以经济使用寿命为依据。因此,人们研究汽车的使用寿命应主要研究汽车的经济使用寿命。

(1) 汽车的经济使用寿命的指标

汽车经济使用寿命的主要指标有:年限、行驶里程、使用年限和大修次数。

① 年限。年限是指汽车从开始投入运行到报废的年数,作为使用寿命的量标。这种方法除考虑运行时间外,还要考虑车辆停驶期间的自然损耗问题。这种计量方法比较简单,但不能真实地反映汽车的使用强度和使用条件,造成同年限车辆之间差异很大。

②行驶里程。行驶里程是汽车从开始投入运行到报废期间总的累计行驶里程数,作为使用寿命的量标。这种方法反映了汽车的真实使用强度,但不能反映出运行条件和停驶期间的自然损耗。对于专业运输车辆而言,由于其运行条件差异较大,所以年平均行驶里程相差很大。这样,虽然使用年限大致相同,但累计行驶里程相差很大。在汽车运输企业中,大多数以行驶里程作为考核车辆各项指标的基数。

③使用年限。把汽车总的行驶里程与年平均行驶里程之比所得年限作为使用年限的量标,即:

$$T_折 = L_总 / L_年$$

式中:$T_折$——折算年限,年;

$L_总$——总的累计行驶里程,km;

$L_年$——年平均行驶里程,km。

年平均行驶里程是用统计方法确定的,与车辆的技术状态、完好率、平均技术速度和道路条件等因素有关。我国城市和市郊运输车辆年平均行驶里程一般为 4×10^4 km 左右,长途货车为 5×10^4 km 左右。对于营运汽车,在使用过程中,由于车辆的技术状况、平均技术速度和道路条件等因素的不同,年平均行驶里程的差异较大,但车辆的年平均使用强度基本相同。因此,按折算年限基本上可以在全国范围内取得统一指标。这对于社会专业运输车辆和社会零散运输车辆也是适用的。但是,对于社会零散运输车辆而言,由于其使用强度相差太大,年平均行驶里程也不相同,且管理、使用和维修水平一般都比较低,所以这些车辆不能按专业运输企业车辆的指标要求,应相对于专业运输企业车辆的使用寿命做适当的修正。

④大修次数。汽车在使用过程中,当动力性和经济性下降到一定程度,已无法用正常的维护和小修方法使其恢复正常技术状况时,就要进行大修。

运输企业除用里程为量标外,也可用大修次数作为量标。汽车报废之前,截止在第几次大修最经济合算,需权衡买新车的费用加上旧车未折完的损失与大修费用加上经营费用的损失。

对于全国来说,采用使用年限这个量标比采用行驶里程更为合理些,因为我国地域辽阔,地理、气候、道路条件差异较大,管理水平有高有低。但对于某些省市,即使是相同的使用年限,而车辆总行驶里程长短不同,车辆技术状况也有差别,为此采用使用年限作为主要考核指标更为确切。鉴于上述情况,交通专业运输车辆,以使用年限和使用里程作为汽车使用寿命的考核指标,而以使用年限为主;社会专业运输车辆和社会零散运输车辆,则以使用年限作为使用寿命的考核指标。

(2)影响汽车经济使用寿命的因素

在确定汽车经济使用寿命时,应从提高经济效益的角度来进行分析,找出影响汽车经济使用寿命的主要因素。因此,有必要从有形磨损和无形磨损两个方面进行分析。

①有形磨损

汽车的有形磨损是指车辆在使用过程中本身的消耗。汽车和其他机械设备一样,经过一段时间使用而产生故障,导致性能下降,这些故障往往可以看到或者测得,如汽车的动力下降、油耗增加、振动加大等。

汽车的有形磨损主要发生在使用过程中,称为第一种磨损,产生的原因主要是机件配合间的机械磨损、基础件的变形、零件的疲劳破坏等。这类有形磨损发展到一定程度,就使维修费用、运行材料费用增高,运输效率降低,若继续使用下去,经济上将不合算。

有形磨损也发生在汽车的闲置过程中,称为第二种磨损,如生锈、车身漆面及橡胶件老化,或因管理不善和缺乏正确的管理制度而引起的其他损失。这类磨损所造成的损失往往是非常惊人的。

第一类有形磨损与使用时间和使用强度成正比,而第二种有形磨损在一定程度上与闲置时间成正比。若按能否修复来分,汽车的有形磨损又可以分为两部分:一部分是通过相应的维修措施可以周期性地消除,如汽车通过各级维护作业及小修可以消除各种因失调或损伤而造成的运行故障,通过大修可以恢复各总成及整车的使用性能;另一部分不能通过同样的方法消除,如一些零件的老化和疲劳。前者为消除性的有形磨损,后者为不能消除性的有形磨损。

车辆的有形磨损发展到完全磨损的期限,受很多因素影响。

一方面,技术进步可以大大推迟有形磨损的期限,这是因为材料的抗磨性、零部件加工精度的提高和粗糙度的降低,以及结构可靠性的改善,可使设备的耐久性得到提高。同时,采用正确的预防维护与计划修理,可以避免零件出现过度磨损。

另一方面,与现代科学技术有关的一系列措施又会加快有形磨损的速度,提早发展到完全磨损的期限。这是因为采用车辆调度的自动化管理系统、机械化装卸设备,都将大大减少车辆的停歇时间,提高行程利用率,因而在提高车辆使用效率的同时,大大增加了车辆的使用强度,促使车辆的有形磨损加快。

汽车的有形磨损主要与运输成本有关。汽车的运输成本一般包括:

$$C = C_1 + C_2 + C_3 + C_4 + C_5 + C_6 + C_7 + C_8 + C_9$$

式中:C_1——燃料费用;

C_2——维修费用;

C_3——大修费用;

C_4——基本折旧费用;

C_5——轮胎费用;

C_6——驾驶员工资费用;

C_7——管理费用;

C_8——养路费;

C_9——其他费用。

其中 $C_5 \sim C_9$ 是与汽车经济使用寿命无关的因素。当使用寿命确定后,C_4 基本是一个定值。只有 C_1、C_2、C_3 是随行驶里程(或使用年限)的增长,车况的下降而增加。因此,对 C_1、C_2、C_3 与汽车经济寿命有关的因素做进一步分析,就可按最佳经济效益确定其经济使用寿命。

a. 燃料费用 C_1 汽车随着行驶里程的延长,技术状况逐渐变坏,其主要性能指标不断地下降,燃料消耗也不断地增加。

b. 维修费用 C_2 维修费用是指汽车在使用过程中,各级维护费用及日常小修费用的总和。它主要是由维修过程中实际消耗配件费、工时费和消耗的材料费用来确定的。车辆行驶里程增加,各级维护作业中的附加小修项目和日常小修作业项目的费用也随之增加。

$$C_2 = a + bL$$

式中:a——维修费用的初始值;

b——维修费用的增长强度(由试验的统计资料来确定);

L——累计行驶里程。

不同车型和不同的使用条件 b 值不相同,因此常把维修费用的增长强度 b 作为确定汽车经济使用寿命的主要依据之一。

c. 大修费用 C_3　汽车在使用过程中,当动力性和经济性下降到一定程度,已无法用正常的维护和小修方法使其恢复正常技术状况时,就必须进行大修。行驶里程(年限)的增长,大修费用逐渐增加,且大修间隔里程逐渐缩短。

在计算大修费用时,要把某次的大修费用均摊在此次大修至下次大修的间隔里程段内,即相当于对大修后间隔里程段的投资。

② 无形磨损

汽车的无形磨损是指由于技术进步、生产的发展,出现了性能好、生产效率更高的新型车或原车型价格下降等情况,促使在用车辆提前更新。实际上,就是旧车型相对于新车型的贬值。

车辆同其他设备一样,其价值并不取决于最初的生产耗费,而是取决于再生产所用的生产耗费,在技术进步的同时,这种耗费也是不断下降的。因此,无形磨损又分为以下两种形式。

a. 因相同的结构(同车型)车辆再生产价值的降低,而产生现有车辆价值的贬值,称为第一种无形磨损。

b. 不断出现更完善、效率更高的车辆(新车型),而使现有车辆贬值,称为第二种无形磨损。

第一种无形磨损是由于汽车制造厂生产技术的进步、生产工艺改进、成本降低、劳动生产率提高,使生产该车辆的社会必要劳动耗费相应降低,但车辆的结构、动力性能和经济性能没变,从而使车辆发生贬值。这种无形磨损的结果,反映了生产领域中现有车辆的部分贬值。但是车辆本身的技术特性和运输效能并未受到影响,也就是不涉及它的使用价值。因此,车辆遇到第一种无形磨损时,不产生提前更换现用车辆的需要,对车辆的使用寿命没有实质性的影响。

由于技术进步既影响生产部门,也影响修理部门,但是对这两个部门的影响往往前者大于后者,车辆本身价值降低的速度比修理价值降低的速度快。因此,有可能出现修理费用超过合理限度的情况,这样从修理角度分析,有可能使车辆的使用寿命缩短。

第二种无形磨损是指新的车型出现,使原有车型显得落后,如继续使用原车型的车辆,就会降低运输生产的经济效益。第二种无形磨损的主要特征是它引起旧车型的局部或全部使用价值的损失,其结果使旧车型在有形磨损发展到完全磨损之前,就出现用新车型代替现有陈旧车辆的必要性,即产生车辆更换问题。但是这种更换的经济合理性,不是取决于出现相同技术用途的新型车辆这一事实,而是取决于现有旧型车辆的贬值程度,以及在生产中继续使用旧型车辆时其经济效益下降的程度。

通过上述对车辆劣化过程的分析可以看出,车辆有形磨损和无形磨损在经济后果上既有相同之处,即两种磨损都同时引起设备原始价值的降低,又有不同之处,即有形磨损严重时,常常在修复之前可使车辆不能正常运行而被迫停驶,而任何形式的无形磨损均不影响车辆的正常运行。

3) 合理使用寿命

合理使用寿命是以经济使用寿命为基础,并根据本国的汽车运输政策、汽车工业技术的发展和燃料的供应情况等因素,综合确定的使用寿命。如技术性能先进的新型车出现,尽管老、旧型车未达到技术和经济的使用寿命,但为了获得较高的运输效率和经济效益,也可更新。

1.5.2 汽车的报废标准

达到国家报废标准或者虽然未达到国家报废标准,但发动机或者底盘严重损坏,经检验不符合国家机动车运行安全技术条件,或者不符合国家机动车污染物排放标准的机动车,称为报废汽车。

根据国家经济贸易委员会(现为商务部)、国家发展计划委员会、公安部、国家环境保护总局各阶段制定的《机动车强制报废标准规定(征求意见稿)》,我国对汽车使用年限的报废标准如下。

(1) 小、微型出租客运汽车使用8年,中型出租客运汽车使用10年,大型出租客运汽车使用12年。

(2) 租赁载客汽车使用15年。

(3) 小型教练载客汽车使用10年,中型教练载客汽车使用12年,大型教练载客汽车使用15年。

(4) 公交客运汽车使用13年。

(5) 其他小、微型营运载客汽车使用10年,大、中型营运载客汽车使用15年。

(6) 专用校车使用15年。

(7) 大、中型非营运载客汽车(大型轿车除外)使用20年。

(8) 三轮汽车、装用单缸发动机的低速货车使用9年,装用多缸发动机的低速货车以及微型载货汽车使用12年,危险品运输载货汽车使用10年,其他载货汽车(包括半挂牵引车和全挂牵引车)使用15年。

(9) 有载货功能的专项作业车使用15年,无载货功能的专项作业车使用30年。

(10) 全挂车、危险品运输半挂车使用10年,集装箱半挂车使用20年,其他半挂车使用15年。

(11) 正三轮摩托车使用12年,其他摩托车使用13年。对小、微型出租客运汽车(纯电动汽车除外)和摩托车,省、自治区、直辖市人民政府有关部门可结合本地实际情况,制定严于上述使用年限的规定,但小、微型出租客运汽车不得低于6年,正三轮摩托车不得低于10年,其他摩托车不得低于11年。

(12) 小、微型非营运载客汽车,大型非营运轿车,轮式专用机械车,无使用年限限制。

项目考核

1. 汽车的定义是什么?
2. VIN码有何作用?由哪几部分构成?
3. 汽车的主要技术参数有哪些?
4. 汽车的主要性能指标有哪些?
5. 影响汽车使用寿命的因素有哪些?
6. 什么是汽车的经济使用寿命?

项目 2　二手车鉴定评估概述

项目要求

1. 认识什么是二手车,什么是二手车鉴定评估;
2. 认识汽车评估在实际生活中的重要作用;
3. 认识汽车评估的主要要素;
4. 认识汽车评估与资产评估的不同之处,并能掌握汽车评估的特点;
5. 掌握汽车评估过程中应遵循的原则;
6. 掌握汽车评估的流程;
7. 掌握影响汽车评估的基本因素。

任务 1　认识二手车

2.1.1　什么是二手车

我国《二手车鉴定评估技术规范》中对二手车的定义为:二手车是指从办理完注册登记手续至达到国家强制报废标准之前进行交易并转移所有权的汽车。

二手车,英文译为"Second Hand Vehicle"或"Used Car",意为"第二手的汽车"或"使用过的汽车"。"中古车"是日本的叫法。北美是二手车最发达的市场,因为平民百姓购买旧车时不一定就能买到"第二"手的,而且大多是小轿车和家用吉普车,所以在北美,二手车有一种很通俗的叫法,称为"用过的汽车"。

二手车的定义直接关系到所涉及车辆的范围,在某种程度上也关系到二手车鉴定评估体系的科学性和市场交易的规范性,所以有必要给出明确的定义。2005 年 10 月 1 日,由商务部、公安部、工商总局、税务总局联合发布的《二手车流通管理办法》正式实施。此办法总则的第二条,对二手车定义为:二手车是指办理完注册登记手续到达到国家强制报废标准之前进行交易并转移所有权的汽车(包括三轮汽车、低速载货车,即原农用车)、挂车和摩托车。实际上,在《二手车流通管理办法》出台之前,国家的正式文件上一直没有出现过"二手车"的字样,只有"旧机动车"的称谓,虽然它们的内涵基本相同,只是提法上有差异,但"旧机动车"让人感觉车辆很破旧,从而在一定程度上影响人们的消费情绪。实际上,很多七八成新的汽车也流入二手市场,所以二手车在提法上更中性,更通俗易懂,同时也与国际惯例接轨。

2.1.2　二手车产生的原因

二手车产生的原因多种多样,车源充足、消费者需求旺盛是二手车市场兴旺发达的主要条件。二手车产生的其他主要原因如下。

1) 喜新厌旧的消费心理

二手车交易市场买卖双方的需求不同,其心理动机也不一样,他们都有各自的政治经济背景。作为卖者,有的受求新心理动机的驱使,不断玩新车、卖旧车;有的是在政治或经济上到位后,为满足自尊和显耀心理的需要,要求换档次更高的名牌车辆,以象征自己的名誉、地位和个人能力。作为二手车的买者,则受求实、求便、求廉等心理动机的驱使,他们重视车辆的实际效用,以图省钱省事。买卖双方虽有不同心理,但有一点是相通的,那就是都认识到,汽车不再是一种单纯的交通运输工具,而且还是人们地位和财富的象征,是自尊、显耀心理的外部表现;同时也是求快、求便、求美、求舒适、求健康心理的体现。

此外,提倡超前消费,今天花明天甚至后天钱的观念,越来越被广大中、青年所接受。再加上方便的车贷服务,这些都为汽车消费市场起了推波助澜的作用。

在西方发达国家,中产阶级是一个主要的庞大消费群体,他们购车以新车为主,注重的是新车的档次、品质、安全和可靠性,而非价格。通常在4~5年更新一次,条件更好的3年就更新车辆。在日本,绝大多数人5年肯定要卖旧车,换新车;条件更好一点的2~3年就换新车;条件差的7年也一定要更换车辆;极个别、经济条件很差的用到10年才换新车。为此,世界上大的汽车公司,一个新的品牌型号的车辆,通常只生产5年就下线,不再生产。例如,奥拓轿车,1985年投入生产,到1990年生产线上一天才有2辆车下线,该车型基本下线停产了。另外,西方发达国家多数家庭不止拥有一辆车,通常有2辆车,甚至3辆车。这样更新时间短,更新率就高,产出的二手车就多,这是二手车产生的主要渠道。

进入21世纪以后,我国人均收入不断增长,富裕人群增多。在深圳、广州、上海、北京、浙江等城市和地区,形成了一个较大的高收入阶层,他们已经成为稳定的汽车消费群体,从而推动我国换车消费逐年升温。

2) 车主收支失衡

无论在国外还是国内,许多车主都是通过银行贷款购车。由于各种各样的原因,如由于车的档次较高、车价高,每月还贷超出车主的实际承受能力,难于还贷,又如车主买车时只考虑到买车的钱,而未仔细考虑使用过程中各种违规费及维护保养等各项支出,使用中发现超出自己的支付能力,这样手中的车就可能成为欲出售的二手车。

3) 消费观念不成熟

消费观念不成熟就是理性消费欠缺。经历市场经济的时间越长,消费者成熟程度也越高,消费起来就更理性一些。但总有一部分人过分的自尊、求新或显耀心理作祟,过分地追求时髦,盲目攀比,购车时考虑不周,对车辆缺乏全面了解,一时冲动买了新车。使用后,发现新买的"爱车"并不值得热爱,一些毛病使自己心里不痛快,例如,乘坐并不舒适,车内空间小、动力不足、提速慢、油耗高等,就想处置现有车辆,从而将车送入二手车市场。还有的人见同学、同事或邻居买了新车,就觉得条件不比人差,随即产生要买一辆比其高一档次的新车炫耀一下的念头,并没有考虑到购车的用途以及车辆的养护和维修等使用开支。车的档次越高,使用费用也越高。若车辆闲置不用,车辆也有自然老化的损耗,时间越长,贬值率越高。这样,只好将车送入二手车市场。汽车就像计算机一样,是一种消耗性商品,它不可能保值(除古董车外),更不可能升值,随着时间的推移,只会越来越贬值,消费者必须清楚这一点。

此外,由于市场油价不断攀升,汽车的使用费用越来越高,而且这种趋势没有缓解的迹象。

事实上,石油这种不可再生的资源,开采量逐年增加,开采难度越来越大,成本也逐步上升,导致国际市场原油价格上升的趋势是不可遏制的。在世界原油市场这个大环境的影响下,我国的石油价格逐年上升的趋势是不可逆转的。

另一方面,我国的用车环境还不是很理想,过桥费、过路费、停车费等还是不少的,特别是在一些大城市,如北京、上海等。还有就是国家的宏观政策的影响,例如环境政策的变化,汽车尾气排放由原来的国Ⅰ标准提高到国Ⅱ标准,而北京则提前实行国Ⅲ标准,这些都将使已有车辆产生贬值,从而提高汽车的使用费用。

消费者在购车时,对上述实际情况考虑不周,缺乏理性,则容易成为二手车的车源点。

4)企业、政府部门或个人的产权变动

有的企业或公司在进行合作、合资、合并、兼并、联营、企业分设、企业出售、股份经营、租赁、破产时,也可能会产生欲出售的机动车辆,这些欲出售的机动车辆也是二手车的重要来源。

此外,我国政府部门按规定要配公务用车,而且数量较大,一般均为中、高档车。由于各种原因,需要更换。这些公务用车也将流入二手车市场,但多半以拍卖方式出售。

而个人由于资金发生困难,需要将"爱车"抵押或典当来进行融资,当事人用自己的车辆作为抵押物与融资的贷款方签订合同。提供车辆的一方为抵押人,接受抵押车辆的一方为抵押权人。当抵押人不能履行合同的义务时,抵押权人有权将抵押车辆根据合同的有关条款,在法律允许的范围内,将抵押车辆变卖,从变卖的价款中优先受偿。这些欲变卖的车辆也是二手车的一个重要来源。

2.1.3 购买二手车的优势

二手车最大的优点是便宜。不同年份的二手车价格仅相当于新车的二分之一到三分之一,甚至更少。而且,由于新车头两年折旧率比较高,买二手车避开了汽车的快速折旧期,所以还具有相对保值的优势。此外,某些特定年代和特定车型的二手车还具有收藏价值。

1)经济实惠

二手车一般都不是时下车市最新的车型,一般要落后2年,同一品牌同一车型的二手车,晚买1~2年,就可以省掉不少钱。另外,随着油价的上涨,市民出行成本不断加大,如果市民经济不是很宽裕,买车只为了代步,买台二手车还是很划算的。

2)折价率低

任何一辆汽车,只要在车管所登记落地后,不管你用还是不用,或者你用多还是用少,它每一年的价值都在不断下降。一般来说,1年后要贬值20%,2年后要贬值35%,3年后贬值达50%,越是高档车折价越多。如果买二手,就相当于别人在给自己的折价率埋单,买1台新车的钱,可以买2台不错的二手车,即使你用了几年后,再将车卖掉,也不会赔多少。

3)刮碰不心疼

现在不少买车的人是新手,通常被戏称为"马路杀手",由于驾车经验不足、驾驶技术不高,难免会刮刮碰碰,如果是新车碰一下就得喷漆、维护,累加起来也是不小的一笔费用。而买台二手车,即使发生刮碰,这种心疼的感觉也会小很多。小刮小碰只要无伤大雅,就能将就着用,等毛病大了,给车做一次大的翻新、美容就可以了。

4)零件好配

买台新上市的车,一旦出现故障,一般会出现跑了很多地方汽车零配件仍难买到的情况,但如果买台二手车,就不用再为买汽车零配件难而担心。因为一般的二手车都是2年以前的车型,针对该车的零配、美容、保养等汽车服务行业已经非常健全和成熟,有关汽车的配件也比较充足,车主一般都不用再为买不到汽车配件而四处奔波。

5)选择余地大

经济不宽裕的市民如果想买台新车,仅有的钱未必能买来合自己心意的新车。但如果转为买二手车,不多的钱也可以选择不少好的车型。也就是说,相同的钱,购买二手车的选择空间和余地要比新车的选购空间大不少。

任务2　二手车鉴定评估基础理论

2.2.1　二手车鉴定评估的概念

二手车鉴定评估是指由专门的鉴定评估人员,按照特定的目的,遵循法定或公允的标准和程序,运用科学的方法,对二手车进行手续检查、技术鉴定和价格估算的过程。简言之,即二手车鉴定评估是指二手车鉴定评估机构对二手车技术状况及其价值进行鉴定评估的经营活动。

二手车鉴定估价应当本着买卖双方自愿的原则,不得强制进行;属国有资产的二手车应当按国家有关规定进行鉴定评估。二手车鉴定评估机构应当遵循客观、真实、公正和公开原则,依据国家法律法规开展二手车鉴定评估业务,出具车辆鉴定评估报告,并对鉴定评估报告中车辆技术状况,包括是否属事故车辆等评估内容负法律责任。需要指出的是,二手车评估定价人员必须经过专业培训,通过国家有关部门组织的资格考试,取得"旧机动车鉴定估价师"执业资格证书,方可上岗从事有关鉴定评估业务。

二手车鉴定评估从实质上来说是市场经济的产物,是适应生产资料市场流转的需要,由鉴定评估人员根据所掌握的市场资料,在对市场进行预测的基础上,对二手车的现时价格做出预测估算的过程。

2.2.2　二手车鉴定评估的作用

做好机动车鉴定评估工作,不仅有利于保障司法诉讼和行政执法等活动的顺利进行,有利于维护公民的合法权益,而且对维护正常的社会经济秩序、促进积极发展具有重要意义。因此,深入认真研究、探讨二手车鉴定评估问题,建立一套完整、科学、适用的二手车鉴定评估方法,以保证其鉴定评估客观、公正、合理,就显得更为重要。

此外,二手车鉴定估价过程不仅仅是原有价值重置和现实价值形成的过程,其背后还隐含着很多深层次的重要作用。

(1)二手车进入市场再流通,属固定资产转移和处置范畴,按国家有关规定应缴纳一定的税费。目前各地对这一块税费的征管,基本是以交易额为计征依据,实行比率税(费)率,采用从价计征的办法,而这里的计征依据实质上就是评估价格。因此,二手车鉴定估价的准确与否直接关系到国家税收和财政收入的多少及其公正合理性。

(2)我国是发展中国家,很多车辆为国家和集体所有,这是车辆管理方面有别于其他发达国家的明显之处。因此,对二手车的鉴定估价很大程度上就是对国有资产的评估,评估结果直接关系到国有资产是否流失的问题。

(3) 二手车属于特殊商品。二手车流通涉及车辆管理、交通管理、环保管理、资产管理等各方面,属特殊商品流通。目前我国对进入二级市场再流通的二手车有严格的规定,鉴定估价环节恰是防止非法交易发生的重要手段。

(4) 二手车鉴定估价还关系到金融系统有关业务的健康有序开展,司法仲裁公平、公正进行及企业依法破产、重组等诸多经济和社会问题。特别是在目前二手车市场已逐步成为我国汽车市场不可分割的重要组成部分的情况下,我们应该把科学准确地对二手车进行鉴定估价提高到促进汽车工业进步、有效扩大需求,乃至保障国民经济稳定发展和社会安定的高度来认识和把握。

2.2.3 二手车评估的要素

二手车鉴定评估的过程中,涉及了8个基本要素,即鉴定评估的主体、鉴定评估的客体、鉴定评估的目的、鉴定评估的依据、鉴定评估的原则、鉴定评估的价值类型、鉴定评估方法和鉴定评估的程序。

(1) 鉴定评估的主体,即从事二手车评估的机构和人员。

(2) 鉴定评估的客体,即待评估的车辆。

(3) 鉴定评估的目的,即车辆鉴定评估所要服务的经济行为是什么?为了正确反映机动车的价值量及其变动,为将要发生的经济行为提供公平的价格尺度,车辆鉴定评估的目的往往影响着车辆评估方法的选择。

(4) 鉴定评估的依据,即鉴定评估工作所遵循的法律、法规、经济行为文件、合同协议以及收费标准和其他参考依据。

(5) 鉴定评估的原则,即对二手车辆鉴定评估行为的规范,为了保证鉴定评估结果的真实、准确,并做到公平合理,被社会承认,而必须遵循的行为准则。

(6) 鉴定评估的价值类型,即对车辆评估值的质的规定,它约束着评估方法的选择。

(7) 鉴定评估方法,即二手车鉴定评估所用的特定技术,它是实现机动车评估价值的手段和途径。目前就汽车鉴定评估的4种方法(重置成本法、现行市价法、收益现值法及清算价格法)的可操作性而言,应用最广泛的是重置成本法对车辆的价值进行评估和估算。

(8) 鉴定评估的程序,鉴定评估工作从开始准备到最后结束的工作程序。

以上8种要素相互依存,构成了二手车鉴定评估活动的有机整体,并保证了二手车鉴定评估工作正常进行和评估价值科学性的重要因素。

2.2.4 二手车鉴定评估的特点

汽车作为资产的一种类型,与其他类型的资产有所不同,有其自身的特点,其主要特点是:

(1) 单位价值较大,使用时间较长。

(2) 工程技术性强,使用范围广。

(3) 使用强度、使用条件、维护水平差异很大。

(4) 使用管理严,税费附加值高。

正是由于上述的这些车辆本身的特点,从而决定了二手车鉴定评估具有以下特点:

(1) 以单台为评估对象。由于二手车单位价值相差大、规格型号多、车辆结构差异很大,但又为了保证评估质量,对于单位价值大的车辆,在实际的鉴定评估过程中一般都是分整车、分部件地进行鉴定评估。

(2) 以技术鉴定为基础。机动车辆技术含量高,具有较强的工程技术特点。在长期的使用过程中,由于机件的摩擦和自然力的作用,使它处于不断磨损的过程中。随着使用里程和使用年数的增加,车辆实体的有形损耗和无形损耗加剧,其损耗程度的大小,因其使用强度、使用条件、维修保养水平、制造质量等因素而导致其损耗差异很大。鉴于此种情况,评定车辆实物和价值状况,就需要通过技术检测等手段来鉴定其损耗程度,从而更真实地反映车辆的实际价值。

(3) 要考虑其手续构成的价值。由于国家对车辆实行"户籍"管理,使用税费附加值高。因此,对二手车进行鉴定评估时,除了估算其实体价值以外,还要考虑由"户籍"管理手续和各种使用税费构成的价值。

任务3　二手车鉴定评估的基本条件

2.3.1　二手车鉴定评估的主体和客体

1) 二手车鉴定评估的主体

二手车鉴定评估的主体是指二手车鉴定评估业务的承担者,即从事汽车鉴定评估的机构及专业鉴定评估人员。由于二手车鉴定评估直接涉及当事人双方的权益,是一项政策性、专业性都很强的工作,因此无论是对专业评估机构还是对专业评估人员都有较高的要求。

(1) 二手车评估人员

由于汽车是技术含量极高的商品,因此对二手车鉴定评估人员提出了较高要求:

① 二手车专业评估人员必须掌握一定的资产评估业务理论,熟悉并掌握国家颁布的与二手车交易有关的政策、法规、行业管理制度及有关的技术标准。

② 二手车鉴定评估人员必须具有一定的二手车专业知识和实际的检测技能,能够借助必要的检测工具,对二手车的技术状况进行准确的判断和鉴定。

③ 二手车鉴定评估人员必须具有较高的收集、分析和运用信息资料的能力及一定的评估技巧。

④ 二手车鉴定评估人员必须具备经济预测、财务会计、市场、金融、物价、法律等多方面的知识。

⑤ 二手车鉴定评估人员必须具有良好的职业道德,遵纪守法,公正廉明,保证二手车评估质量。

⑥ 二手车鉴定评估的从业人员还需经过严格的考试或考核,取得国家劳动和社会保障部颁发的"二手车鉴定评估师"证书。

(2) 二手车评估机构

按照我国《国有资产评估管理办法》第九条的规定,资产评估公司、会计师事务所、审计事务所、财务咨询公司,必须获有省级以上国有资产评估资格证书,才能从事国有资产评估业务。

2) 二手车鉴定评估的客体

二手车鉴定评估的客体是指被评估的车辆,它是鉴定评估的具体对象。按照不同标准,被评估车辆又可分为汽车、电车、摩托车、农用运输车、拖拉机和挂车等几类;按照车辆的使用用途,可以将机动车辆分为营运车辆、非营运车辆和特种车辆。对评估车辆进行分类,有利于评估人员在评估过程中搜集和应用相关信息资料。

二手车鉴定评估的一个主要目的是在二手车的交易过程中,准确地确定二手车的价格,并以此作为买卖成交的参考底价。根据商务部于2005年8月发布的《二手车流通管理办法》的规定,以下车辆不允许进行交易:

(1) 已报废或者达到国家强制报废标准的车辆。
(2) 通过盗窃、抢劫、诈骗等违法犯罪手段获得的车辆。
(3) 发动机号码、车辆识别代号或者车架号码与登记号码不相符,或者有凿改迹象的车辆。
(4) 走私、非法拼(组)装的车辆。
(5) 在人民法院、人民检察院、行政执法部门依法查封、扣押期间的车辆。
(6) 在本行政辖区以外的公安机关交通管理部门注册登记的车辆。
(7) 国家法律、行政法规禁止经营的车辆。
(8) 不具有本办法第二十二条所列证明、凭证的车辆。
(9) 在抵押期间或者未经海关批准交易的海关监管车辆。

此外,车辆上市交易前,必须先向公安交通管理机关申请临时检验,经检验合格,在其行驶证上签注检验合格记录后方可进行交易。二手车交易市场经营者和二手车经营主体发现车辆的车架号码和发动机号码的符号、数字及各种外文字母的全部拓印不一致或改动、凿痕、重新打刻等认为改变或毁坏的,对车辆一律扣留审查。对交易违法车辆的,二手车交易市场经营者和二手车经营主体应当承担连带赔偿责任和其他相应的法律责任。

2.3.2 二手车鉴定评估的目的

汽车鉴定评估的目的是为了正确反映汽车的价值及变动,为将要发生的经济行为提供公平的价格尺度,它回答的问题是为什么要对汽车进行鉴定评估。同时,它告诉用户汽车鉴定评估机构市场在哪里,到哪里去寻找评估业务。在汽车鉴定评估市场,汽车鉴定评估的主要目的可分为两大类:一类为变动汽车产权;另一类为不变动汽车产权。

1) 变动汽车产权

变动汽车产权是指车辆所有权发生转移经济行为。它包括汽车的交易、置换、转让、并购、拍卖、投资、抵债和捐赠等。

(1) 车辆交易转让。汽车在交易市场上进行买卖时,买卖双方对汽车交易价格的期望是不同的,甚至相差甚远,因此需要鉴定评估人员对被交易的汽车进行鉴定评估,评估的价格作为买卖双方成交的参考底价。

(2) 车辆置换。置换的概念源于海外,它强调的是旧物品(或次等的、较差的)与新物品(较好的)进行交换,这种交换是不等价性的由置换方给予差额补贴。置换业务有两种情况:一种是以旧换新业务,另一种是以旧换旧业务,两种情况都会涉及对置换车辆的鉴定评估。对汽车鉴定评估结果的公平与否,直接关系到置换双方的利益。车辆的置换业务尤其是以旧换新业务在我国的汽车市场是一个崭新的业务,有着广阔的市场前景。

(3) 车辆拍卖。拍卖是指以公开竞价的形式,将特定物品或者财产权利转让给最高应价者的买卖方式。对于私家车、公务车、执法机关罚没车辆、抵押车辆、企业清算车辆、海关获得的抵税及放弃车辆等,都需要对车辆进行鉴定评估,为拍卖车辆活动提供拍卖底价。此外,还有与拍卖方式基本类似的招标底价。

(4) 其他。其他经济行为如在企业发生联营、兼并、出售、股份经营或破产清算时,也需要对企业所拥有的汽车进行鉴定评估,以充分保证企业的资产权益。

2) 不变动汽车产权

不变动汽车产权是指车辆所有权未发生转移的经济行为。它包括汽车的保险、抵押、担保、典当、纳税和司法鉴定(海关罚没、盗抢、财产纠纷等)。

(1) 车辆保险。在对车辆进行投保时,所缴纳的保险费高低直接与车辆成本的价值大小有关。同样,当被保险车辆发生保险事故,保险公司需要对事故进行理赔。为了保障双方的利益,需要对保险理赔车辆进行公平的鉴定评估。除对碰撞车进行车损评估外,还应对火烧车和浸水车进行鉴定评估。

(2) 抵押贷款。银行为了确保放贷安全,要求贷款人以机动车作为贷款抵押。银行为了确保贷款的安全性,要对汽车进行鉴定评估。而这种贷款安全性的高低在一定程度上取决于对抵押车辆评估的准确性。一般情况下,要比市价略低。

(3) 担保。担保是指车辆所有单位或所有人,以其拥有的汽车为其他单位或个人的经济行为提供担保,并承担连带责任的行为。

(4) 典当。当典当双方对当物车辆的价值认知有较大的悬殊时,为了保障典当业务的正常进行,可以委托汽车鉴定评估人员对当物车辆的价值进行评估,典当行以此可以作为放款的依据。当当物车辆发生绝当时,对绝当车辆的处理,同样也需要委托汽车鉴定评估人员为其提供鉴定评估服务。

(5) 纳税评估。纳税评估是指政府为纳税赋税,由评估人员估定的作为机动车纳税基础的价格。具体纳税价格应视纳税政策而定。

(6) 司法鉴定。司法鉴定按性质的不同可分为刑事案件和民事案件。

① 刑事案件一般是指盗抢车辆、走私车辆和受贿车辆等。其委托方一般是指国家司法机关和行政机关,其委托目的是为取证需要。按现阶段我国相关的司法解释,涉及刑事的物品(包括车辆)的鉴定是一种政府职能行为,而不是社会中介业务。

② 民事案件是指法院执行阶段的各种车辆,其委托方一般是人民法院,委托目的是案件执行需要进行抵债变现。

上述两种情况都要求鉴定评估人员对车辆进行评估,有助于把握事实的真相,确保司法公正。按现行的法律,往往要求鉴证人员出庭质证,因此要求极高。

在接受车辆评估委托时,明确车辆的评估目的显得十分重要。对车辆的鉴定评估是一种市场价格的评估,所以对客户提出不同的委托目的,有不同的评估方法。对于同一辆车,由于不同的评估目的,可以使其评估出来的结果有所不同。

2.3.3 二手车鉴定评估的依据

二手车鉴定评估实质上属于资产评估的范畴,其理论依据必然是资产评估学的有关理论和方法。一般包括行为依据、法律依据、产权依据和取价依据4部分。

1) 行为依据

行为依据是指实施汽车鉴定评估的行业依据。一般包括经济行为成立的有关决议文件以及评估当事方的评估业务委托书。

2）法律依据

法律依据是指汽车鉴定评估所遵循的法律法规，主要包括：

(1)《国家资产评估管理办法》。

(2)《国有资产评估管理实施细则》。

(3)《汽车报废标准》。

(4)《中华人民共和国机动车登记规定》。

(5)《关于规范汽车鉴定评估工作的通知》。

(6)《汽车报废管理办法》。

(7)《汽车产业发展政策》。

(8)《二手车流通管理办法》。

(9)《机动车运行安全技术条件》。

(10)其他方面的政策法规。

3）产权依据

产权依据是指表明机动车权属证明的文件，主要包括：

(1)机动车来历凭证。

(2)《机动车登记证》。

(3)《机动车行驶证》。

(4)《出租车营运证》。

(5)《道路营运证》等。

4）取价依据

取价依据是指实施汽车鉴定评估的机构或人员，在评估工作中直接或间接取得或使用对汽车鉴定评估有借鉴或佐证作用的资料。主要包括价格资料和技术资料。

(1)价格资料。价格资料包括新车辆整车销售价格、易损零部件价格、车辆精品装备价格、维修工时定额、维修价格、国家税费征收标准、车辆价格指数变化及各品牌车型残值率等资料。

(2)技术资料。技术资料包括机动车的技术参数，新产品、新技术、新结构的变化，车辆故障的表面现象与差别，车辆维修工艺及国家有关技术标准等资料。

2.3.4 二手车鉴定评估的原则

汽车鉴定评估的基本原则是对汽车鉴定评估行为的规范。正确理解和把握汽车鉴定评估的原则，对于选择科学合理的汽车鉴定评估方法、提高评估效率和质量具有十分重要的意义。

汽车鉴定评估的原则分为工作原则和经济原则两大类。

1）工作原则

汽车鉴定评估的工作原则是评估机构与评估工作人员在评估工作中应遵循的基本原则，包括合法性原则、独立性原则、客观性原则、科学性原则、公平性原则、规范性原则、专业化原则和评估时点原则等。

(1)合法性原则

合法性原则是指汽车鉴定评估行为必须符合国家法律和法规，必须遵循国家对机动车户籍管理、报废标准和税费征收等政策要求，这是开展汽车鉴定评估的前提。

（2）独立性原则

独立性原则一是要求汽车鉴定评估机构和工作人员应该依据国家的法规、规章制度及可靠的资料数据，对被评估的汽车价格独立地做出评估结论，且不受外界干扰和委托者的意图影响，保持独立公正；二是评估行为对于委托当事人应具有非利害和非利益关系，评估机构必须是独立的评估中介机构，评估人员必须与评估对象的利益涉及者没有任何利益关系。决不能既从事交易服务经营，又从事交易评估。

（3）客观性原则

客观性原则要求鉴定或评估结果应以充分的事实为依据，在鉴定评估过程中的预测推理和逻辑判断等只能建立在市场和现实的基础资料以及现实的技术状态上。

（4）科学性原则

科学性原则是指汽车鉴定评估机构和人员运用科学的方法、程序、技术标准和工作方案开展活动，即根据评估的基准日、特定目的，选择适用的方法和标准，遵循规定的程序实施操作。

（5）公平性原则

公平、公正、公开是汽车鉴定评估机构和工作人员应遵守的一项最基本的道德规范。要求鉴定评估人员的思想作风态度应当公正无私，评估结果应该是公道、合理的，绝不能偏向任何一方。

（6）规范性原则

规范性原则要求鉴定评估机构建立完整、完善的管理制度，严谨的鉴定作业流程。管理上要建立回避制度、审复制度、监督制度，作业流程制度要科学、严谨。

（7）专业化原则

专业化原则要求汽车鉴定评估工作尽量由专业的鉴定评估机构来承担。同时还要求汽车鉴定评估行业内部存在专业技术竞争，以便为委托方提供广阔的选择余地，并要求鉴定评估人员接受国家专门的职业培训，经各类考试合格由国家统一颁发执业资格证书，主要是指价格鉴定师、资产评估师和机动车鉴定估价师等持证上岗。

（8）评估时点原则

评估时点原则又称评估基准日、评估期日或评估时日，是一个具体日期，通常用年、月、日表示，评估额是在该日期的价格。汽车市场是不断变化的，汽车价格具有很强的时间性，它是某一时点的价格。在不同时点，同一辆汽车往往会有不同的价格。

评估时点原则是要说明，评估实际上只是求取某一时点上的价格，所以在评估一辆汽车的价格时，必须假定市场情况停止在评估时点上，同时评估对象即汽车的状况通常也是以其在该时点时的状况为准。评估时点并非总是与评估作业日期（进行评估的日期）相一致的。评估时点前于评估作业日期，称之为"追溯性"评估，评估时点与评估作业日期基本相近，称之为"现实性"评估，这是经常在评估实践中遇到的。评估时点后于评估作业日期，称之为"前瞻性"评估，即评估车辆在将来的价格。一般将评估人员进行实车勘察的日期定为评估时点，或因特殊需要将其他日期指定为评估时点。确立评估时点原则的意义在于评估时点是责任交代的界限和评估汽车时值的界限。

2）经济原则

汽车鉴定评估的经济原则是指在汽车鉴定评估过程中，进行具体技术处理的原则。它是汽车鉴定评估原则的具体体现,是在总结汽车鉴定评估经验及市场能够接受的评估准则的基础上形成的。主要包括预期收益原则、替代原则和最佳效用原则。

(1) 预期收益原则

预期收益原则是指在对营运性车辆进行评估时,车辆的价值可以不按照其过去形成的成本或购置价格决定,但必须充分考虑它在未来可能为投资者带来的经济效益。车辆的市场价格,主要取决于其未来的有用性或获利能力。未来效用越大,评估值越高。

预期收益原则要求在进行评估时,必须合理预测车辆的未来获利能力及取得获利能力的有效期限。

(2) 替代原则

替代原则是商品交换的普遍规律,即价格最低的同质商品对其他同质商品具有替代性。据此原理,汽车鉴定评估的替代原则是指在评估中,面对几个相同或相似车辆的不同价格时,应取较低者为评估值,或者说评估值不应高于替代物的价格。这一原则要求评估人员从购买者角度进行汽车鉴定评估,因为评估值应是车辆潜在购买者愿意支付的价格。

(3) 最佳效用原则

最佳效用原则是指若一辆汽车同时具有多种用途,在公开市场条件下进行评估时,应按照其最佳用途来评估车辆价值。这样既可保证车辆出售方的利益,又有利于车辆的合理使用。

2.3.5 二手车鉴定评估程序

二手车鉴定评估工作程序,也称二手车鉴定评估操作程序,是指二手车鉴定评估机构在承接具体的车辆评估业务时,从接受立项、受理委托到完成评估任务、出具鉴定评估报告全过程的具体步骤和工作环节。

在进行汽车鉴定评估时,应分步骤、分阶段地进行相应的工作。从专业评估的角度而言,汽车鉴定评估大致要经历以下几个阶段。

1) 接待客户、明确评估业务基本事项

接待客户具体应该了解的内容包括:

(1) 客户基本情况。客户基本情况包括车辆权属和权属性质。

(2) 客户要求。客户要求的评估目的,期望使用者和完成评估的时间。

(3) 车辆使用性质。了解车辆是生产营运车辆还是生活消费车辆。

(4) 车辆基本情况。车辆基本情况包括车辆类别、名称、型号、生产厂家、初次登记日期、行驶里程数、所有权变动或流通次数、落籍地和技术状态等。

2) 验明车辆合法性

验明车辆合法性主要应该核查:

(1) 来历和处置的合法性。查看《机动车登记证》或产权证明。

(2) 使用和行驶的合法性。检查手续是否齐全、真实和有效,是否年检,检查《机动车行驶证》登记的事项与行驶牌照和实物是否相符。

3) 签署汽车鉴定评估业务委托书

《汽车鉴定评估业务委托书》是鉴定评估机构与委托方对各自权利、责任和义务的约定,是一种经济合同性质的契约。

(1) 汽车鉴定评估委托书应写明委托方和评估机构的名称、住所、工商登记注册号、上级单位、鉴定评估资格类型及证书编号,评估目的、评估范围、被评估车辆的类型和数量、评估工作起止时间、评估机构的其他具体工作任务,委托方须做好的基础工作和配合工作,评估收费方式和金额,反映评估业务委托方和评估机构各自的责任、权利、义务以及违约责任的其他具体内容。

(2) 汽车鉴定评估委托书必须符合国家法律法规和汽车鉴定评估行业管理规定,并做到内容全面、具体,含义清晰准确。

(3) 涉及国有资产占有单位的汽车鉴定评估项目,应由委托方按规定办妥有关手续后再进行评估业务委托。

4) 拟定鉴定评估计划

汽车鉴定评估机构要根据评估项目的规模大小、复杂程度和评估目的做出评估计划。

(1) 汽车鉴定评估人员执行评估业务时,应该按照鉴定评估机构编制的评估计划,以便对工作做出合理安排和保证在预计时间内完成评估项目。

(2) 汽车鉴定评估人员应当重点考虑以下因素:

① 被评估车辆和评估目的。

② 评估风险,评估业务的规模和复杂程度。

③ 相关法律、法规及宏观经济近期发展变化对评估对象的影响。

④ 被评估车辆的结构、类别、数量和分布。

⑤ 与评估有关资料的齐全情况及变现的难易程度。

⑥ 评估小组成员的业务能力,评估经验及其优化组合。

⑦ 对专家及其他评估人员的合理使用。

5) 汽车的技术状况鉴定

(1) 技术状况鉴定要达到的基本目的

① 为车辆的价值估算提供科学的评估证据。

② 为期望使用者提供车辆技术状况的质量保证。

③ 为车辆发生的经济行为提供法律依据。

(2) 技术状况鉴定要做到的基本事项

① 识别伪造、拼装、组装、盗抢和走私车辆。

② 鉴别手续牌证的真伪。

③ 鉴别由事故造成的严重损伤。

④ 鉴别由自然灾害(水淹、火烧)造成的严重损伤。

⑤ 鉴别车辆内部和外部技术状况。

(3) 技术状况鉴定应检查的部位和检查的项目

① 静态检查。

② 动态检查。

③ 仪器检查。

6) 市场调查与资料搜集

进行市场调查与资料搜集的目的是确定被评估车辆的现行市场价格。进行市场询价时,应重点做好如下工作:

(1) 确定被评估车辆基本情况(车辆类型、厂牌型号、生产厂家和主要技术参数等)。

（2）确定询价参照对象及询价单位(询价单位名称、询价单位地址、询价方式、联系电话或传真号码和询价单位接待人员姓名等)，并将询价参照对象情况与被评估车辆基本情况进行比较，在两者相一致的情况下，询到的市场价格才是可比的和可行的。

（3）确定询价结果。市场调查和询证资料经过整理，就可以编制成《车辆询价表》，《车辆询价表》亦是汽车鉴定评估主要的工作底稿之一。

7) 车辆价值评定估算

（1）确定估算方法

① 汽车鉴定评估应熟知、理解并正确运用市价法、收益法、成本法、清算价格法以及这些评估方法的综合运用。

② 对同一被评估车辆宜选用两种以上的评估方法进行评估。

③ 有条件选用市价法进行评估的，应以市价法为主要的评估方法。

④ 营运车辆的评估在评估资料可查并齐全的情况下，可选用收益法为其中的一种评估方法。

⑤ 汽车鉴定评估一般适宜采用市价法和成本法。

（2）评价评估结果

① 对不同评估方法估算出的结果，应进行比较分析。当这些结果差异较大时，应寻找并排除出现的原因。

② 对不同评估方法估算出的结果应做下列检查：a. 计算过程是否有误；b. 基础数据是否准确；c. 参数选择是否合理；d. 是否符合评估原则；e. 公式选用是否恰当；f. 选用的评估方法是否适合评估对象和评估目的。

（3）在确认所选用的评估方法估算出的结果无误之后，应根据具体情况计算求出一个综合结果。

（4）在计算求出一个综合结果的基础上，应考虑一些不可量化的价格影响因素，对结果进行适当的调整，认定该结果作为最终的评估结果。

（5）当有调整时，应在评估报告中明确阐述理由。

8) 编写和提交汽车鉴定评估报告

（1）编写汽车鉴定评估报告

编写汽车鉴定评估报告书可分为如下两个步骤：

① 在完成汽车鉴定评估数据的分析和讨论上，对有关部分的数据进行调整。由具体参加评估的汽车鉴定评估人员草拟出汽车鉴定评估报告书。

② 将鉴定评估的基本情况和评估报告书初稿的初步结论与委托方交换意见，听取委托方的反馈意见后，在坚持独立、客观和公正的前提下，认真分析委托方提出的问题和建议，考虑是否应该修改评估报告书，对报告书中存在的疏忽、遗漏和错误之处进行修正，待修改完毕即可撰写出正式的汽车鉴定评估报告书。

（2）提交汽车鉴定评估报告

汽车鉴定评估机构撰写出正式的鉴定评估报告书以后，经过审核无误，按以下程序进行签名盖章：先由负责该项目的汽车鉴定评估人员签章，再送复核人审核签章，最后送评估机构负责人审定签章并加盖机构公章。汽车鉴定评估报告书签发盖章后即可连同作业表等送交委托方。

任务4 影响二手车评估的因素

在进行二手车鉴定评估过程中,二手车评估受很多因素影响,主要包括车辆自身的因素和国家政策的影响。

1)车辆自身因素的影响

车辆自身的因素主要包括:

(1)车辆自身的车况好坏,有无大伤、日常的保养情况、车辆使用年限、车辆行驶里程等起决定因素。

(2)车辆的手续是否齐全以及车辆的使用性质。如果被评估车辆不能过户或出租下线车型肯定会影响二手车价格;反之,手续齐全、私有自用的车评估的价格肯定会高些。比如车辆的登记证书、行驶证、年检、违章、养路费、购置附加费、保险、发票等都会对车辆产生损失。

(3)车辆的品牌、市场保有量、质量口碑、新车价格是否坚挺以及售后服务及维修配件等都会影响二手车价格。二手车评估新车降价间接折旧损失明显、新车型的不断推出以及汽车品牌之间的激烈竞争,很多车型的价格都在不断的缩水中,因此再次选择新车时建议选择品牌信誉度高、性价比合理、价格相对稳定的车型。

(4)同品牌车型的市场供求变化及新车最近是否降过价、供大于求,以及新车刚刚降价,都会影响二手车的价格。

(5)车辆的残值

影响二手车残值的因素是:

① 汽车品牌、车辆品质、车辆认知度、后市场延续等因素、车辆更新换代的频率和速度等,都是影响车辆残值的因素。

② "车辆使用时间、行驶里程、驾驶习惯、保养水平以及车辆是否发生过重大事故等,都是评估一辆车价值的重要因素。"其中,车况是汽车残值的最主要决定因素之一。

③ 同样使用时间的车辆,根据不同的使用性能,价格要相差很多。如果车辆的车架、底盘、发动机存在比较大的修理痕迹和事故痕迹,那么车辆本身残值会大大降低。但是像轮胎磨损等问题对车辆残值影响不大。

(6)后续成本

二手车评估后续成本不可忽视。同样是2003年购买的两款10万元车型,一款出售价格6万元左右,另外一款只有3万元左右,扣除新车降价的因素以外,其中有一个因素往往被消费者忽略,那就是车辆后续使用成本,比如进口车相对国产车贬值略高,究其原因就是车辆的零配件以及维护保养费用较高,同样保险费用也较高,因此购买人群相对狭窄造成折旧较快。

(7)汽车故障

汽车在使用过程中不可避免会出现各种各样的故障,汽车的故障既影响汽车的技术状况,维修又需要成本,所以研究汽车故障的目的是通过分析汽车故障对被评估车辆状况的影响,从而确定影响汽车评估价格的维修费用,即对汽车评估价格的影响。汽车故障对汽车评估价格有很大影响,而且故障的部位和故障的性质将在很大程度上决定着汽车评估价格的水平。

2)国家政策的影响

随着政府在涉及车辆环保、安全等方面的要求都逐渐严格,这些将持续影响到二手车价格。如：

（1）资产价格评估法的影响

我国现阶段规范资产价格评估的最高法规为国务院颁布的《国有资产评估管理办法》和《国务院确需保留的行政审批项目设定行政许可的决定》，由于评估行业是按行政许可法的要求履行行政许可的范围，而无论是资产评估、房地产评估，还是汽车评估，其核心则是对某一类财产进行定价的行为过程。而由于社会财产的多样性，被评估定价财产有成千上万种，且牵涉到经济生活的方方面面，涉及公众利益，因此政府部门将对各类评估行为进行必要的监管，主要包括对评估主体（即评估机构和评估人员）和评估行为的合法性的监管。承担这项工作的是政府的多个部门，因此有必要通过一个资产价格评估法约束管理者和各类市场主体。

我们确信，若通过了资产价格评估法，则会对整个评估行业有着深远影响，汽车评估也不例外，以后评估行业准入标准将更加严格，机构评估执业行为则更加规范，人员素质将进一步提高。

（2）能源政策的影响

我国对能源实行开发和节约并重的政策，合理利用能源、降低能源消耗是国家长期的产业政策。自 2004 年 6 月以来，国家发改委就先后出台了《汽车产业发展政策》、《乘用车燃料消耗量限值》和《节能中长期专项规划》等文件。其中明确提出把发展小排量汽车作为国家产业政策。小排量、低能耗和低排放的环保经济型汽车是普通消费者最主要和合理的消费要求。小排量车型省油、低排放且节省路面资源，因此鼓励广大消费者购买、使用小排量车型是建设节约型社会的必然选择。

2005 年 10 月 1 日实施《二手车流通管理办法》后，北京市规定采取定额收费的办法收取二手汽车交易管理服务费。根据车辆的类型、排气量等的不同，采取不同的收费标准。例如，有的地区对 1.0～1.2 L 排量的小型车，收费范围在 200～5 000 元之间不等。排量小于 1.0 L 的收费仅为 100 元。这种收费标准的制定，也是响应国家鼓励发展中、小排量的车型，建设节约型社会的一种宏观调控措施。

此外，实行多年的汽车消费税税率，也根据这一政策做了调整，按汽车不同排量实行不同税率。小排量，低税率；大排量，高税率。显然，这也符合鼓励发展小排量汽车的一贯政策。

还有，根据上述政策，各地对小排量经济型汽车的限驶禁令也将逐步取消和改进。这一政策的实施，也将改变人们求大求洋不切实际的消费习惯。

对于在用车，为了切实鼓励节约能源，帮助国家能源战略调整，征收燃油税以代替征缴养路费是便捷、合理而有效的手段，应尽快创造条件，实行燃油税的政策。

上述这些政策的实施，以及国际油价的不断攀升，使得小排量环保型汽车销量大幅增加，这也将影响二手汽车市场小排量汽车的交易量。北京二手汽车市场中小排量汽车的交易量就有明显的增加，价格也有所下降。

国家发改委在 2001 年就酝酿汽车油耗公示制度，在 2004 年对建立汽车产品油耗公示制度提出了明确要求。国家发改委委托中国汽车技术研究中心开展了相关的研究，于 2006 年 11 月首次对 409 个车型的油耗数据在网上公示，这也是一次实施新产品油耗公示制度的尝试或实践。部分乘用车燃料消耗量见表 2-1。

表 2-1 部分乘用车燃料消耗量

序号	商标	产品型号及名称	整备质量（kg）	耗油量(L/100 km)标准限值	综合值(L/100 km)
1	马自达	CA7201AT 轿车	1 427	10.7	7.91
2	宝来	FV7162FATE 轿车	1 310	10.1	9.07
3	奥迪	FV7183TFCVTE 轿车	1 470	11.3	9.30
4	天籁	EQ7230BA 轿车	1 450	11.3	10.00
5	东风标致	DC7164C307 轿车	1 324	10.7	8.50
6	吉利日美	MR7131AHU 轿车	1 042	8.8	8.33
7	桑塔纳	SVW7180LEI 轿车	1 100	8.9	7.90

2006 年公示的 409 个新产品车型的油耗数据，是由国家授权的检测机构在统一的综合测试循环下的油耗。由于测试循环模拟了汽车在道路上行驶的车速、阻力和工况等各种情况，试验结果更能客观地反映出产品实际技术现状。此前各厂家在销售新车时，均自行公布车辆的耗油量，而消费者在实际使用中，实际耗油量与厂家公布的差距甚远，常误导消费者。

由于车辆的耗油量指标是一项重要的经济指标，不少消费者视其为购车的主要考量指标。耗油量低的车型，当然就会受到消费者的青睐，这样就促使厂家加强研究，降低油耗，提高自己产品的竞争力，得益的当然是消费者。

但要注意，公示的油耗值为等速百公里油耗，在实际使用时可能还有一些差距，这是因为影响汽车实际使用的油耗因素很多、很复杂，驾驶员的车速、驾驶习惯、道路、车辆状况和燃油质量等都会导致与新车在标准测试循环下的油耗存在偏差。

旧汽车因随行驶里程和使用年限的增加，车辆磨损加剧，发动机油耗增加，传动系统的传动效率则降低。因此，旧汽车的耗油量均会比新车高许多。新车的耗油量高，那么旧汽车的耗油量也会相应增加。所以，评估时应考虑汽车的耗油量，耗油量高者则评估价值应低一些。

（3）环境保护政策的影响

2005 年 4 月 27 日，国家环保总局召开新闻发布会，公布了 5 项机动车污染排放新标准，如《轻型汽车污染物排放限值及测量方法》（即国Ⅲ、国Ⅳ号排放标准）、《装用点燃式发动机重型汽车曲轴箱污染物排放限值及测量方法》和《摩托车和轻便摩托车加速行驶噪声限值及测量方法》等。其中轻型汽车国Ⅲ号标准自 2007 年 7 月 1 日起实施，国Ⅳ号排放标准自 2010 年 7 月 1 日起实施，其他标准自 2005 年 7 月 1 日起实施。北京市环保局宣布国Ⅲ号机动车排放标准提前 2 年于 2005 年 12 月 30 日起实施。

制定和实施更严格的排放标准、降低排放负荷是解决机动车污染问题的必然选择和有效手段。新的排放标准是根据国内机动车污染状况、汽车工业的发展和环境保护的需要制定的。

近年来，我国机动车保有量迅速增加，目前全国汽车保有量已近 4 000 万辆、摩托车 4 500 万辆、农用运输车 2 400 万辆。机动车排放造成的污染问题突显出来，引起社会的普遍关注。我国机动车制造业水平还不是很高，致使机动车污染排放量较大，排放控制性能的耐久性较低。而机动车数量高速增长,造成污染物大幅上升,影响城市环境质量的改善。

国家环保政策对机动车评估的影响主要体现在以下两方面:

① 缩短了机动车的使用寿命。根据国家能源和环境政策,对不达标的机动车限制使用或者提前报废,大大加速了机动车的更新速度,缩短了不达标机动车的正常使用寿命。许多在用的"黄标"车(尾气排放达不到欧Ⅰ标准),除限驶地区外,一年内还需多次检测,大大增加了使用成本,从而加速了使用寿命的到达。根据北京市二手汽车交易市场信息部门的预测,新的排放标准的实施让主流旧汽车交易寿命缩短了15%,由原来的6年下降到5年左右。

② 增加了使用成本。国家对不符合要求的在用机动车进行限制使用,不准进入某些重要或敏感地区。此外,还要频繁地进行检测,甚至强制报废。这些举措都导致机动车使用成本的增加,从而加速了超标机动车退出使用的时间。评估时,其使用价值也同样要受到较大影响。

(4)《汽车报废标准》调整的影响

在前面已叙述,我国《汽车报废标准》在1997年颁布以后,经过2次调整。特别是2000年的一次调整,对非营运性9座以下(含9座)的载客汽车,规定使用年限由原来的10年调整为15年。与此相反,北京地区对排量在1L以下(含1L)的出租车、小型公共汽车,规定使用年限由原来的8年调整为6年。规定使用年限的这一升一降,对这种二手汽车就意味着一个大幅升值,另一个贬值。这就是国家宏观政策对二手汽车价值影响的明显例证。在二手汽车评估中,必须加以理解,并考虑其对二手汽车价值的直接影响。

应引起注意的是,宏观政策的影响既可以使旧汽车贬值,也可以使其升值,这是完全正常的,无需人为的对客观事实进行干预,否则评估结果就不符合实际,会得出错误的结论。

目前,汽车强制报废标准做出了一次重大变化,非营运的乘用车将不再规定报废年限,只对其安全性和排放指标进行检测,不达标的汽车不能上路行驶。但这并不意味着非营运乘用车就能无限期地使用下去。这一调整看似放宽,实际更为严格。汽车随着行驶里程的不断增加,其各项指标均会逐渐下降,特别是随着发动机的磨损,工况变得越来越差,尾气排放超标,而如果需进行技术改造,投入会更大。另一方面,油耗大幅升高,使用费用猛增,这样的车继续使用就很不经济,从而促使车主购买新车。

对于那些行驶里程不多的私家生活用车,平常保养较好,一年行驶里程仅为1万km,这样的生活用车有可能使用更长的时间,当然也就相当于增值了。而对于那些平常欠维护和保养,使用强度又较大,年行驶里程2万~3万km的汽车,上述规定还有可能缩短其使用寿命。

项目考核

1. 什么是二手车?二手车有什么优势?
2. 什么是二手车鉴定评估?
3. 汽车鉴定评估有哪些要素?
4. 汽车鉴定评估的主要依据有哪些?
5. 汽车鉴定评估应遵循哪些原则?
6. 简述汽车鉴定评估的基本程序。

项目 3　二手车技术状况鉴定

项目要求

1. 了解二手车技术鉴定的主要内容；
2. 了解静态检查和动态检查的技术项目；
3. 分析动态检查过程中出现的技术问题；
4. 能正确运用静态、动态检查以及结合仪器检查来完成对二手车技术状况的鉴定。

二手车技术状况的鉴定是二手车鉴定评估工作的基础与关键，其鉴定方法主要有静态检查、动态检查、仪器检查等。其中，静态检查和动态检查是依据评估人员的技能和经验对被评估车辆进行直观、定性的判断，即初步判断评估车辆的运行情况是否正常、车辆各部分有无故障及故障的可能原因、车辆各总成及部件的新旧程度等；而仪器检查是对评估车辆的各项技术性能及各总成部件技术状况进行定量、客观的评价，是进行二手车技术等级划分的依据，在实际工作中往往视评估目的和实际情况而定。

任务 1　静态检查

3.1.1　静态检查的目的和内容

二手车静态检查是指在静态情况下，根据评估人员的经验和技能，辅之以简单的量具对二手车技术状况进行直观检查。二手车静态检查的目的是快速、全面地了解二手车的大概技术状况。通过全面检查，发现一些较大的缺陷，如严重碰撞、车身或车架锈蚀或有结构性损坏、发动机或传动系严重磨损、车厢内部设施不良、损坏维修费用较大等，为其价值评估提供依据。

二手车静态检查的主要内容包括识伪检查和外观检查两大部分。其中，识伪检查主要包括鉴别走私车辆、拼装车辆和盗抢车辆等工作；外观检查包括鉴别事故车辆、检查发动机舱、检查车舱、检查行李箱和检查车底等内容。具体如下：

静态检查
- 识伪检查
  - 鉴别走私、拼装车辆
  - 鉴别盗抢车辆
  - 鉴别事故车辆：包括碰撞、水灾、火灾等事故
- 外观检查
  - 检查车身外观
  - 检查发动机舱：包括机体外观、冷却系、润滑系、点火系、供油系、进气系统等
  - 检查内室：包括驾驶操作机构、开关、仪表、报警灯、内饰件、座椅、电器部件等
  - 检查行李箱：行李箱锁、气压减振器、防水密封条、备用轮胎、随车工具、门控开关等
  - 检查车身底部：包括泄漏、排气系统、转向机构、悬架、传动轴

汽车外观检查是了解二手车整体技术状况和故障情况(尤其是事故车辆)的重要手段之一。通过外观检查可以帮助检测人员确定检测重点,其检验结果也有助于对汽车各部的真实技术状况、故障部位及其原因做出正确的判断。

3.1.2 静态检查所需的工具和用品

为了在进行旧车检查时能够得心应手,在检查之前,应该先准备一些工具和用品。需要准备的工具和用品有:

(1) 一本笔记本和一支钢笔或铅笔。用来记录看到、听到和闻到的异常情况,以及需要让机械师进一步检测和考虑的事情。

(2) 一个手电筒。用来照亮发动机舱和汽车下面又暗又脏的地方。

(3) 一些棉丝头或纸巾。用于擦手或用于擦干净将要检查的零件。

(4) 一块大的旧毛毯或帆布。用于仰面检查汽车下面是否有漏油、磨损或损坏的零件等。

(5) 一截 300~400 mm 的清洁橡胶管或塑料管。可以当作"听诊器",用来倾听发动机或其他不可见地方是否有不正常的噪声。

(6) 一个卷尺或小金属直尺。用于测量车辆和车轮罩之间的距离。

(7) 一盒盒式录音带和一张光盘。用来测试磁带收放机和 CD 唱机。

(8) 一个小型工具箱,里面应该装有成套套筒棘轮扳手、一个火花塞筒扳手、各种旋具、一把尖嘴钳子和一个轮胎撬棒。

(9) 一个小磁铁。用于检查塑料车身腻子的车身钢板。

(10) 一只万用表。用来进行辅助电气测试。

3.1.3 汽车技术状况静态质量检验法

1) 根据使用时间判断其质量

可根据该车的出厂和行车执照登记时间判断汽车质量。一般来说,如果汽车行驶 20 万公里后,各种零件都已开始老化,故障率将会大大提高。旧车成交价格必须体现公平交易,实行随行就市、按质论价、"旧不超新"的原则,一般按使用时间每年 10% 折旧率计算价格。如果该车出过大的撞车事故,折旧率将大打折扣。

2) 根据使用用途判断其质量

如果该车经常用于拉货,使用率高,质量也就难以保证。如果该车仅仅用于上下班或一般交通工具,故障可能会少一些。

3) 根据行驶公里判断其质量

一般来说,判断二手车质量时不要相信其里程表所反映的行驶公里,因为里程表可以调整和更换。判断其行驶公里,应综合分析判断其行驶公里。可根据该车的轮胎花纹磨损情况、轮胎更换情况、零件更换情况、各机件灵敏程度等判断其行驶公里。

4) 根据车身外观判断其质量

判断是否碰撞的方法是:查看左右大灯罩、转向灯罩、雾灯罩新旧程度、颜色是否一致,如果不一致,十有八九碰撞过。查看车身是否有碰撞过的痕迹:查看车身是否有喷过漆的痕迹,如果是局部喷过漆还好查看,一般后喷过的漆与原漆颜色总有差别;如果是整车喷过漆,应查看车门、车窗镶条、排气管、轮鼓有否喷过漆的痕迹,特别是打开发动机盖后查看,发动机盖内、发动机两侧漆的颜色与车身漆颜色是否一致;打开发动机盖查看前端有否变形的地方,这种方法很容易发现有被碰撞过的痕迹。如果碰撞过并更换过前脸、大灯罩、转向灯罩、雾灯罩等,说明此车碰撞较为严重。

5) 根据前轮定位角和前轮前束判断其质量

查看前轮前束是否变形,如果前轮前束变形了,严重碰撞的可能性就较大。

6) 根据车底情况判断其质量

查看车底是否有被严重刮车底的痕迹,查看减震器是否更换过或有漏油现象。按一下汽车的每一角检查减振器,松手后,跳动不会多于2次,则说明该车减震性能良好。

7) 根据汽车内饰磨损情况判断其质量

通常车内应有正常的损耗,如果新座套下沉了、新踏板、新方向盘套,说明车主想掩饰粗暴的操作或使用痕迹。应卷起地毯查看有否漏水或浸蚀现象,同时还应查看车内音响质量。

8) 根据保养情况判断其质量

查看水箱周围是否锈蚀或泄漏;查看机油是否亏少、过脏、有水或泄漏;查看蓄电池电解液是否亏少、泄漏或接线柱腐蚀;查看空气滤清器是否肮脏;查看高压线有无烧损、老化;查看火花塞积碳是否过多;查看专用修车工具是否齐全。

9) 根据发动机启动、噪声和尾气判断其质量

如果发动机启动困难、噪声大、息速不稳、尾气冒黑烟,说明发动机质量差。

10) 根据行驶情况判断其质量

通过对以上各部位的检查,对汽车使用维护情况做一个初步评价之后,应对旧车动力性、制动性、操纵性、舒适性、平顺性进行检查。检查起步和加速性能;制动应无跑偏、单边制动和制动迟滞等现象;转向应能控制可靠,无阻滞、松动及方向不正常振动、噪声等;离合器、手动变速器应能迅速平衡地离合换挡,无振动、掉挡、乱挡、挂不进挡位等现象;差速器无噪声或撞击声;传动轴和万向节转动平稳、无振颤现象等。

3.1.4 识伪检查

二手车识伪检查指对非法汽车进行识别和判断。识伪检查主要包括鉴别走私车辆、拼装车辆和盗抢车辆等工作。在旧机动车交易市场不可避免会出现一些非法车辆,如何鉴别这部分车辆,在二手车鉴定评估过程中是一项十分重要而又艰难的工作。它必须凭借技术人员所掌握的专业知识和丰富经验,结合有关部门的信息材料,对评估车辆进行全面细致的鉴别,将这部分车辆与其他正常车辆区分开,从而使二手车交易规范、有序地进行。

非法汽车的类型包括走私车(没有通过国家正常进口渠道进口的并未完税的车辆)、拼装车(非法组织生产、拼装,无产品合格证的假冒、低劣汽车)和盗抢车辆。

鉴别非法汽车的常用方法有:通过公安车管部门的车辆档案查找车辆信息,查验车辆产品合格证、维护保养手册,检查车辆外观(重新做油漆、车身曲线线条、焊接点等),检查车内饰和检查发动机舱等。

1) 走私车的鉴定

所谓走私车鉴定,一般是指鉴定汽车是否为"水货"汽车。"水货"汽车是指通过走私或非合法渠道进口的汽车。这些汽车有的是整车走私(如图3-1),有的是散件走私和境内组装。

进口正品汽车是指通过正常的贸易渠道进口的汽车,车的前风窗玻璃上有黄色的商检标

志,符合中国产品质量法。进口正品汽车都附有中文使用手册和维修手册,有的还有零部件目录,而"水货"汽车则没有。

外观勘验时,还要针对市场上存在的部分进口汽车进行特殊的辨别,也就是识别"走私水货"进口车。走私车的基本形式有"飞顶车"、"两刀车"和"支架车"3种。

走私车大多数是"飞顶车"(如图3-2)。所谓"飞顶",就是将走私车辆的车顶割断,再放进集装箱,以节省空间,也节省运费成本,广东称"飞顶"为"一刀车"。通常,如果拼装得好的话,对行车安全影响不大。辨别是否为"飞顶车",主要是查看左右A、B、C三柱是否一致(如图3-3)。

图3-1　广东深圳边防支队查扣走私车

图3-2　"飞顶"走私车切割位置

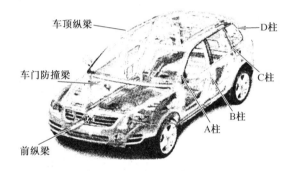

图3-3　"飞顶车"检查部位

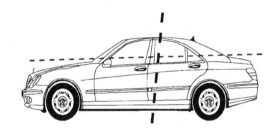

图3-4　"两刀车"切割部位

以现在的维修技术,目测虽然困难,但仔细观察仍会有所发现。用手敲打三柱与顶的连接处,从敲击的手感与声音来判别,若声音沉哑没有那种敲金属的感觉,多数是割过的。最直接的方法就是把三柱的内饰板、门柱胶边揭开,看有没有焊过的痕迹。就算焊得再好也不可能与出厂的一样,因为它需要经过焊接、磨平、补灰再重做底、涂面漆等工序。

"两刀车",就是"一刀"飞顶后再把车拦腰割开,就是割车架。检查是否是"两刀车"(如图3-4)最好的方法是到维修厂升起车辆,查看车架有没有焊接过。如果不能升起车辆,最简单的方法就是把车的前轮用千斤顶顶起,离地20~30 cm,试试车门是否关闭顺畅。"两刀车"的车门会存在开关不顺畅的现象。

"支架车"就是整车没割过就装箱的车。"支架车"占的空间大,一只40尺柜(11.8 m×2.13 m×2.18 m)整车可以装4台,飞顶车可以装5台半,两刀车可以装6台半,所以支架车进口的成本高。

在二手车的鉴定中,对于走私车或"水货"汽车的判别可以从以下几个方面入手:

(1) 查看汽车型号是否在我国进口汽车产品目录上。多年从事评估工作的业内人士,大多数从汽车外观就能看出是否是我国进口汽车产品目录上的车型。

(2) 运用公安车管部门的车辆档案资料,查找车辆来源信息,确定车辆的合法性及来源情况。这是一种最直接有效的判别方法。查验二手车的汽车产品合格证、维护保养手册和商验标志,对进口车必须查验进口产品商验证。

(3) 看车身外观是否有重新做过油漆的痕迹,尤其是顶部下风窗玻璃框处要特别注意。因为最常见的"飞顶车"在境外从车顶下风窗玻璃框处将汽车切成两部分,分别作为汽车配件走私或进口,然后在境内再将两部分焊接起来,通过这种方法达到走私整车的目的。注意曲线部分的线条是否流畅,大面是否平整,尤其是小曲线部位。根据目前的技术条件,没有专门的设备不可能将这些地方处理得十分完美,再加工痕迹特别明显,一般用肉眼仔细观察和用手从车顶部向下触摸能够发现痕迹。

(4) 打开发动机盖,检查发动机室,检查汽车铭牌,被评估汽车的厂牌型号、底盘号及发动机号与行车证应该一致。观察发动机室内线路、管路布置是否有条理,是否有重新装配和改装的痕迹。检查自动变速器,可以鉴别是"水货"的车右舵改左舵——为了适应我国的交通管理制度,走私者将右驾改为左驾。为了降低改装成本,走私者不可能更换变速器。自动变速器的车右驾改左驾通过变速杆就可以识别,右驾改左驾的自动变速器变速杆的保险按钮仍在右侧,通过这一点可识别部分"水货"车。

2) 拼装汽车的鉴定

拼装汽车是指违反国家关于生产汽车方面的有关规定,私自拼凑零部件装配的汽车。拼装车辆是一些不法厂商和不法商人为了牟取暴利,非法组织生产、拼装的,无产品合格证的假冒、低劣汽车。这些汽车有些是境外整车切割、境内焊接拼装的车辆;有些是进口汽车散件国内拼装的国外品牌汽车;有些是国内零配件拼装的国内品牌汽车;有些是旧车拼装车辆,即2辆或者几辆车拼装成1辆汽车;甚至也有的是国产或进口零配件拼装的杂牌汽车,即把几台事故车或报废车各自有用的零件拆卸下来,清洗干净,再买些新的、肉眼可以看得见的配件,拼出来再翻新喷漆的车。被切割拼装的主要是一些境外的报废车、二手车、事故车。它们走私入境后,不法分子往往会把外观比较新的散件拼装到一块,改头换面,翻新成整车再卖出去。实在拼不起来的散件,他们也会进行拆解、打磨、翻新,卖到汽车配件市场上去。这种走私方式,拆了再装,装了再拆,很麻烦,但这几年,随着买车人的增加,走私切割车已经成了不法分子眼中的一个暴利行业。

拼装汽车和改装汽车是两个完全不同的概念。拼装的汽车一般都存在质量差、成本高、大多不符合安全检验及运行技术标准的问题,有的还因装配技术问题造成事故。因此,拼装汽车是国家禁止的一种非法生产汽车的行为。在二手车的鉴定中,对于拼装汽车的判别可以从检查小客车车身入手。

现代小客车车身基本是承载式车身,车架号在车身上,车身是小客车最重要的基础件。根据《中华人民共和国机动车登记规定》第9条规定,申请改变机动车车身颜色、更换车身或者车架的,应当填写"机动车变更登记申请表",提交法定证明、凭证。属于更换车身或者车架的,还应当核对车辆识别代号(车架号码)的拓印膜、收存车身或者车架的来历凭证。更换发动机的,机动车所有人应当于变更后10日内到车辆管理所申领填写"机动车变更登记申请表",提交法定证明、凭证,车辆管理所应当自受理之日起1日内确认机动车,收回原行驶证,重新核发行驶证、收存发动机的来历凭证。

(1) 国产车车身检查。由于许多汽车制造厂为了防止造假,对汽车车身实行专营,只对特约维修站供应,一般的汽车修理厂是购不到汽车车身的,并且正厂的汽车车身比仿制的汽车车身价格要贵。一些修理厂的"高手"采用将原车上车架号割下,再焊在假车身的方法,试图混过汽车检验关。汽车评估人员只要通过仔细的观察和触摸,就能识别假汽车车身。

(2) 进口车车身检查。进口汽车的车身如果要进口,其手续同进口一辆汽车的手续一样。对于老旧车型,一些进口汽配供应商时常将报废车的车身拆下后翻新,从中谋取暴利。

(3) 车辆标志检查。车辆标志包括车辆的商标、铭牌、发动机型号和出厂编号、底盘型号及出厂编号等。正规厂家标注规范,采用较特殊的字码打制,专门的电脑刻字机刻制,刻制在特定的平面上,成组字码排列整齐,痕迹清晰,深度一致,且与该车铭牌上标注的发动机、底盘号完全一致。

查看车架上(前排座椅前下方)和发动机机身上特定刻制字码的平面有无被打磨、刮灰、重新喷漆的痕迹;查看字码有无高低错落、间隔不匀、深浅不一;查看有无与特定原装车的字形、字体不符;查看有无编码位数多于或少于原装车;查看字码有无篡改痕迹;查看字码标注的位置有无不对;等等。主要部件上往往有其特制的标记;专用部件上往往标有部件号;通用部件上往往标有制造厂商、国别等。

3) 盗抢车辆的鉴定

盗抢车辆一般是指公安车管部门已登记上牌的,在使用期内丢失的或被不法分子盗窃的,并在公安部门已报案的车辆。由于这类车辆被盗窃方式多种多样,它们被盗窃后所遗留下来的痕迹会不同。如撬开门锁、砸车窗玻璃和撬转向盘锁等,一般都会留下痕迹。同时,这些被盗车大部分经过一定修饰后再将车卖出。这些车辆很可能会流入二手车交易市场。这类车辆的鉴别方法如下:

(1) 根据公安车辆管理部门的档案资料,及时掌握车辆状态情况,防止盗抢车辆进入市场交易。这些车辆从车辆主人报案起到追寻找到为止这段时期内,公安车管部门将这部分车辆档案材料锁定,不允许进行车辆过户、转籍等一切交易活动。

(2) 根据盗窃的一般手段,主要检查汽车门锁是否过新,锁芯有无被更换过的痕迹,门窗玻璃是否为原配正品,窗框四周的防水胶是否有插入玻璃升降器开门的痕迹,转向盘锁或点火开关是否有破坏或调换的痕迹。

(3) 不法分子急于对有些盗抢车辆销赃,他们会对车辆或有关证件进行篡改和伪造,使被盗赃车面目全非。检查重点是核对发动机号码和车辆识别代码,看钢印周围是否变形或有褶皱现象,钢印正反面是否有焊接的痕迹。

(4) 查看车辆外观是否全身重新喷过油漆或者改变原车辆颜色。

(5) 打开发动机盖察看线或管布置是否有条理,发动机和其他零部件是否正常、有无杂音,空调是否制冷、有无暖风,发动机及其他相关部件有无漏油现象。

(6) 内装饰材料是否平整,表面是否干净。尤其是对压条边沿部分要进行特别仔细的检查,经过再装配过的车辆内装饰压条边沿部分会有明显手印或其他工具碾压过后留下的痕迹。车顶装饰材料或多或少要留下弄脏过的印迹。

4) 鉴别事故车辆

汽车发生事故是常见的,发生过事故的车辆,其使用性能无疑会受到极大的损害,而且还会存在很大的安全隐患。但由于在二手车交易前它们都经过修理,一般非专业人士很难分辨出来。

(1) 事故车的定义

事故车是指在使用中曾发生过严重碰撞或撞击,或长时间泡水,或较严重过火,虽然修复并在使用,但仍存在安全隐患的车辆总称。

① 严重碰撞或撞击的车辆。只要符合下面任何一条损伤的车辆,应认为是事故车。

a. 碰撞或撞击后,车架大梁弯曲变形、断裂后修复。

b. 水箱及水箱支架被撞伤后修复或更换过。

c. 车身后叶子板碰撞后被切割或更换过。

d. 车门及其下边框、B柱碰撞变形弯曲后修复或更换过。

e. 整个汽车在事故中翻滚,整个车身产生变形凹陷、断裂后修复或做过车身。

② 泡水车。泡水车辆与涉水行驶过的车辆不能混为一谈,有许多车辆在遇大雨、暴雨或特大暴雨的恶劣天气时,曾在水中短时间行驶过,这不算泡水车。泡水车一般指全泡车,也叫灭顶车,是指泡水时水线超过发动机盖,水线达到前挡风玻璃的下沿,这样整个发动机都浸泡在水中,绝大部分电器设备、仪表都被浸泡,会造成严重的后果。

③ 过火车辆。汽车无论是由于自燃还是外燃,只要在发动机舱或乘员舱发生严重火烧,燃烧面积较大,机件损坏严重,就应列为事故车。火烧是个严重的事故,经火烧后,机件很难修复。但对于局部着火,过火的只是个别非主零部件,并在极短的时间内熄灭,经修复换件后,不能算过火车辆。

(2) 事故车的检查与判断

凡是发生严重碰撞、泡水、过火的事故车,到二手车交易市场评估交易前都经过汽车修理厂的恢复和修理,所以必须要经过专业人士进行仔细认真的检查和分析判断,才能做出是否为事故车。

① 碰撞车事故车检查。此类车检查时,首先查看汽车底盘,看脏污的程度是否大致相同,若发现有部分地方特别干净,该处有可能被修理过。此处大梁应平直,若发生有敲打或烧焊的痕迹,那肯定大梁发生过弯曲变形,甚至于断裂或有裂纹。

其次看水箱支架和水箱。看是否有碰撞变形后修复或更换过的痕迹,若有,还要注意发动机、车架等零部件的检查。

再次看叶子板是否被切割更换过。叶子板与车厢及车体连接处应平整,若焊点是凸出状,则为重新烧焊的痕迹。也可打开行李箱,查看其内板是否有烧焊的痕迹。

② 泡水车的检查。首先打开发动机盖,查看水箱、散热器片、水箱前板(从下往上看)是否有污泥;然后检查发动机旁的发电机、启动机、电线插座等小零件;再检查前后排座椅,查看弹簧及内套绒布是否有残留污泥;还要检查前后车门间的B柱,把塑料饰板轻轻撬开,查看是否有污泥和水线痕迹;还可检查前后挡风玻璃橡胶条,若内有污泥,肯定为泡水车。

③ 过火车的检查。汽车过火的地方比较容易辨认,过火并烧蚀较严重的金属会出现像排气管一样的颜色。

3.1.5 发动机及附件静态检验

1) 检查水箱(冷却时)

打开发动机盖,首先检查水箱部分。但检查的前提是冷车状态,否则很容易被溅出的水烫伤。打开水箱盖后,注意观察冷却水面上是否有其他异物漂浮,例如锈蚀的粉屑、不明油污等。如果发现有油污浮起,表示可能有机油渗入到冷却水内;如果发现浮起的异物是锈蚀的粉屑,表示水箱内的锈蚀情况已经很严重。一旦发现上述情况,都表示该车的发动机状况不是很好,需特别注意。

2)检查发动机舱及下方有无油污及漏油痕迹

有油污则说明可能是发动机中央部分如气门室盖垫处或油底壳处漏油,这会带来很多麻烦。

3)电瓶

一般电瓶的寿命大约是2年,因此消费者在检查电瓶时,可先注意电瓶上的制造日期。如果已经超过2年,则表示这个电瓶已经快要报废了。如果消费者决定要购买这部车,可以要求卖车者更换新的电瓶,也可以要求减价,回去后自己更换,否则用不了几天就会因为电瓶没电而无法行驶。

4)空气滤清器检查

打开空气滤清器的盒盖,看看里面的清洁程度如何。如果灰尘很多,滤芯很脏,则表示这部车的使用程度较高,而且该车的前一位车主对车的保养也较差,没有定期更换滤芯。由此可设想,一部车的保养差,车况也不会太好。

5)检查机油尺前,先准备好白色的布或餐巾纸

在找到机油尺的位置后,先将机油尺拉起,用准备好的白布或餐巾纸将机油尺擦干净,然后检查布或纸上留下的机油颜色。如果呈暗褐色,表示早该换机油了,而且前位车主的保养习惯很差;如果呈黏稠状,也表示保养较差,很少更换机油;如果含有水气那可能就严重了,这种发动机吃水的情形,会让水、机油混合而呈现乳白色,对发动机的伤害非常大。

另外,一般机油尺上都有高、低油位的标记,如果在这两个油位之间则表示正常。因此,消费者可再将擦干净的机油尺从油箱中拉出来,检查机油尺上的油位。如果油位过低,则表示这部车可能有漏机油的情况,车况不佳。

3.1.6 车身静态检验

1)车漆检验

由于漆面老化、磕碰剐蹭、事故等原因,需要对全车做漆。观察车辆是否做漆主要有以下几种方法:

(1)看光线反射和色差:通过车身反射光的明暗对比来判断是否做漆,一般做漆的地方反射光很暗。但一些高档车都是在厂家指定的特约维修站烤漆,电脑配色、配漆、配亮油,做漆的质量非常好,不容易观察。对于金属漆,可以检查漆面金属含量的多少。

(2)用手感觉顺滑性:做漆的地方感觉会不顺滑,同时车身的不平整也可以感觉出。

(3)观察有无砂纸打磨的痕迹:只要刮完腻子用砂纸打磨后都会留有痕迹,有很多或粗或细的条纹,和做漆周边完好的原车漆部分是不同的。

(4)敲打车身来判断:钣金的部位声音要低沉一些,因为剐腻子的薄厚程度和原车漆是不一样的。

(5)注意边沿、装饰条及橡胶密封件:看是否有残留油漆痕迹和"流漆"痕迹。

(6)打开机器盖:检查有无残留油漆以及和车身油漆的色差。

2) 钣金检验

通过焊接质量和钣金痕迹可以查找事故痕迹与隐患。虽然钣金技术已经非常进步,但只要细心观察还是能分辨出钣金修理的痕迹。

(1) 发动机罩检验:外部仔细查看与翼子板的密合度或发动机留有的缝隙是否一致(不要有大小不一的情形),发动机与挡风玻璃之间的间隙是否一致或留有原车的胶漆,这些都是检查的重点;发动机罩内的检查更是重点中的重点,打开发动机罩时,先检查其内侧,如果有烤过漆的痕迹,表示这片盖板碰撞过,因为一般人不会在这个地方乱烤漆,原因是它不具有美观的价值。

(2) 车门检验:从车门框 B 柱来观察是否呈现为一直线,若无波浪俗称橘子皮的情形发生,表示此车无大问题;再从车门查看,在未打开车门时,可先看车门接缝处是否平整,如果接合的密合度自然平整,表示此车无大毛病,但不能就此断定此车没问题,可以再打开车门来详细察看 A、B、C 柱,也就是察看车门框是否呈一直线,如果不平整,有类似波浪俗称橘子皮的情形,表示此车经过钣金修理。也可将黑色的水胶条揭开来看是否平整,车门附近是否留有原车接合时的铆钉痕迹,留有痕迹的话表示此车为原厂车,没有的话表示此车烤过漆。最后可来回开关车门检视车门开启的顺畅度,无音或开启时极为顺手,表示此车无大问题。

(3) 行李箱检验:察看行李箱开口处左右两边的钣金件或与后保险杠的接合处时,可先翻开行李箱下的地毯,检视该处有无烧焊过痕迹,虽然现在的钣金技术已经非常进步,但只要细心观察还是能够分辨出是否进行过钣金维修,这一点非常重要,如果车辆维修得比较粗糙,可能存在下雨天行李箱漏水的问题。

(4) 车顶检验:汽车的车顶大多是平滑曲面,并具有流线型,如果表面不平滑甚至出现小平面,就会对光线反射不均匀,说明此处钣金和涂装过;车顶两侧的聚水和导流槽,线条应均匀流畅,凹沟深浅宽窄均匀,如果出现不流畅和不均匀,说明车顶有严重变形,进行了钣金和涂装修复。

3) 车内检验

车内检查包括:

(1) 车门玻璃应升降自如,上升能到顶,下降能到底,侧滑窗开关应轻松自如,推拉顺当,密封良好。

(2) 应当逐一检查仪表板、转向盘上及转向柱等处的各个开关及显示灯是否完好。顺便察看一下主电源线是否完好,线束里面的导线有无老化,尤其要注意有无自行搭线,如有搭线很可能线束里面的导线有断路短路故障。

(3) 用手晃动方向盘,上下不应有间隙,左右自由行程不应过大,表面手感要好。

(4) 座椅表面应清洁、完好,无破损、划伤。前排座椅可前后自由移动,并有多个位置可固定,供乘客自由选择适当的乘坐位置。破损的踏板胶垫、很脏的座椅以及磨损的门扶手等均意味着汽车已行驶了相当长的里程。如果卖主提供了座椅套,务必察看一下原始的椅垫。如果座椅松动和严重磨损、凹陷,说明此车常常载人,由此可推断汽车经常行驶在高负荷的工况下。

(5) 坐好后,把手放在方向盘上,左脚踏离合器踏板,应感觉轻松自如,并有一小段自由行程;右脚踩下制动踏板不放,其应保持一定高度,若其缓慢下移,则表示制动系统有泄漏现象。油门踏板不应有犯卡、沉重、不回位的现象,脚放在油门踏板上时,脚腕应自然舒适,这样才能保证长途驾驶不疲劳。

（6）车门、车内的软化内饰板应装卡到位，手推下去不应松脱。

（7）如果场地设有试水装置，应驾车驶过淋水洗车区，考察车身密封性，掀开地板垫，仔细检查车辆室内及行李箱内是否被淋湿。淋水后，检查各密封件是否完好，并注意车灯内是否蒙上了水雾变得模糊。车内如有发霉的味道，表明该车可能有泄漏的情况。

4）车底静态检验

在检查车况时，如果有举升机，或是能开上地沟，就能够检查到车辆底部。如果没有条件，那只有钻到车底下去检查。底盘稳定的车，行驶中不会有抖动、摆震；制动时不会跑偏；转向平顺无异响；悬挂系统无异响、无渗漏；不会有机油、冷却液、变速器油、减振器油、水等的渗漏。检查方法如下：

（1）检查排放系统。要检查排气系统的紧固程度，这是汽车"安静"行驶的重要保证。检查是否有泄露迹象，这需要在启动发动机后仔细听排气系统是否有地方发出"嘶嘶"的声音，也可以通过变换发动机转速来倾听泄露声响。注意不要碰到排气系统，因为它非常热。要检查消声器和三元催化器的接缝处，这些地方有出现泄露的可能。还要检查排气管吊架和支座是否有损坏。

（2）检查燃油系统和油路。检查燃油滤清器时，一般电喷车型在行驶5万公里左右要更换燃油滤清器，可以根据车辆的行驶里程，以及滤清器的新旧及清洁度判断是否更换过。检查机油底壳和放油塞，要看是否有漏油痕迹，需要注意的是，由于行车中气流有抽吸作用，所以使泄露不明显。如果驻车时发现此问题，说明渗漏很明显，需要进行大修。

（3）检查冷却液是否泄露。如果暖风器芯或软管泄露，在车辆底部可以发现，应该可以在离合器壳及发动机舱周围找到冷却液污迹。冷却液是绿色的，如果在试车时开空调了，那么会有水滴，驻车后会继续滴落，不要混淆。

（4）检查制动液泄露情况。看前后制动器是否有制动油液痕迹，从汽车的前部到后部，循着制动钢管寻找管路中是否有凹陷或渗漏痕迹。

（5）检查车架时，可以在车辆底部清楚地看到任何碰伤或焊接、修理的痕迹。检查前后悬架系统时，可以检查减振器弹簧、滑柱、转向柱、横拉杆、球头等。在后轮驱动车型中，要注意驱动轴不能有弯曲、凹陷痕迹，这会导致行车时有振动和抖动感觉。在前轮驱动车型中，检查万向节防尘罩是否有损坏，如果损坏了，可能导致万向节损坏，维修费用很高。还要检查是否有"拖底"的痕迹，对于轿车的整体式车身/车驾，拖底后，车底盘会有明显的痕迹，拖底还会伤及油底壳、转向系统、悬架系统、传动系统、排气系统，各种伤害都会对车辆造成不同的损害，影响行驶平顺性，甚至对行车安全造成隐患。

（6）检查轮胎内侧。从外侧检查轮胎，在车辆底部可以看到轮胎内侧，检查是否有严重磨损、割伤、腐蚀等，并通过轮胎的花纹磨损形式来判断车辆行驶状况。

3.1.7 底盘静态检验

1）离合器的静态检验

在衡量二手车整体价值方面，离合器并非关键部分，对价格的影响也不大，但消费者在挑选二手车时，应该做必要的检查。静态方面要检查：离合器踏踩自如，有一定阻力，但自由行程不能超过总行程的1/4，即当踩下离合器踏板到3/4时，离合器就应该稳固地接合。检查其行程是否合适,可以用直尺在踏板处测量,先测出踏板最高位置高度,再测出踩下踏板到感到有阻力时的高度,两个数值的差就是该车离合器行程数值。如果不符合,看能不能进行调整,不能调整,说明离合器总成需要更换。

2) 变速器的静态检验

变速器是汽车一个很重要的总成,直接影响旧车的价值。静态方面主要检查:变速器外壳有没有损坏、裂痕和渗漏现象,有没有油污;变速器静态操纵是否轻便自如,有没有阻挡甚至有异响等。

3) 车架的静态检验

汽车车架的损坏和事故的程度直接关系到最终的交易价格,检查车架是判断汽车是否有严重损坏或碰撞事故的好方法。

大部分轿车采用"整体车身"结构,既车身/车架整体设计;而多数货车、SUV仍然采用单独的车身和单独的车架式设计;而且有些"公路型、城市型"SUV也采用整体车身设计。

在静态检查时,可以通过如下方法:分别检查左、右两侧的前后轮是否成一条直线,不是直线,说明整体车架弯曲了;还可以测量每个车轮后侧与轮罩的间隙,应大致相同,否则说明车架或整体车身有弯曲迹象;还可以检查发动机罩和翼子板的间隙,接着检查车门接缝处的间隙,如果间隙过大,很可能是已经更换发动机罩和车门,也可能是曾拆卸后喷漆,这肯定与事故密不可分。

打开引擎盖后,看贯穿整个机舱的两根纵梁,通常在蓄电池下方不容易看到,而左侧容易观察。检查它们有无焊接或开裂的痕迹。如果是追尾或侧面撞击的事故,车架会受挤压而弯曲或开裂,维修时需要焊接;检查轿车的翼子板部分,这也是判断轿车整体车身是否有事故的关键部位,如果有焊接或开裂等痕迹,就说明其出现过侧面碰撞事故;如果有条件开上地沟,就可以很明显地检查了。对于轿车等,可检查加强筋;对于SUV、货车等,可直接检查车架。看它们是否平直而不能有弯曲,而贯穿车架的几根横梁也不应有焊接痕迹。

4) 车轮检验

(1) 轮胎的气压是很重要的,它影响着轮胎的使用寿命。检查二手车时,先围着车子转一圈,4个车轮不应该"亏气",用肉眼是很容易观察到的。当然,也可以借助胎压表或其他测量仪器来检查。

(2) 如果看到轮胎花纹中间磨损严重,则很可能是胎压长期过高导致的;相反,如果是轮胎花纹两侧磨损,说明车主经常在胎压过低的状态下行驶。通常轮胎的标准气压值都标注在轮胎外侧面上。

(3) 检查前轮时,如果左、右轮的磨损不均匀,或内侧磨损严重,有可能是前束或外倾不正确,也可能是转向机间隙过大,或转向机构连接松旷导致的。

(4) 检查二手车轮毂轴承。如果可以的话,可以把车架起来,或者开上地沟。之后用手转动车轮,应该平稳无噪音,如果转动有紧有松,可能是轴承不正常。还可以用手握住车轮上下两端,扳动车轮,应该没有松旷和阻滞的感觉。

3.1.8 电器系统检验

检查车辆灯具安装是否因车辆振动而松脱、损坏,所有灯光的开关应安装牢固、开关自如,不能因车辆振动而自行开关。车辆的前位灯、后位灯、示廓灯(若安装)、侧标志灯(若安装)、挂车标志灯(若安装)、牌照灯和仪表灯应能同时启闭,当前照灯关闭和发动机熄火时仍能点亮。车辆的前后转向信号灯、危险警告信号及制动灯白天在距车辆100 m处应能观察到其工作状况;侧转向信号灯白天在距车辆30 m处应能观察到其工作状况;后牌照灯夜间好天气时在距车辆20 m处应能看清牌照号码。制动灯的发光强度应明显大于后位灯。

前照灯光束照射位置应保持稳定。在检验前照灯近光光束照射位置时,将前照灯照射在距其10 m的屏幕上,光束明暗截止线转角或中点的高度应为$0.7H\sim0.9H$,光束水平方向位置向左偏不允许超过170 mm,向右偏不允许超过350 mm,其中H为前照灯基准中心高度;在检验前照灯远光光束及远光单光束照射位置时,将前照灯照射在距其10 m的屏幕上,光束中心离地高度应为$0.9H\sim1.0H$,左灯光束水平位置向左偏不允许超过170 mm,向右偏不允许超过350 mm,右灯向左或向右偏均不允许超过350 mm。

车辆蓄电池安置固定部件必须安装牢靠,以防止车辆行驶振动时蓄电池发生松动。蓄电池应能保持常态电压。车辆电器导线应捆扎成束、布置整齐、固定卡紧、接头牢固并有绝缘套,在导线穿越孔洞时应装设有绝缘套管。车辆的喇叭应可靠工作。汽车的水温表或水温报警灯、电流表(或电压表、充电指示灯)、燃油表、车速里程表和机油压力表(或油压报警灯)等各种仪表应保持灵敏有效。

任务2　动态检查

3.2.1　发动机动态检查

1) 启动检查

启动发动机,第一次冷车启动,点火开关接通后,停5秒左右待油泵将油输送至发动机再用启动机启动,此时因冷车,发动机转速较高,发动机应无异响、运转平稳、无明显抖动,皮带及盘无摆、跳动现象,待转动3~5分钟温度正常后关闭发动机。再次启动发动机,正常启动时间应不超过3秒,发动机怠速运行应平稳,仪表盘各警示灯应熄灭,各表指针应工作正常。加油门、发动机转速应提升迅速,无明显迟滞现象,无异象,松掉油门,转速应平稳较快地回到怠速,无明显在某一转速停滞的现象,打开空调开关,压缩机启动时发动机应无明显的抖动,转速平稳提升100~200转,运行平稳,关闭空调。

踩下离合器踏板,分别挂一挡、倒挡,不踩油门,平稳松开离合踏板至发动机与传动部件半接合位置,发动机应不熄火、无明显抖动、无异响。如果是自动挡,踩刹车,分别挂倒挡、前进挡,松开刹车,不踩油门,车辆平稳起步,发动机应运行平稳,转速无明显降低,再次查看发动机各水管、油管、刹车、离合器连接管处有无渗漏现象,各表指针位置是否正常。

2) 怠速检查

汽车的怠速不是一种速度,而是指一种工作状况。发动机空转时称为怠速。在发动机运转时,如果完全放松油门踏板,这时发动机就处于怠速状态。发动机怠速时的转速称为怠速转速。冷怠速发动机声音低沉和连续,发动机转速偏高(1 100 r/min),有轻微的抖动。随着发动机温度的提高,发动机声音变小,连续而清脆,发动机转速降低,稳定在800~900 r/min某个值,若开空调,发动机转速应上升,其转速应在1 000 r/min左右。如果怠速偏高或是偏低,或是在怠速时发动机抖动严重,说明发动机性能有问题。

发动机怠速时,若出现转速过高、过低、发动机抖动严重等现象,均表明发动机怠速不良。引起发动机怠速不良的原因多达几十种,如点火正时、气门间隙、进气系统、怠速阀、曲轴箱通风系统、废气再循环系统、活性炭罐系统、点火系、供油系统、线束等均可能引起怠速不良,这也是困扰汽车维修检测人员的一个大难题,有时为了找到怠速不良的故障原因,可能要花很多工时,甚至有的汽车怠速不良是顽症,可能一直都无法解决,鉴定评估人员应引起重视。

3) 发动机加速检查

踏下加速踏板,发动机转速很快提升,感觉发动机铿锵有力,声音浑厚,响应性很好。如果踏下踏板,发动机转速没有明显提高,感觉加速无力,或是声音燥响,说明发动机性能下降。

4) 发动机异响检查

让发动机怠速运转,听发动机有无异响、响声大小。然后,用手拨动节气门,适当增加发动机转速,倾听发动机的异响是否加大,或是否有新的异响出现。正常情况下,发动机各部件配合间隙适当、润滑良好、工作温度正常、燃油供给充分、点火正时准确,无论转速和负荷怎样变化,都是一种平稳而有节奏、协调而又圆滑的轰鸣声。在额定转速内,除正时齿轮、机油泵齿轮、喷油泵齿轮、喷油泵传动齿轮及气门有轻微均匀的响声以外,若发动机发出敲击声、咔哒声、爆燃声、咯咯声、尖叫声等均是不正常的响声。如果有来自发动机底部的低频隆隆声或爆燃声,则说明发动机严重损坏,需要对发动机进行大修。发动机异响是很难排除的,尤其是发生在发动机内部,鉴定评估人员应引起高度重视。

5) 尾气检查

正常的汽油发动机排出的气体是无色的,在严寒的冬季可见白色的水汽;柴油发动机带负荷运转时,发动机排出的气体一般是灰色的,负荷加重时,排气颜色会深一些。汽车排气常有3种不正常的烟雾。

(1) 冒黑烟。冒黑烟意味着燃油系统输出的燃油太多。换句话说,空气、燃油混合气太浓,发动机不能将它们完全燃烧。当发动机运行在浓混合气时,排气中的燃油使催化转化器变成一个催化反应炉。混合气过浓情况是由于几个火花塞不点火,还是由于几个喷油器漏油引起的,很难区分。无论哪种情况,燃油都会被送进催化转化器中,这样就把转化器的工作温度升高到了一个危险温度。这样经过一段时间后,更高的工作温度可能导致催化转化器破裂或融化。

(2) 冒蓝烟。冒蓝烟意味着发动机烧机油,即机油窜入燃烧室。若机油油面不高,最常见的原因是气缸与活塞密封出现问题,即活塞、活塞环因磨损与气缸的间隙过大。这表明此发动机需要大修。

(3) 冒白烟。冒白烟意味着发动机烧自身冷却系中的冷却液(防冻液和水)。这可能是气缸垫烧坏,使冷却液从冷却液通道渗漏到燃烧室中;也可能是缸体有裂纹,冷却液进入气缸内。这种发动机的价值就要大打折扣。白烟的另一个解释是非常冷和潮湿的外界空气(低露点)引起。这种现象类似于在非常寒冷的天气中呼吸时的凝结,当呼出的气体比外界空气热得多,而与外界冷空气混杂在一起时热气凝结,产生水蒸气。以同样的方式,热排气与又冷又湿的大气混杂在一起产生白色烟雾(蒸汽),但是当汽车热起来后,因为热排气湿度含量低,蒸汽应当消失。当然,如果在非常寒冷的气候条件下检查一辆汽车,即使在发动机热起来后,它的排气可能继续冷凝,此时要靠鉴定评估人员的判断力。如果在暖和的天气里看到冒白烟,可能表明有某种机械问题。

如果是自动挡汽车,汽车行驶时排出大量白烟可能是自动变速器有问题,而不是冷却液引起的。许多自动变速器有一根通向发动机的真空管,如果这根变速器真空管末端的密封垫或薄膜泄漏,自动变速器油液可能被吸入发动机中,造成排气冒烟。

(4) 排气气流不平稳。将手放在距排气管排气口 10 cm 左右处,感觉发动机怠速时排气气流的冲击,正常排气气流有很小的脉冲感。若排气气流有周期性的打嗝或不平稳的喷溅,表明气门、点火或燃油系统有问题而引起间断性失火。

将一张白纸悬挂靠近排气口 10 cm 左右处,如果纸不断地被排气气流吹开,则表明发动机运转正常;如果纸偶尔被吸向排气口,则发动机配气机构可能有很大问题。

3.2.2 底盘动态检查

1) 离合器检查

按正常汽车起步方法操纵汽车,使汽车挂挡平稳起步,检查离合器工作情况。正常情况下,离合器应该是接合平稳,分离彻底,工作时无异响、抖动和不正常打滑现象。踏板自由行程符合汽车技术条件的有关规定,一般为 30～45 mm。自由行程太小,说明离合器摩擦片磨损严重。离合器踏板力应与该型号汽车的踏板力相适应,各种汽车的离合器踏板力不应大于 300 N。如果离合器发抖或有异响,说明离合器内部有零件损坏现象,应立即结束路试。

2) 手动变速器检查

对变速器的检查是通过挂挡、换挡、听声音、检查泄露情况来判断故障。如果故障严重,将极大地影响价格,所以应该仔细检查,在路试中,对变速器的检查尤其重要。

(1) 检查所有前进挡和倒车挡。如果天气比较冷,挂入低挡时,低速齿轮有轻微磨损,是因为变速器油液热度不够造成的,属于正常范围。如果每次挂挡都磨齿轮,则可能是离合器的液压系统或变速器本身有故障。

(2) 检查是否能正常入挡。如果发现变速器不能正常挂进挡位,或有齿轮撞击声,或者是挂上挡位后又很难推回空挡等,这说明变速器换挡困难。熄火后可以用手握住变速杆,如果很松旷且能任意摆动,可能是定位销失效造成的。如果不松旷时也出现换挡困难,很可能是同步器故障造成换挡时的撞击。如果存在这类故障,需要进修理厂拆解、排除。

(3) 变速器还可能出现"乱挡"现象。如果在车辆起步时发生变速杆不能挂进所需要的挡位,或挂挡后不能退回空挡等现象,这说明是变速器的操作机构有故障。可能是变速杆球头磨损过大,失去有效的控制能力造成的,如果变速杆位置稍有不对就挂进其他挡位,可能是变速杆下端工作面磨损严重造成的,这类故障也需要送修理厂。

(4) 如果在行驶中变速杆跳回空挡,可能是齿轮和齿套磨损严重,致使轴承松旷或轴向间隙过大,这需要专业维修人员拆下变速器查看齿轮的啮合状况。如果发现变速器漏油,也是不正常的,有可能是密封衬垫密封不良造成的,或者是变速器输出轴的油封损坏。同时,润滑油过多或通气孔不通畅也会引起漏油。

(5) 如果在发动机怠速状态下变速器处于空挡位置却有异响,可能是曲轴和变速器第一轴安装的同轴度有偏差,这种情况在踏下离合器踏板时可消失。如果在入挡后有异响,可能是相互啮合齿轮工作时撞击造成的,说明变速器壳体有损伤,或者是部分齿轮有损害造成啮合过程中的撞击。

3) 自动变速器检查

由于自动变速器的修理费用很高,建议根据故障现象,找维修人员咨询修理工时和费用,通过对故障和维修费用的了解以判断车辆的价值。

(1) 检查自动变速器油面。先行驶几分钟,达到变速器正常的50~80℃的温度,将车辆停放在平坦路面,保持怠速运转,将变换挡杆依次挂入各个挡位(要踩住刹车),最后挂入P挡,然后观察自动变速器的油尺标志,正常工作温度下油面应该在HOT范围内,如果比较低,说明需要添加同型号变速器油。如果在冷车状态下,油面应该在COOL范围内,过高说明应该放出一些油。

(2) 检查自动变速器油的质量。油液应该清洁无异味。如果油液为深暗或褐色,说明需要更换了,或者是长期重负荷运转;如果油液中有烧焦味,可能是离合器或制动器片烧焦造成的。

(3) 试车时,自动变速器也应该在没有冲击、黏合、延迟的情况下平稳换挡。如果在完全踏下加速踏板时,节气门不能全开,说明节气门开度不符合要求,应检查油门拉索,或是对整个供油系统(油路)进行检查。

(4) 车辆的怠速也会影响自动变速器。如果怠速过低,从N到P,或到D、R、2、3时,会导致车辆发生振动。如果从N到P时,出现发动机熄火或在行驶过程中踩制动停车发动机熄火时,也是怠速转速过低的缘故;或者是变速器阀体、挡位开关、转速传感器故障等;如果怠速过高,从N到P会产生换挡冲击,明显的表现就是自动换挡时感觉到向前闯动。

(5) 行驶中,如果出现升挡的车速明显高于规定值(参见技术手册),可能是节气门拉索或位置传感器调整不当或损坏等故障。如果踩油门较深但车提速缓慢,说明自动变速器打滑,很可能是变速器油面过低造成的。如果出现不能升挡、无倒挡、无超速挡等现象,都说明该自动变速器有严重故障。

4) 制动系统检查

汽车的制动系统是汽车的关键部分,它最大限度地保证了行车安全。大部分汽车都装有两套制动系统:用脚控制的行车制动(脚制动)和用手控制的驻车制动(手制动)。在挑选二手车时,要对这两种制动系统仔细检查。其实,制动系统的故障是很容易发现的,例如制动跑偏、制动踏板偏软等,只要细心检查就可以发现。下面介绍一些对制动系统的检查方法。

(1) 检查制动时车辆是否跑偏

如果制动时车辆跑偏,很可能是同一车桥上的两个车轮制动力不等,或者是制动力不能同时作用在两个车轮上导致的。其原因可能由于轮胎气压不一致,或是制动鼓(盘)与摩擦片间隙不均匀,或是摩擦片有油污,或是制动踏片弹簧损坏等,应根据形成原因到修理厂维修。

(2) 检查制动效能

如果在行车时进行制动,减速度很小,制动距离又很长,说明该车的制动效能不佳。其原因可能是摩擦片与制动鼓(盘)的间隙很大,制动踏板自由行程过大,制动油管内有空气,制动总泵或分泵有故障,或是制动油管漏油等造成的,需要到修理厂维修。

例如,试车时,发现踏下制动踏板的位置很低,连续踩几脚后踏板才逐渐升高,但仍感觉比较软,这很可能是制动管路内有空气所导致的;当第一脚踩下踏板制动失灵,再继续踩踏板时制动良好,说明踏板自由行程过大,或是摩擦片与制动鼓(盘)的间隙过大。常说的"两脚刹车"就是上述原因造成的。总之,凡是制动效能不佳的车辆,都必须进修理厂,也必然影响车辆的身价。

(3) 制动失效

在行车中出现制动失效,不能使车辆减速或停止。不用说,该车一定需要大修。其原因可能是制动液渗漏、制动总泵和分泵有严重故障造成的。面对这样的车,想都不用想,马上放弃。

(4) 检查驻车制动(手刹)

需要指出的是,根据坡路的陡缓,拉手刹的提度是有变化的。陡坡上,势必要拉到最高;缓坡上,则不必拉得很紧。驻车后,如停在平地上,也不必拉得过紧,以免给驻车制动系统造成过大的负荷。检查驻车制动时,可以在坡路上拉紧手刹,如果此时出现溜车,说明驻车制动有故障。

5) 转向系统检查

鉴定二手车时,对转向系统的检查不能忽视,检查内容和方法如下:

(1) 车辆停放在平坦路面上,左右转动方向盘,从中间位置向左或向右时,方向盘游动间隙不应该超过15°。如果是带助力的车辆,最好在启动发动机后做检查,也就是经常能见到的"原地打轮"。如果方向盘的间隙过大,就需要对转向系统各部分间隙进行调整,这时需要到修理厂进行维修了。

(2) 可以两手握住方向盘,采用上、下、左、右方向摇动,此时应该没有很松旷之感,如果很松,就需要调整转向轴承、横拉杆、直拉杆等,看有无松旷或螺帽脱落现象。

(3) 在路试二手车时,做几次转弯测试,检查在转动方向盘时是否有异常的沉重感觉。如果有,则可能是横拉杆、前车轴、车架弯曲变形,前轮的定位不准确,轮胎气压不足造成的,转向节轴承缺油。

(4) 对于有转向助力的二手车,在行进中(特别是在低速中),如果感到转向异常沉重就可能是有故障了,有可能是油路中有空气,或是油泵压力不足,或是驱动皮带打滑,或是动力缸、安全阀等漏油导致。现在很多车辆在设计上,为了保证安全,方向盘会随着车速的提高变得越来越沉,这样的助力系统是可变化的,挑选时要区别对待。

(5) 如果在路试二手车时,发现前轮摆动、方向盘抖动,这种现象称为"摆振",也有人称之为"方向盘打摆"。最有可能的原因是转向系的轴承过松、横拉杆球头磨损松旷、轮毂轴承松旷、车架变形,或者是前束过大造成的。

(6) 如果在路试中,挂空挡松开方向盘,出现跑偏问题,有可能是以下原因导致的:悬挂系统故障,其中一侧的减震器漏油,或是螺旋弹簧故障;还可能是前轮定位不好,或是两边的轴距不准确;还可能是车架受过碰撞事故而变形;或是车轮胎压不均等造成的。

(7) 转向时如果动力转向系统出现噪音,很可能是以下故障造成的:油路中有空气、储油罐油面过低需要补充、油路堵塞或是油泵噪音。

6) 悬挂检查

(1) 在车辆行驶中,每次上下震动时,悬挂系统都会发出"咯、咯"的响声,而且每到不平整路面时响声加剧,说明悬挂系统出现故障,可能是减震器损坏或是减震器胶套破损。这时可以停车,对有故障一侧的减震器进行检查。正常情况下,减震器工作时会发热,如果不发热说明减震器漏油了。如果属于胶套破损严重,则需要和减震器一同维修或更换。大多数轿车为前轮驱动,如果在行驶中,悬挂系统出现"咯哒"声,很可能是等速万向节已经磨损严重,需要进行大修,费用相当可观。

(2) 在行驶中转弯,此时内侧车轮不可过分抬起,转弯时的感觉应该稳定可靠;特别是在急转弯时,如果车身侧倾过大,说明减震器、稳定杆或是导向机构部件有损坏。需要指出的是,一般二手小型汽车的悬挂系统都比较坚固,也比较硬,如奥拓、北斗星、QQ等,所以在挑选时,不可用豪华轿车的乘坐舒适性标准来衡量小型汽车。

3.2.3 路试检查

路试过程中应从点火、起步到加减挡、加速、转弯、脚制动和手制动及全车灯光使用情况等各方面进行操试,了解车辆运行是否顺畅、安静、舒适等。

(1) 启动发动机,聆听转速情况,包括发动机运转是否轻快、连续、平稳,有无杂音、异响。回到车上,轻加油门,感受发动机加速响应是否连续,连续加速后怠速应仍然稳定。

若发动机发出很大的霹雳声响,表明未燃烧完的混合气体进入了排气装置,可能是排气门密封不严或点火提前角度错误。若汽油机排气管大量冒蓝烟,说明气门或活塞磨损严重,造成烧机油现象。若排气管冒黑烟,则说明燃烧不充分,其结果是油耗上升。若冒白烟,说明缸垫渗水。

(2) 缓加加速踏板,轻抬离合器,车辆起步应平稳。不应犯卡、挂不上或摘不下,或齿轮有响动。汽车行驶中换挡应轻便无噪声,否则说明离合器分离有问题。为了进一步检查离合器是否完好,可挂上二挡,拉上手刹,然后松开离合器,如果发动机不熄火,则表明离合器打滑或磨损过甚。

如果离合器分离无问题,而在汽车行驶换挡时出现打齿的声音,说明同步器有问题。低速时轻踩刹车,以试验刹车力度,刹车的随动性应良好。

还可试一下空挡滑行情况,例如,以20 km/h的车速行驶,平路可滑50～80 m。如果一摘挡车就停下来,就表明行驶运动部件安装调试与润滑不当,如轴承过紧、刹车刮蹭或润滑油凝固等。

(3) 试车时遇上下立交桥可感觉一下加速和动力情况。通过加、减挡位,轻打方向盘,感觉转向系统是否满意;正常行驶方向应不跑偏,能自动维持直线行驶,转弯后可以基本自行回正(90%);车辆调头,左右转向打到极限时车轮应无异响。

有可能的话可试验一下高速驾驶情况,感觉高速行驶的稳定性、抓地感,看是否有车轮摆动、方向发飘的现象;无其他车辆时,也可试试蛇行,可感觉车辆的操控性能。

(4) 按不同车速测试紧急刹车的感觉,如分别以40 km/h、60 km/h的车速急刹车,检查制动时方向的稳定性,松开转向盘制动,汽车应能保持原来的直行方向。装有ABS的汽车,当汽车以30～40 km/h的速度在各种路面上全力制动时,车轮不应抱死,直至汽车快要停住为止。

(5) 还应找一段坏路面行驶,检查汽车是否有异响或有硬物碰撞的声音。发动机在怠速阶段不允许熄火。

(6) 轻轻拉上驻车制动,汽车慢速行驶时应明显有被制动的感觉。当车轮轮圈损坏或车轮动平衡遭到破坏时,转向盘或车身会明显感觉到振动。

(7) 试车15 km左右,检查水温及变速器、驱动桥的油温是否正常。

3.2.4 路试后检查

(1) 检查各部件温度,检查冷却液、制动毂、轮毂等的温度是否正常。
(2) 检查"四漏"现象。
(3) 在发动机运转及停车时,散热器、水泵、缸体、缸盖、暖风装置及所有连接部位均不应有明显渗漏水现象。
(4) 机动车连续行驶距离不小于 10 km,停车 5 min 后观察不得有明显渗漏油现象。
(5) 检查汽车的气、电泄漏现象。

任务 3　仪器检测

利用静态检查和动态检查,可以对汽车的技术状况进行定性的判断,即初步判定车辆的运行情况是否基本正常、车辆各部分有无故障及出现故障的可能原因、车辆各总成及部件的新旧程度等。当对车辆各项技术性能及各总成、部件的技术状况进行定量、客观的评价时,通常需借助一些专用仪器、设备进行。

3.3.1　汽车性能检测的主要指标及其检测设备

对二手车进行综合检测,需要检测车辆的动力性、燃油经济性、转向操作性、排放污染、噪声等整车性能指标,以及发动机、底盘、电器等各部件的技术状况。汽车主要检测内容及其采用的仪器设备见表 3-1。

表 3-1　车辆性能检测指标与检测设备

	检测项目		检测仪器设备
整车性能	动力性	底盘输出功率	底盘测功机
		汽车直接加速时间	底盘测功机(装有模拟质量)
		滑行性能	底盘测功机
	燃油经济性	等速百公里油耗	底盘测功机、油耗仪
	制动性	制动力	制动检测台、轮重仪
		制动力平衡	制动检测台、轮重仪
		制动协调时间	制动检测台、轮重仪
		车轮阻滞力	制动检测台、轮重仪
		驻车制动力	制动检测台、轮重仪
	转向操纵性	转向轮横向侧滑量	侧滑检验台
		转向盘最大自由转动量	转向力-转向角检测仪
		转向操纵力	转向力-转向角检测仪
		悬架特性	底盘测功机

续表 3-1

检测项目			检测仪器设备
整车性能	前照灯	发光强度	前照明灯检测仪
		光速照射位置	前照明灯检测仪
	排放污染物	汽油车怠速污染物排放	废气分析仪
		汽油车双怠速污染物排放	废气分析仪
		柴油车排气可污染物	不透光仪
		柴油车排气自由加速烟度	烟度计
	喇叭声级		声级仪
	车辆防雨密封性		淋雨试验台
	车速表指示误差		车速表试验台
发动机部分	发动机功率		(1) 无负荷测功仪 (2) 发动机综合测试仪
	气缸密封性	气缸压力	气缸压力表
		曲轴箱窜气量	曲轴箱窜气量检测仪
		气缸漏气率	气缸漏气量检测仪
		进气管真空度	真空度
	启动系	启动电流 蓄电池启动电压 启动转速	(1) 发动机综合测试仪 (2) 汽车电器万能试验台
	点火系	点火波形 点火提前角	(1) 专用示波器 (2) 发动机综合测试仪
	燃油系	燃油压力	燃油压力表
	润滑系	机油压力润滑油品质	机油压力表 机油品质检测仪
	异响		发动机异响诊断仪
底盘部分	离合器打滑		离合器打滑测定仪
	传动系游动角度		游动角度检验仪
行驶系	车轮定位		四轮定位仪
	车轮不平衡		车轮平衡仪
空调系统	系统压力		空调压力表
	空调密封性		卤素检漏灯
	电子设备		微机故障检测仪

3.3.2 汽车主要性能检测标准

1) 车速检测标准

按照《机动车运行安全技术条件》(GB 7258—2004)的有关规定,车速表指示误差的检验在滚筒式车速表检验台上进行。对于无法在车速表检验台上检验车速表指示误差的机动车(如全时四轮驱动汽车、具有驱动防滑控制装置的汽车等)可路试检验车速表指示误差。

车速表指示车速 V_1(单位:km/h)与实际车速 V_2(单位:km/h)之间应符合下列关系式:

$$0 \leqslant V_1 - V_2 \leqslant (V_2/10) + 4$$

将被测机动车驶上车速表检验台的滚筒上使车轮旋转,当该机动车车速表的指示值为 40 km/h 时,车速表检验台速度指示仪表的指示值在 32.8~40 km/h 范围内为合格。

当车速表检验台速度指示仪表的指示值 V_2 为 40 km/h 时,读取该机动车车速表的指示值 V_1,当 V_1 的读数在 40~48 km/h 范围内时为合格。

2) 侧滑检测标准

《机动车运行安全技术条件》(GB 7258—2004)规定:汽车的车轮定位应符合该车有关技术条件。车轮定位值应在产品使用说明书中标明。对前轴采用非独立悬架的汽车,其转向轮的横向滑移量,用侧滑台检测时侧滑量值应在±5 m/km 之间。规定侧滑量方向为外正内负。

对前轴采用独立悬架的汽车,其前轮定位应符合原车规定,GB 21861—2008 考虑到日常检验可操作性,安全检验时对侧滑量只检测不评判。

3) 汽车制动性能检测标准

行车制动项目包括车轮阻滞率、轴制动率、制动不平衡率、协调时间、整车制动率等指标。驻车制动项目只有驻车制动率一个指标。

(1) 行车制动率标准见表 3-2。

表 3-2 行车制动率标准

机动车类型	制动力总和与整车重量的百分比		轴制动力与轴荷的百分比	
	空载	满载	前轴	后轴
乘用车、总质量不大于 3 500 kg 的货车	≥60	≥50	≥60[b]	≥20[b]
其他汽车、汽车列车	≥60	≥50	≥60[b]	—

a. 用平板制动检验台检验乘用车时应按动态轴荷计算
b. 空载和满载状态下测试应满足此要求

(2) 制动不平衡率合格标准见表 3-3。

表 3-3 制动不平衡率合格标准

内　容	要　求
前轴(左右轮制动力差的最大值/左右轮最大制动力中的大值)	≤20%
后轴及其他轴(轴制动力<轴荷×60%时,左右轮制动力差的最大值/左右轮最大制动力中的大值)	≤24%
后轴及其他轴(轴制动力<轴荷×60%时,左右轮制动力差的最大值/该轴轴荷)	≤8%

(3) 制动协调时间合格标准见表 3-4。

表3-4 制动协调时间合格标准

机动车制动形式	协调合格时间(s)
液压制动	0.35
气压制动	0.60
汽车列车、铰接客车、铰接式无轨电车	0.80

注：综检站 GB 18565 规定协调时间：对采用液压制动系的车辆不得大于 0.35 s；对采用气压制动系的车辆不得大于 0.56 s。

(4) 车轮阻滞力合格标准。各车轮的阻滞力占该轴轴荷百分比≤5%。

(5) 驻车制动力合格标准见表3-5。

表3-5 驻车制动力合格标准

机动车类型	合格标准
总质量/整备质量≥1.2	驻车制动力总和占整车重量百分比≥20%
总质量/整备质量<1.2	驻车制动力总和占整车重量百分比≥15%

(6) 制动完全释放时间要求（仅对汽车要求）。汽车制动完全释放时间（从松开制动踏板到制动消除所需要的时间）不应大于 0.80 s。

(7) 进行制动性能检测时的制动踏板力或制动气压应符合以下要求。

满载检验时：

① 气压制动系——气压表的指示气压小于等于额定工作气压。

② 液压制动系——乘用车踏板力小于等于 500 N；其他机动车踏板力小于等于 700 N。

空载检验时：

③ 气压制动系——气压表的指示气压小于等于 600 kPa。

④ 液压制动系——乘用车踏板力小于等于 400 N；其他机动车踏板力小于等于 450 N。

4) 前照灯检测标准

(1) 前照灯远光灯灯束发光强度检测标准见表3-6。

表3-6 前照灯远光灯灯束发光强度检测标准　　　　单位：坎德拉

机动车类型	检查项目			
	新注册车		在用车	
	两灯制	四灯制	两灯制	四灯制
最高设计时速小于 70 km/h 的汽车	10 000	8 000	8 000	6 000
其他汽车	18 000	15 000	15 000	12 000

注：四灯制是指前照灯具有 4 个远光灯束；采用四灯制的机动车其中两只对称的灯达到两灯制的要求时视为合格。

(2) 前照灯光束偏移量检测标准。

① 近光光束照射位置检测标准见表3-7。

表 3-7 近光光束照射位置检测标准

机动车类型	近光光束垂直偏	
	下限	上限
乘用车	0.7H	0.9H
其他类型机动车	0.6H	0.8H

机动车类型	近光光束水平偏	
	左偏限值	右偏限值
各种汽车、摩托车左右灯	170 mm	350 mm

② 远光光束灯照射位置检测标准见表 3-8。

表 3-8 远光光束灯照射位置检测标准

机动车类型	远光光束垂直偏	
	下限	上限
乘用车	0.9H	1.0H
其他类型机动车	0.8H	0.95H

	远光光束水平偏	
	左偏限值	右偏限值
左灯	170 mm	350 mm
右灯	350 mm	350 mm

5) 汽车排放污染物的检测标准

(1) 装配点燃式发动机新生产汽车双怠速排气污染物排放限值(GB 18285—2005)见表 3-9。

表 3-9 装配点燃式发动机新生产汽车双怠速排气污染物排放限值

车　　型	类　　别			
	怠　速		双怠速	
	CO(%)	HC($\times 10^{-6}$)	CO(%)	HC($\times 10^{-6}$)
2005 年 7 月 1 日起新生产的第一类轻型汽车	0.5	100	0.3	100
2005 年 7 月 1 日起新生产的第二类轻型汽车	0.8	150	0.5	150
2005 年 7 月 1 日起新生产的重型汽车	1.0	200	0.7	200

(2) 装配点燃式发动机在用汽车双怠速试验排气污染物限值(GB 18285—2005)见表 3-10。

表 3-10　装配点燃式发动机在用汽车双怠速试验排气污染物限值

车辆类别	怠速		高怠速	
	CO(%)	HC($\times 10^{-6}$)	CO(%)	HC($\times 10^{-6}$)
1995 年 7 月 1 日起生产的轻型汽车	4.5	900	3.0	900
2000 年 7 月 1 日起生产的第一类轻型汽车	0.8	150	0.3	100
2000 年 10 月 1 日起生产的第二类轻型汽车	1.0	200	0.5	150
1995 年 7 月 1 日以前生产的重型汽车	5.0	2 000	3.5	1 200
1995 年 7 月 1 日起生产的重型汽车	4.5	1 200	3.0	900
2004 年 9 月 1 日起生产的重型汽车	1.5	250	0.7	200

注：① 对于 2001 年 5 月 31 日以前生产的 5 座以下(含 5 座)的微型面包车，执行 1995 年 7 月 1 日起生产的轻型汽车的排放限值。

② 对于使用闭环控制电子燃油喷射系统和三元催化转换器技术的汽车进行过量空气系数(λ)的测定。发动机转速为高怠速时，λ 值在 1.00±0.03 或制造厂规定的范围内。进行 λ 测试前，应按照制造厂使用说明书的规定预热发动机。

(3) 装配压燃式发动机的车辆自由加速试验排气可见污染物限值(GB 3847—2005)见表 3-11。

表 3-11　装配压燃式发动机的车辆自由加速试验排气可见污染物限值

车辆类型	光吸收系数(m^{-1})
2001 年 10 月 1 日以后上牌照的在用车	2.5
2001 年 10 月 1 日以后上牌照的在用车装配废气涡轮增压器的在用车	3.0
2005 年 7 月 1 日起经型式核准车型	型式批准值+0.5

(4) 装配压燃式发动机的车辆自由加速试验烟度排放限值(GB 3847—2005)见表 3-12。

表 3-12　装配压燃式发动机的车辆自由加速试验烟度排放限值

车辆类型	烟度值(Rb)
1995 年 6 月 30 日以前生产的在用车	5.0
1995 年 7 月 1 日起至 2001 年 9 月 30 日期间生产的在用车	4.5

注：机动车分类

① M_1 类车：至少有 4 个车轮或有 3 个车轮且厂定最大总质量超过 1 000 kg，除驾驶员座位外，乘客座位不超过 8 个的载客车辆。

② M_2 类车：至少有 4 个车轮或有 3 个车轮且厂定最大总质量超过 1 000 kg，除驾驶员座位外，乘客座位超过 8 个，且厂定最大总质量不超过 5 000 kg 的载客车辆。

③ N_1 类车：至少有 4 个车轮，或有 3 个车轮且厂定最大总质量超过 1 000 kg，常定最大总质量不超过 3 500 kg 的载货车辆。

轻型汽车：指最大总质量不超过 3 500 kg 的 M_1 类、M_2 类、N_1 类车辆。

第一类轻型汽车：设计乘员数不超过 6 人(包括司机)，最大总质量≤2 500 kg 的 M_1 类车。

第二类轻型汽车：除第一类轻型汽车外的其他所有轻型汽车。

重型汽车:最大总质量超过 3 500 kg 的车辆。

6) 噪声检测标准

(1) 喇叭声级的检测标准。机动车喇叭声级在距车前 2 m、离地高 1.2 m 测量时,根据《机动车运行安全技术条件》(GB 7258—2004)的规定,机动车喇叭声极限值见表 3-13。

表 3-13　机动车喇叭声极限值

车辆类型	喇叭声级[dB(A)]
最大功率≤7 kW 的摩托车和轻便摩托车	80～112
其他机动车	90～115

(2) 汽车定置噪声的检测标准。根据《机动车运行安全技术条件》(GB 7258—2004)的规定,汽车定置噪声的限值见表 3-14。

表 3-14　汽车定置噪声　　　　　　　　　　　　　　　限值单位:dB(A)

车辆类型	燃料种类		车辆出厂日期	
			1998 年 1 月 1 日以前	1998 年 1 月 1 日以后
轿车	汽油		87	85
微型客车、货车	汽油		90	88
轻型客车、货车、越野车	汽油	$n_r ≤ 4\ 300$ r/min	94	92
		$n_r > 4\ 300$ r/min	97	95
	柴油		100	98
中型客车、货车、大型客车	汽油		97	95
	柴油		103	101
重型货车	$N ≤ 147$ kW		101	99
	$N > 147$ kW		105	103

注:N—汽车发动机额定频率;
　　n_r—发动机额定转速。

(3) 客车车内噪声的检测标准。客车以 50 km/h 速度均匀行驶时,客车车内噪声不应大于 79 dB(A)。

(4) 驾驶员耳旁噪声的检测标准。汽车(三轮汽车和低速货车除外)驾驶员耳旁噪声声级不应大于 90 dB(A)。

3.3.3　气缸压缩压力检测

气缸压缩终了的压力与发动机的热效率和平均指示压力有密切关系。影响气缸压缩终了压力的因素有气缸活塞组曲密封性、气门与气门座的密封性以及气缸垫的密封性等。因此,通过气缸压缩终了压力的测量,可以间接判断上述部位的技术状况。

1) 检测工具

气缸压缩压力检测工具为气缸压力表。气缸压力表(如图 3-5)是一种专用压力表,一般由表头、导管、单向阀和接头等组成。气缸压力表接头有螺纹管接头和锥形或阶梯形橡胶接头两种。螺纹管接头可以拧在火花塞或喷油器的螺纹孔中;橡胶接头可以压紧在火花塞或喷油器孔中。单向阀处于关闭位置时,可保持测得的气缸压缩压力读数(保持压力表指针位置);单向阀打开时,可使压力表指针回零,以用于下次测量。

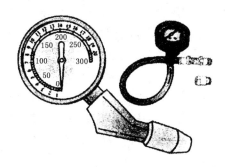

图 3-5　气缸压力表

2) 检测方法

(1) 将气缸压力表的橡胶接头插在被测缸的火花塞或喷油器孔内,并扶正压紧;或将压力表接头旋入被测缸的火花塞或喷油器的螺纹孔内。

(2) 将节气门、阻风门置于全开位置,用启动机转动曲轴 3～5 s(不少于 4 个压缩行程),汽油机转速应大于等于 130～250 r/min,柴油机转速应大于等于 500 r/min(或原厂规定)之内,待压力表头指针指示并保持最大压力后停止转动。

(3) 取下气缸压力表,记录读数,并将数值记录,按下单向阀使压力表指针回零。

(4) 按上述方法依次测量各缸,每缸测量 2～3 次,计算出各缸测量结果的算术平均值和各缸压力与各缸平均压力的差。

3) 技术标准

常见几种车型发动机的气缸压缩压力标准值见表 3-15。

表 3-15　常见几种车型发动机的气缸压缩压力标准值

发动机型号	压缩比	气缸压力标准值(kPa)	检测压力时的转速(r/min)
上海桑塔纳 JV	8.5	1 000～1 300	
上海桑塔纳 2000AFE	9.0	1 000～1 300	
上海桑塔纳 2000AJR	9.5	1 000～1 300	200～250
广州本田雅阁	8.9	930～1 230	
上海别克 L46	9.0	不小于 689	

4) 检测结果分析

当气缸压缩压力的检测值低于标准值时,根据润滑油具有密封作用的特点,以下述方法确定导致气缸密封性不良的原因所在。

由火花塞或喷油器孔注入适量(一般 20～30 mL)润滑油后,再次检测气缸压缩压力,并比较 2 次检测结果。

(1) 若第二次检测结果比第一次高,并接近标准值,表明气缸密封性不良是由于气缸、活塞环、活塞磨损过大或活塞环对口、卡死、断裂及缸壁拉伤等原因而引起。

（2）若第二次检测结果与第一次近似，表明气缸密封性不良的原因为进、排气门或气缸衬垫不密封，滴入的润滑油难以到达这些部位。

（3）2次检测结果均表明某相邻两缸压缩压力低，其原因可能是两缸相邻处的气缸衬垫烧损窜气。用气缸压力表检测气缸压力，尽管应用极为广泛，但存在测量误差大的缺点。

测量结果不但与气缸内各处的密封程度有关，而且还与曲轴的转速有关。不同型号的发动机，由启动机带动曲轴的转速不可能完全一致。

5）注意事项

（1）测试发动机气缸压力时，严禁启动发动机，以防损坏气缸压力表。

（2）测试前，对于汽油机应将分电器中央高压线拔下，或将燃油泵继电器拔下；对于柴油机，应旋松喷油器高压油管接头使其断油，即使发动机不着火工作。

3.3.4 排放污染物检测

1）检测设备

检测汽油车排放污染物的方法是怠速法和双怠速法。检测仪器为废气分析仪。

废气分析仪有两气体、四气体、五气体之分。两气体分析仪只检测汽车排气中 CO 和 HC 两种气体；四气体分析仪仅能检测汽车排气中 CO、HC、CO_2、O_2 四种气体；五气体分析仪可检测 CO、HC、CO_2、O_2 和 NO_X 五种气体。

不分光红外线 CO 和 HC 气体分析仪，是一种能从汽车排气管中采集气样，并对其中所含 CO 和 HC 的含量进行连续测量的仪器，它由废气取样装置、废气含量指示装置和校准装置等组成。

2）检测步骤

（1）怠速尾气排放检测

① 检验前仪器及车辆准备

a. 装上长度为 5.0 m 的取样软管和长度不小于 0.6 m 并有插深定位装置的取样探头。

b. 仪器的取样系统不得有泄漏。

c. 受检车辆发动机进入系统应装有空气滤清器，排气系统应装有排气消声器，并不得有泄漏。

d. 测量时发动机冷却液和润滑油温度应达到汽车使用说明书所规定的热状态。

② 检验程序

a. 必要时在发动机上安装转速计。

b. 发动机由怠速工况加速至额定转速的 0.7 倍，维持 60 s 后降至怠速状态。

c. 发动机降至怠速状态后，将取样探头插入排气管中，深度等于 0.4 m，并固定于排气管上。

d. 发动机在怠速状态，维持 15 s 后开始读数，读取 30 s 内的最高值和最低值，其平均值即为测量结果；若为多排气管时，取各排气管测量结果的算术平均值。

（2）双怠速尾气排放检测

① 检验前仪器及车辆准备

a. 装上长度等于 5.0 m 的取样软管和长度不小于 0.6 m 并有插深定位装置的取样探头，

取样软管和探头内残留的 HC 含量(体积分数)不得大于 $20×10^{-6}$。

b. 仪器的取样系统不得有泄漏。

c. 受检车辆发动机进入系统应装有空气滤清器,排气系统应装有排气消声器,并不得有泄漏。

d. 测量时发动机冷却液和润滑油温度应达到汽车使用说明书所规定的热状态。

② 检验程序

a. 必要时在发动机上安装转速计。

b. 发动机由怠速工况加速至额定转速的 0.7 倍,维持 60 s 后降至高怠速(即额定转速的 0.5 倍)。

c. 发动机降至高怠速状态维持 15 s 后开始读数,读取 30 s 内的最高值和最低值读数,其平均值即为高怠速排放测量结果。

d. 发动机从高怠速状态降至怠速状态,在怠速状态维持 15 s 后开始读数,读取 30 s 内的最高值和最低值,其平均值即为怠速排放测量结果。若为多排气管时,分别取各排气管高、低怠速排放测量结果的平均值。

(3) 柴油机烟度检测

① 检验前仪器及车辆准备

a. 抽气开关与抽气泵动作同步,滤纸洁白均匀无受潮变质,取样进气管路畅通。

b. 受检车辆发动机达到规定的热状态,排气系统不得有泄漏现象。

② 检验程序

a. 吹除积存物。由怠速工况将加速踏板迅速踏到底,4 s 后放开,反复 3 次,以清除排气系统中的积存物。

b. 安装取样探头。将取样探头固定于排气管内,插入深度为 0.3 m,并使其中心线与排气管轴线平行。

c. 将踏板开关固定在加速踏板上方。

d. 测量取样。由怠速工况将踏板开关和加速踏板一并迅速踏到底,保持 4 s 后松开,完成第一次检验。

e. 读取示值(自动)或取样(手动)。

f. 相隔 11 s 以后,进行第二次检验。

g. 重复检验 3 次,取 3 次检验的算术平均值为排气烟度的检验结果。

(4) 柴油机自由加速试验排气污染物检测

① 检验前仪器及车辆准备

a. 车辆进气系统应装配空气滤清器,排气系统应装配消声器并且不得有遗漏。

b. 测量时发动机的冷却液和润滑油温度应达到汽车使用说明书所规定的热状态。

c. 试验前,车辆不应长时间怠速运转。如车辆长时间怠速运转,测试前应增加自由加速工况操作次数,以便扫尽排气管积存的排放污染物。

d. 燃料应使用柴油,不得加消烟添加剂,柴油应符合《轻柴油》(GB 252—2000)的规定。

② 检验程序

a. 车辆在发动机怠速下,插入不透光仪取样探头。

b. 迅速但不猛烈地踏下加速踏板,使喷油泵供给最大油量,在发动机达到调整器允许的最大转速前保持其位置。一旦达到最大转速,立即松开加速踏板,使发动机恢复至怠速,不透光仪恢复到相应状态。

c. 重复②操作过程至少 6 次,记录不透光仪的最大读数值。如果读数值连续 4 次均在 0.25×10^{-6}(质量分数)的带宽内,并且没有连续下降的趋势,则记录值有效。

d. 计算连续 4 次测量结果的算术平均值,并将测量结果记录下来。

3) 结果分析

汽车生产年代的不同检测的标准也不同,尤其对于汽油机车辆,由于发动机降低排污技术的快速发展,排放标准越来越高,尾气排放不合格的原因也较复杂。

对于 2001 年以后上牌照的车辆,国家标准就严格得多,通常是指配备了电子燃油喷射加三元催化装置的轻型汽车。这一类汽车排放超标的故障形式往往是 CO 含量或 HC 含量轻微超过限制,在诊断这类车时往往发现其发动机控制系统无任何故障,氧传感器反应正常。

这些都说明该车的三元催化系统存在问题,主要问题是:三元催化系统老化,效率下降;三元催化转换器品质较差;三元催化转换器安装位置不合理;正常工作时三元催化器达不到合适的工作温度等。这类车辆如果出现排放较严重超标的情况,一般是发动机管理系统出了较严重的问题,需要通过诊断仪器分析控制系统哪些元件出现了问题。

对于柴油机自由加速烟度超标的主要问题有:柴油机供油系调整不当,可通过喷油泵试验台进行高压油泵调校;发动机活塞和气缸配合间隙超差、活塞环磨损严重造成气缸压力下降。这种情况只有通过大修或更换活塞环来解决;有时柴油品质差也会造成燃烧不完全,导致烟度超标。

4) 注意事项

(1) 检验时,发动机怠速应符合规定。

(2) 检验结束后,抽出取样探头,待废气分析仪回零后再检查下一辆车。

(3) 取样探头不用时要吊挂,防止污染受损。

(4) 左、右排烟口的风扇有故障时严禁继续使用,否则将污染废气分析仪的光学器件,造成废气分析仪更大的损坏。

3.3.5 噪声检测

1) 检测设备

噪声是汽车对环境污染的第二公害。检测汽车噪声的设备是声级计,按供电电源种类声级计可以分为交流式和直流式两种,其中直流式声级计因操作携带方便,所以比较常用。声级计的外形如图 3-6 所示。

声级计一般由传声器、放大器、衰减器、计权网络、检波器和指示装置组成。

由于电容式传声器输出信号很小,输出阻抗很高,所以需要通过前置放大器将信号放大和实现阻抗匹配。

衰减器用于调整输出信号的大小,使得显示仪表指示到适当的位置。根据量程的选择衰减程度分为 H、M、L 三挡。

计权网络是将声音信号的低频段进行适当定减的电路,以便使仪器的频率特征更好地适应人耳的听觉特性。计权网络分为 A、B、C 三种,有的声级计只有 A、C 两种计权。

在检波器之前的信号是包含着声音频率成分的交流信号。为了便于仪表指示,信号需经

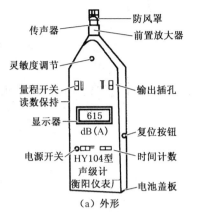
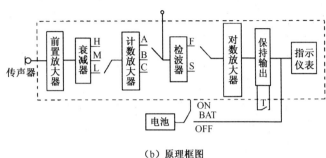

(a) 外形　　　　　　　　　　　(b) 原理框图

图 3-6　声级计

检波器处理(实质上就是整流和滤波),以便将快速变化的交流信号转换成变换比较慢的直流电压信号。检波器的输出一般分为快、慢两挡。

根据《机动车运行安全技术条件》(GB 7258—2004)的规定,机动车喇叭声级在距车前 20 m、离地高 1.2 m 测量时,其值对发动机最大净功率为 7 kW 以下摩托车和轻便摩托车为 80～112 dB(A),其他机动车为 90～115 dB(A)。

2) 检测方法

(1) 车外噪声测量方法

① 测量条件

a. 测量场地应平坦而空旷,在测试中心以 25 m 为半径的范围内,不应有大的反射物,如建筑物、围墙等。

b. 测试场地跑道应有 20 m 以上平直、干燥的沥青路面或混凝土路面,路面坡度不超过 0.5%。

c. 本底噪声(包括风噪声)应比所测车辆噪声至少低 10 dB,并保证测量不被偶然的其他声源所干扰。本底噪声是指测量对象噪声不存在时周围环境的噪声。

d. 为避免风噪声干扰,可采用防风罩,但应注意防风罩对声级计灵敏度的影响。

e. 声级计附近除测量者外不应有其他人员,如不可缺少时,必须在测量者背后。

f. 被测车辆不载重,测量时发动机应处于正常使用温度,车辆带有其他辅助设备亦是噪声源,测量时是否开动应按正常使用情况而定。

② 测量场地及测点位置

如图 3-7 所示为汽车噪声的测量场地及测量位置,测试传声器位于 20 m 跑道中心点 O 两侧,各距中线 7.5 m,距地面高度 1.2 m,用三脚架固定,传声器平行于路面,其轴线垂直于车辆行驶方向。

(2) 车内噪声的测量

① 测量条件

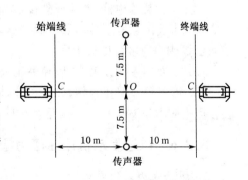

图 3-7　车外噪声测量场地及测量位置

a. 测量跑道应有足够试验需要的长度,应是平直、干燥的沥青路面或混凝土路面。

b. 测量时风速(指相对于地面)应不大于 3 m/s。

c. 测量时车辆门窗应关闭。车内带有其他辅助设备是噪声源,测量时是否开动应按正常使用情况而定。

d. 车内本底噪声比所测车内噪声至少低 10 dB,并保证测量不被偶然的其他声源所干扰。

e. 车内除驾驶员和测量人员外,不应有其他人员。

② 测点位置

a. 车内噪声测量通常在人耳附近布置测点,传声器朝车辆前进方向。

b. 驾驶室内噪声测点的位置如图 3-8 所示。

c. 载客车室内噪声测点可选在车厢中部及最后一排座位的中间位置。

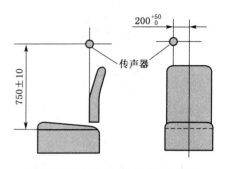

图 3-8 驾驶室内噪声测点的位置
(单位:mm)

③ 测量方法

a. 车辆以常用挡位、50 km/h 以上的不同车速匀速行驶,分别进行测量。

b. 用声级计"慢"挡测量 A、C 计权声级,分别读取表头指针最大读数的平均值,测量结果记入规定的表格中。

c. 做车内噪声频谱分析时,应包括中心频率为 31.5 Hz、63 Hz、125 Hz、250 Hz、500 Hz、1 000 Hz、2 000 Hz、4 000 Hz、8 000 Hz 的倍频带。

(3) 驾驶员耳旁噪声的测量

① 汽车空载,处于静止状态且置变速器于空挡,发动机应处于额定转速状态,门窗紧闭。

② 测量位置应符合 GB/T 18697—2002 的规定。

③ 环境噪声应低于被检测噪声至少 10 dB(A)。

④ 声级计置于 A 计权、快挡。

3) 注意事项

使用声级计测量汽车噪声应注意以下事项:

(1) 声级计使用电池供电时,使用完毕后应立即将电池取出,以免电池漏液而损坏机件。

(2) 声级计应存放于干燥、温暖的场所,如有可能,最好置于干燥皿中。

(3) 在拆装传声器、电池或外接电源时,应事先将电源开关置于"关"。

(4) 不要随意取下传声器的保护罩,以免损坏膜片。当发现膜片脏时,可用脱脂棉蘸少许三氯乙烯或丙酮轻轻擦拭干净。

(5) 不要用手触摸触头,以免由于人体静电而损坏声级计。

(6) 液晶是有机化合物,如果长期暴露于强烈的紫外线辐射下将会发生光化学反应,因此在使用中应尽量避免日光直接照射在显示器上。

3.3.6 电控发动机燃油压力检测

1) 燃油压力表的安装

(1) 将燃油系统卸压。启动发动机,在发动机运转中拔下电动汽油泵继电器(或拔出电动汽油泵电源插头),待发动机自行熄灭后再转动启动开关,启动发动机 2~3 次,燃油压力即可完全释放,然后关闭点火开关,装上电动汽油泵继电器。

(2) 拆下蓄电池负极搭铁线。

(3) 拆除冷启动喷油器油管接头螺栓(拆开螺栓时,要用一块棉布包住油管接头,以防汽油喷溅),将油压表(量程为 1 MPa)和油管一起安装在冷启动喷油器油管接头上。

油压表也可以安装在汽油滤清器油管接头,分配油管进油接头,或用三通接头接在燃油管道上便于安装和观察的任何部位。

(4) 擦干溅出的燃油。

(5) 重新装上蓄电池负极搭铁线。

2) 燃油系统停态油压的检测

(1) 用一根短导线将电动汽油泵的两个检测孔短接。

(2) 打开点火开关(但不要启动发动机),让电动汽油泵运转。

(3) 测量燃油压力,其正常油压应为 300 kPa 左右。

(4) 拔掉电动汽油泵检测插孔的短接线,关闭点火开关(OFF)。

3) 燃油系统保持油压的测量

测量静态油压结束 5 min 后,再观察油压表指示的油压,此时的压力称为燃油系统保持压力,其值应大于等于 147 kPa。

4) 发动机运转时燃油压力的测量

(1) 启动发动机。

(2) 让发动机怠速运转,测量此时的燃油压力,其正常值为 250 kPa 左右。

(3) 缓慢开大节气门(踩下加速踏板),测量在节气门接近全开时的燃油压力,其正常值为 300 kPa 左右。

(4) 拔下油压调节器上的真空软管并用手堵住,让发动机怠速运转,测量此时的燃油压力。该压力应和节气门全开时的燃油压力基本相等。

5) 注意事项

(1) 燃油管道及各部件内始终保持着一定的油压,为了检测需要断开系统的连接时,应先卸除压力。

(2) 注意不要让燃油流入气缸,以防止侵蚀电气部件。

(3) 测试时严禁作业区附近有明火。

(4) 擦拭时严禁使用掉纤维的抹布。

(5) 拆装燃油喷射和点火系各线时,必须关断电源或开关。

(6) 不同车型燃油系统的燃油压力各不相同,应查找相应说明书。

(7) 单点喷射(SPI)燃油系统的油压较低,一般低于 100 kPa。

(8) 若测得油压过高,则说明燃油压力调节器或真空软管有故障。

(9) 若测得油压过低,则说明电动汽油泵或汽油滤清器或燃油压力调节器有故障。

3.3.7 用故障诊断仪读取故障码

1) 检测仪器

汽车的电子控制系统都有故障自行诊断功能,可采用故障诊断仪读取故障码。

现代汽车电子控制系统的控制电路上都设置有一个专用的故障检测插座,通过线路与

ECU连接。只要将汽车制造厂提供的该车型的专用微机故障检测仪或通用型故障检测仪的检测插头与汽车上的故障检测插座连接,然后打开点火开关(ON),就可以很方便地从微机故障检测仪的显示屏上读出所有储存在 ECU 中的故障码。查问该车型的维修手册,就可以知道此故障码所表示的故障内容和可能的故障原因。常见微机故障检测仪如图 3-9 所示。

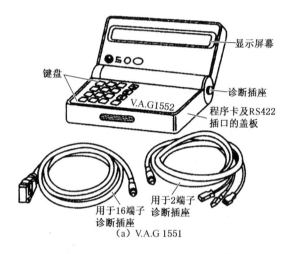

图 3-9 故障检测仪

2)选取故障码的步骤

V.A.G 1551 故障诊断仪功能操作:以检测帕萨特 B5 为例介绍如下。

(1)查询故障代码

① 连接故障阅读仪 V.A.G 1551 并选择发动机电子控制单元(地址码为 01),必须在发动机怠速运转时进行上述工作,屏幕显示(以下都简化为中文显示):

```
快速数据传递                           帮助
选择功能××
```

② 按 0 和 2 键选择查询故障代码,并按 Q 键确认。屏幕显示存储的故障数量或"没有识别出故障"。

```
识别到×个故障
```

③ 如果无故障按"→"键。

④ 如果有多个存储的故障,存储的故障将被显示并按顺序打印出来,屏幕显示:

```
快速数据传递                           帮助
选择功能××
```

(2)清除故障代码

① 确认并清除打印出的故障,按故障代码表进行。

② 按 0 和 5 键清除故障代码并按 Q 键确认,屏幕显示:

| 快速数据传递　　　　　　　　　　　　　　帮助 |
| 故障代码已清除 |

③ 如果在查询故障代码及清除故障代码的过程中关闭了点火开关,则不能清除故障代码。

④ 按"→"键,屏幕显示:

| 快速数据传递　　　　　　　　　　　　　　帮助 |
| 选择功能×× |

(3) 注意事项

① 安全注意事项

a. 在进行测试操作前,应先将汽车置于空挡(手动排挡)或驻车挡(自动排挡)位置,并拉紧驻车制动,避免汽车启动时发生碰撞事故。

b. 由于汽车的蓄电池电解液中含硫酸,在实测工作中要避免直接接触电解液,防止腐蚀皮肤及衣物,更不能让它溅入眼睛。

c. 动态测试时,应将测试车辆停放在通风良好的场所。因为发动机排出的废气中含有毒性化合物(如碳氢化合物、一氧化碳等),要避免大量吸入。

d. 发动机正常运转时尽量勿动发动机元件,避免散热器及排气管高温烫伤,或冷却风扇划伤手指。

e. 测试操作中不要吸烟或带任何火源,避免引起火灾。

f. 进行验车工作时应关闭点火开关并注意对线路及电子元件的保护。

② 检测汽车电路元器件注意事项

a. 利用解码器检测时,所有接线的工作都应在点火开关关闭的状态下进行,避免插接错误而引起电路损坏。

b. 点火开关打开时,绝不能任意插拔传感器或其他电子装备,因为断开电路时,由于线圈的自感作用,将会产生很高的瞬间高压,这种高压会造成传感器及电脑模块的损坏。

c. 在汽车上靠近电脑或传感器的地方进行修理作业时,应倍加注意,以免损坏电脑和传感器。

d. 不能将带有强磁的磁源放置在靠近车身电脑或传感器的位置,否则会严重影响电控系统的工作状况。

e. 在对汽车电脑或电脑控制的数字仪表维修、拆卸的过程中,应在手腕处用金属带与车身搭铁,避免身体与车体摩擦产生的高压静电损坏电脑元件。

f. 操作人员不应在没有提示的情况下随意用连线跨接电脑接脚,或用 LED 灯直接测试电脑控制系统电路。

g. 在测试程序中没有明确说明的情况下,不应用指针式或低阻抗万用表对电控系统电路进行检测,以免损坏电器元件。

h. 注意被更换的电器型号,并需测量新元件的相应电阻值,确保维修准确无误并能保证电路正常。

i. 认真检查电控系统线路及接线头,保证无不良搭线或修饰的地方而导致元件工作不良。

j. 确保电脑接脚连线插接可靠,否则会由于虚接而损坏电脑元件。

③ 仪器使用操作注意事项

a. 因本仪器采用精密电子集成系统,故首先应注意仪器的保管,不要摔碰,避免潮湿。

b. 测试前选择正确的测试接头及测试卡,并根据说明书中的连线结构图插好测试卡(对于通用诊断器而言),将主机与接头用主线连接好,按说明书规定判断该车型需不需要接外接电源,盲目的接通主机外接电源很容易烧损仪器。

c. 测试前应先关闭点火开关,然后将已连接好的仪器的测试接头插入车身自诊断座,再打开点火开关进行测试。

d. 动态测试时,启动发动机后,主机显示屏出现闪烁现象是正常的。

e. 当在检测工作中主机显示"电脑诊断帧出现错误"提示时,说明自诊断线路连接不良,汽车电脑不能与主机实现通信,需检查各连线接口连接是否良好。在特殊情况下要检查车身线路。

f. 使用仪器过程中,应保证测试卡插到位,不然容易出现花屏、乱码现象。

g. 使用仪器时,需保证外接电源线路连接良好,若主机不显示,请检查外接电源线和点烟器插头内的熔丝是否损坏。

h. 测试工作结束后,应先关闭点火开关,然后切断外接电源,再拔下测试接头,并从仪器上取下测试卡,将仪器分解装箱。

i. 人工故障测试时,应保证试配线(跨接线)与诊断座之间接触良好,避免中断测试信号。

项目考核

1. 何谓二手车静态检查?其目的是什么?
2. 进行机动车静态检查时,需要准备哪些工具和用品?
3. 发动机静态检查包括哪些项目?
4. 如何进行车底检查?主要包括哪些项目?
5. 何谓汽车动态检查?其目的是什么?
6. 动态检查包括哪些项目?
7. 如何正确检查发动机的工作性能?
8. 如何正确检查自动变速器的工作性能?
9. 路试后要进行哪些检查工作?

项目 4　二手车评估方法

项目要求

1. 掌握现行市价法的运用前提和使用范围;
2. 掌握收益现值法的应用原则及基本原理;
3. 能运用收益现值法对营运性质的车辆进行正确的估价;
4. 掌握重置成本法的基本原理及特点;
5. 掌握重置成本的计算方法及重置成本全价如何确定;
6. 能正确运用重置成本法对二手车进行准确的鉴定估价;
7. 能正确选择二手车鉴定评估的方法。

二手车评估的方法按照国家规定主要有 4 种:现行市价法、重置成本法、收益现值法和清算价格法。

任务 1　现行市价法

4.1.1　现行市价法的定义和基本原理

现行市价法又称市场法、市场价格比较法,是指通过比较被评估车辆与最近售出类似车辆的异同,并将类似车辆的市场价格进行调整,从而确定被评估车辆价值的一种评估方法。

现行市价法是最直接、最简单的一种评估方法。基本思路是:通过市场调查,选择一个或几个与评估车辆相同或类似的车辆作为参照物,分析参照物的构造、功能、性能、新旧程度、地区差别、交易条件及成交价格等,并与评估车辆对照比较,找出两者的差别及差别所反映的在价格上的差额,经过调整,计算出被评估对象的价格。

现行市价法是二手车评估中最为直接、最具说服力的评估途径之一。原因如下:
(1) 充分利用类似二手车成交价格信息。
(2) 以获得的信息为基础判断和估测被评估二手车的价值。
(3) 运用已被市场检验了的结论来评估被评估二手车,很容易被买卖双方当事人接受。

4.1.2　现行市价法应用的前提条件

运用现行市价法对汽车进行价格评估必须具备以下两个前提条件:
(1) 需要有一个充分发达、活跃的二手车交易市场,即要有二手车交易的公开市场。在这个市场上有众多的卖者和买者,有充分的参照物可取,交易充分平等,这样可以排除交易的偶然性和特殊性。汽车在汽车交易市场上交易越频繁，与被评估相类似的车辆价格越容易获得。因此，市场成交的二手车价格可以准确反映市场行情，评估结果更公平公正，双方都易接受。

(2) 参照物与被评估车辆有可比较的指标，且技术参数等资料是可收集到的，并且价值影响因素明确，可以量化。

在运用现行市价法评估二手车时，关键是要能够找到与被评估车辆相同或相类似的参照物，并且参照物是近期的、可比较的。近期是指参照物交易时间与车辆评估基准日相差时间相近，一般在一个季度之内。可比较是指车辆在规格、型号、功能、性能、内部结构、新旧程度及交易条件等方面不相上下。

4.1.3 现行市价法的特点

运用现行市价法进行评估时，考虑的角度不同，这种方法是从卖者的角度来考虑被评估二手车的变现值，二手车评估价值的大小直接受市场的制约，因此它特别适用于产权转让的畅销车型的评估。畅销车型的数据充分可靠，市场交易活跃，评估人员熟悉其市场交易情况，采用现行市价法评估二手车时间会很短。

现行市价法是以市场为导向，而市场价格是综合反映车辆的各种因素而体现的，所以现行市价法评估应该说已包含了该车辆的有形损耗的贬值、无形损耗的贬值及经济性贬值。在用此方法评估时，不再专门计算功能性贬值和经济性贬值。其特点如下：

(1) 现行市价法的优点

① 能够客观反映二手车辆目前的市场情况，其评估的参数、指标估值能反映市场现实价格。

② 评估结果易于被各方理解和接受。

(2) 现行市价法的缺点

① 需要公开及活跃的市场作为基础，然而我国二手车市场还只是刚刚建立，发育不完全、不完善，寻找参照物有一定的困难。

② 可比因素多而复杂，即使是同一个生产厂家生产的同一型号的产品，同一天登记，由于由不同的车主使用，其使用强度、使用条件、维护水平等多种因素不同，其实体损耗、新旧程度也各不相同，从而造成二手车评估价值有所不同。

4.1.4 现行市价法评估的步骤

采用现行市价法评估的步骤如下：

1) 收集被评估二手车资料

收集被评估二手车的相关资料，内容包括车辆的类别、名称、型号、生产厂家、出厂年月、尚可使用的年限等。此外，还包括了解车辆的用途、目前的使用情况，并对车辆的性能、新旧程度等做必要的技术鉴定，以获得被评估车辆的主要参数，为市场数据资料的收集及参照物的选择提供依据。

2) 选择参照物

根据了解到的被评估二手车资料，按照可比性原则，从二手车交易市场上寻找可类比的参照车辆，参照车辆的选择应在2辆以上。车辆的可比因素主要包括以下几个方面：

(1) 车辆型号和生产厂家。

(2) 车辆用途,是私家车还是公务车,是乘用车还是商用车等。
(3) 车辆使用年限和行驶里程。
(4) 车辆实际技术性能和技术状况。
(5) 车辆所处地区。由于地区经济发展的不平衡,收入水平存在差别,在不同地区的二手车交易市场,同样车辆的价格会有较大的差别。
(6) 市场状况,是指二手车交易市场处于低迷还是复苏、繁荣,车源丰富还是匮乏,车型涵盖面如何,交易量如何,新车价格趋势如何等。
(7) 交易动机和目的,指车辆出售是以清偿还是淘汰转让为目的,买方是获利转手倒卖还是购买自用。不同情况下的交易作价往往有较大的差别。
(8) 成交数量,单辆与成批车辆交易的价格会有一定差别。
(9) 成交时间,应采用近期成交的车辆作类比对象。由于国家经济、金融和交通政策以及市场供求关系会随时发生一些变化,市场行情也会随之变化,引起二手车价格的波动。

3) 对被评估车辆和参照物之间的差异进行比较、量化和调整

被评估车辆与参照物之间的各种可比因素,尽可能地予以量化、调整。具体包括以下方面的量化:

(1) 销售时间差异的量化

在选择参照物时,应尽可能地选择在评估基准日成交的案例,以免去销售时间允许的量化步骤。若参照物的交易时间在评估基准日之前,可采用指数调整法将销售时间差异量化并予以调整。

(2) 车辆性能差异的量化

车辆性能差异的具体表现是车辆营运成本的差异,通过测算超额营运成本的方法将性能方面的差异量化。

(3) 新旧程度差异的量化

被评估车辆与参照物在新旧程度上不一定完全一致,参照物也未必是全新的,这就要求评估人员对被评估车辆与参照物新旧程度的差异进行量化。

$$差异量 = 参照物价格 \times (被评估车辆成新率 - 参照物成新率)$$

(4) 销售数量、付款方式差异的量化

销售数量大小、采用何种付款方式均会对车辆的成交单价产生影响。

对销售数量差异的调整采用未来收益的折现方法解决;对付款方式差异的调整,被评估车辆通常以一次性付款方式为假定前提,若参照物采用分期付款方式,则可按当期银行利率将各期分期付款额折现累加,即可得到一次性付款总额。

4) 汇总各因素差异量化值,求出车辆的评估值

对上述各差异因素量化值进行汇总,给出车辆的评估值。以数学表达式表示为:

$$被评估车辆的价值 = 参照物现行市价 \times \sum 差异量$$

或

$$被评估车辆的价值 = 参照物现行市价 \times 差异调整系数$$

4.1.5 现行市价法的计算方法

现行市价法确定单台车辆价值通常采用直接法和类比法。

1) 直接法

直接法是指在市场上能找到与被评估车辆完全相同的车辆的现行市价,并依其价格直接作为被评估车辆评估价格的一种方法。

完全相同是指车辆型号相同,使用条件和技术状况相同,生产和交易时间相近。寻找同型号的车辆有时是比较困难的,因此,通常情况下,如果参照车辆与被评估车辆类别相同、主参数相同、结构性能相同,只是生产序号不同并只做局部改动,交易时间相近的车辆,可作为直接评估过程中的参照物,即认为是完全相同。

2) 类比法

类比法是指评估车辆时,在公开市场上找不到与之完全相同的车辆,但在公开市场上能找到与之相类似的车辆,以此为参照物,并依其价格再做相应的差异调整,从而确定被评估车辆价格的一种方法。

所选参照物与评估基准日在时间上越近越好,实在无近期的参照物,也可以选择远期的,再做日期修正。其基本计算公式为:

模型一:评估价格 = 市场交易参照物价格 + $\sum$ 评估对象比交易参照物优异的价格差额 − $\sum$ 交易参照物比评估对象优异的价格差额

模型二:评估价格 = 参照物价格 × (1 ± 调整系数)

市价法评估的关键是全面了解市场情况,了解的情况越多,评估的准确性越高。

4.1.6 现行市价法评估实例

某评估人员在用现行市价法对某车进行评估时选择了2个近期成交的与被评估车辆类别、结构基本相同,经济技术参数相近的车辆作参照物。参照物与被评估车辆的主要可比因素见表4-1。

表4-1 被评估车辆及参照物主要可比因素

序号	主要可比因素	被评估车辆	参照物A	参照物B
1	交易价格(万元)		6	5.8
2	交易时间		5个月之前	3个月之前
3	销售条件	公开市场	公开市场	公开市场
4	已使用时间(年)	4	4	5
5	尚可使用时间(年)	6	6	5
6	成新率(%)	60	65	55
7	年平均维修费用(万元)	1	1	1.2
8	百公里油耗(L)	14	13	15

1) 对被评估车辆与参照物之间的差异进行量化比较
(1) 销售时间的差异
根据收集到的资料表明,在评估之前至评估基准日之间的一年内,物价指数大约每月上升 0.5%,各参照物与被评估车辆由于时间差异所产生的差额为:

① 被评估车辆与参照物 A 相比较晚 5 个月,差额为:
$$60\,000 \times 6 \times 0.5\% = 1\,800(元)$$

② 被评估车辆与参照物 B 相比较晚 3 个月,差额为:
$$58\,000 \times 3 \times 0.5\% = 870(元)$$

(2) 车辆性能的差异
① 按每日营运 150 km,每年平均出车 280 天,计算各参照物与被评估车辆,每年由于燃料消耗的差异所产生的差额。燃料价格按每升 5.0 元计算。

A 车每年比被评估车辆少消耗的燃料的费用为:
$$(14 - 13) \times 5.0 \times 150/100 \times 280 = 2\,100(元)$$

B 车每年比被评估车辆多消耗的燃料的费用为:
$$(15 - 14) \times 5.0 \times 150/100 \times 280 = 2\,100(元)$$

② 各参照物与被评估车辆每年由于维修费用的差异所产生的差额:
A 车每年比被评估车辆少花的维修费用差额为:
$$10\,000 - 10\,000 = 0(元)$$

B 车每年比被评估车辆多花的维修费用差额为:
$$12\,000 - 10\,000 = 2\,000(元)$$

③ 由于营运成本不同,各参照物与被评估车辆每年的差异:
A 车比被评估车辆每年少花费的营运成本为:
$$2\,100 + 0 = 2\,100(元)$$

B 车比被评估车辆每年多花费的营运成本为:
$$2\,100 + 2\,000 = 4\,100(元)$$

④ 取所得税率为 30%,则税后各参照物与被评估车辆少(多)花费的营运成本:
A 车比被评估车辆少花费的营运成本为:
$$2\,100 \times (1 - 30\%) = 1\,470(元)$$

B 车比被评估车辆多花费的营运成本为:
$$4\,100 \times (1 - 30\%) = 2\,870(元)$$

⑤ 适用的折现率为 10%,则在剩余的使用年限内,各参照物每年比被评估车辆少(多)花费的营运成本为:

A 车比被评估车辆少花费的营运成本折现累计为：

$$1\,470 \times \frac{(1+10\%)^6 - 1}{10\% \times (1+10\%)^6} = 1\,470 \times 4.354\,4 = 6\,401(元)$$

B 车比被评估车辆多花费的营运成本折现累计为：

$$2\,870 \times \frac{(1+10\%)^4 - 1}{10\% \times (1+10\%)^4} = 2\,870 \times 3.170\,1 = 9\,098(元)$$

(3) 成新率的差异

① A 车与被评估车辆由于成新率的差异所产生的差额为：

$$60\,000 \times (60\% - 65\%) = -3\,000(元)$$

② B 车与被评估车辆由于成新率的差异所产生的差额为：

$$58\,000 \times (60\% - 55\%) = 2\,900(元)$$

2) 根据被评估车辆与参照物之间差异的量化结果，确定车辆的估值

(1) 初步确定车辆的评估值

① 与参照物 A 相比分析调整差额，初步评估结果为：

$$车辆评估值 = 60\,000 + 1\,800 - 6\,401 - 3\,000 = 52\,399(元)$$

② 与参照物 B 相比分析调整差额，初步评估结果为：

$$车辆评估值 = 58\,000 + 870 + 9\,098 + 2\,900 = 70\,868(元)$$

(2) 综合分析，确定被评估二手车的评估值

从上述初步估算的结果可知，按 2 个不同的参照物进行比较测算，评估结果相差 18 469 元。由于参照物 A 的已使用年限、尚可使用年限、年平均维修费用与被评估车辆相似程度更大，所以取参照物 A 的加权系数为 60%，参照物 B 的加权系数为 40%。加权平均后车辆的评估值为：

$$车辆评估值 = 52\,399 \times 60\% + 70\,868 \times 40\% = 59\,786(元)$$

由此例看出销售价格为 6 万元左右的车，其初步结果相差达 1 万元左右，说明只有参照物数量足够多，可比因素充分，评估的价格才会接近真实、准确。

任务 2　重置成本法

4.2.1　重置成本法的定义和基本原理

1) 定义

重置成本法是指在现时市场调节下重新购置一辆全新状态的被评估车辆所需的全部成本（即完全重置成本，简称重置全价），减去该被评估车辆的各种陈旧贬值后的差额作为被评估车辆现时价格的一种评估方法。

2) 基本原理

重置成本法的理论依据是任何一个消费者在购买某项资产时,他所愿意支付的价钱,绝对不会超过具有同等效用的全新资产的最低成本。如果该项资产的价格比重新建造或购置全新状态的同等效用的资产的最低成本高,投资者肯定不会购买这项资产,而会去新建或购置全新资产。也就是说,待评估资产的重置成本是其价格的最大可能值。

4.2.2 重置成本法的适用原则

应用重置成本法对二手车进行价值评估必须同时满足以下前提条件:
(1) 购买者对拟行交易的评估车辆,不改变原来用途。
(2) 评估车辆的实体特征、内部结构及其功能效用必须与假设重置的全新车辆具有可比性。
(3) 评估车辆必须是可以再生的,可以复制的,不能再生、复制的评估车辆不能采用重置成本法。
(4) 评估车辆随着时间的推移,因各种因素而产生的贬值可以量化,否则就不能运用重置成本法进行评估。

重置成本法作为一种二手车评估的方法,是从能够重新取得被评估车辆的角度来反映二手车的交换价值的。只有当被评估车辆处于继续使用状态下,再取得被评估车辆的全部费用才能构成其交换价值的内容。

4.2.3 重置成本法的特点

1) 优点
(1) 比较充分地考虑了车辆的损耗,反映了车辆市场价格的变化,评估结果更趋于公平合理。
(2) 在不易估算车辆未来收益或难以取得市场(二手车交易市场)参照物条件下可广泛应用。
(3) 可以采用综合分析法确定成新率,将车况和配置以及车辆使用情况用适当的调整系数表示出来,比较清晰地解析了车辆残值的构成,可以广泛应用于价值较高的中高档车辆评估。
(4) 是一种容易被买卖双方接受的评估方法。

2) 缺点
(1) 评估工作量大,确定成新率时主观因素影响较大。
(2) 经济性贬值不易准确计算。
(3) 对极少数的进口车辆,不易查询到现时市场报价。
(4) 一些已经停产或者自然淘汰车型,难于准确地确定重置成本。

4.2.4 重置成本法的计算

1) 重置成本法的计算方法

重置成本法的常用计算方法有两种。

方法1:评估值 = 重置成本 − 实体性贬值 − 功能性贬值 − 经济性贬值

该方法是重置成本法评估二手车的最基本模型。它综合考虑了二手车的现行市场价格和各种影响二手车价值量变化(贬值)的因素,最让人信服和易于接受。但造成这些贬值的影响因素较多且有一定的不确定性,很多情况下,二手车的营运性损耗及经济性损耗对二手车评估值的确定有相当的困难,在实际评估操作时,要酌情考虑营运性功能损耗和经济性损耗对二手车价值的影响,并以调整系数的方式对二手车的评估值进行修正,可以写成如方法2的公式。

方法2:车辆评估值 = 重置成本 × 成新率

该方法以成新率综合考虑了各种贬值对二手车价值的影响,是一种定性和定量相结合的评估方法,比较符合中国人评判二手物品的思维模式,且具有收集便捷、操作简单易行、评估理论更贴近机动车实际工作状况、易于被人接受等优点,因而是目前市场上应用最广的一种评估方法。

运用重置成本法评估二手车应按下列步骤进行:

(1) 调查、了解、搜集资料。调查了解被评估车辆实体特征等基本资料,以及被评估车辆新车售价。

(2) 求取重置成本。根据被评估车辆实体特征等基本情况,用现时(评估基准日)市价估算其重置成本。

(3) 确定实体性贬值。

(4) 确定功能性贬值。

(5) 确定经济性贬值。

(6) 求评估值。

2) 重置成本法的基本要素及确定方法

(1) 重置成本的确定

重置成本是购买一项全新的与被评估车辆相同的车辆所支付的最低金额。按重新购置车辆所用的材料、技术的不同,可把重置成本区分为复原重置成本(简称复原成本)和更新重置成本(简称更新成本)。复原成本指用与被评估车辆相同的材料、制造标准、设计结构和技术条件等,以现时价格复原购置相同的全新车辆所需的全部成本。更新成本指利用新型材料、新技术标准、新设计等,以现时价格购置相同或相似功能的全新车辆所支付的全部成本。一般情况下,在进行重置成本计算时,如果同时可以取得复原成本和更新成本,应选用更新成本;如果不存在更新成本,则再考虑用复原成本。

在资产评估中,重置成本的估算有多种方法,对于二手车评估来说,一般采用重置核算法和物价指数法两种方法。

① 重置核算法。也称直接法,它是按待评估车辆的成本构成,以现行市价为标准,计算被评估车辆重置全价的一种方法。也就是将车辆按成本构成分成若干组成部分,先确定各组成部分的现时价格,然后相加得出待评估车辆的重置全价。

重置成本的构成可分为直接成本和间接成本两部分。直接成本是指直接可以构成车辆成本的支出部分。具体来说是按现行市价的买价,加上运输费、购置附加费、消费税、人工费等。间接成本是指购置车辆发生的管理费、专项贷款发生的利息、注册登记手续费等。以直接法取得的重置成本,无论国产车辆还是进口车辆,尽可能采用国内现行市场价作为车辆评估的重置成本全价。市场价可通过市场信息资料(如报纸、专业杂志和专业价格资料汇编等)或向车辆制造商、经销商询价取得。在重置成本全价中,评估人员应该注意区别合理收费和无依据收费。有的地方为了经济利益,越权制定了一些有关机动车的收费项目,这是违背国家收费政策的,这些费用不能计入重置成本全价。

根据不同评估目的,二手车重置成本全价的构成一般分下述两种情况考虑:

a. 属于所有权转让的经济行为或为司法、执法部门提供证据的鉴定行为,可按被评估车辆的现行市场成交价格作为被评估车辆的重置全价,其他费用略去不计。

b. 属于企业产权变动的经济行为(如企业合资、合作和联营,企业分设、合并和兼并等),其重置成本构成除了考虑被评估车辆的现行市场购置价格以外,还应考虑国家和地方政府对车辆加收的其他税费(如车辆购置附加费、教育费附加、社控定编费、车船使用税等)一并计入重置成本全价。

② 物价指数法。是在二手车原始成本基础上,通过现时物价指数确定其重置成本。计算公式为:

$$车辆重置成本 = 车辆原始成本 \times \frac{车辆评估时物价指数}{车辆购买时物价指数}$$

或

$$车辆重置成本 = 车辆原始成本 \times (1 + 物价变动指数)$$

当被评估车辆是已停产,或是进口车辆,无法找到现时市场价格时,这是一种很有用的方法。使用物价指数法时应注意的问题是:

a. 一定要先检查被评估车辆的账面原价。如果购买原价不准确,则不能使用物价指数法。

b. 使用物价指数法计算出的值,即为车辆重置成本值。

c. 物价指数要尽可能选用有法律依据的国家统计部门或物价管理部门以及政府机关发布和提供的数据。不能选用无依据、不明来源的数据。

d. 如果现在选用的指数与评估对象规定的评估基准日之间有一段时间差,这一时间差内的价格指数可由评估人员依据近期的指数变化趋势结合市场情况确定。

(2) 二手车的实体性贬值

实体性贬值也叫有形损耗,是指机动车在存放和使用过程中,由于物理和化学原因而导致的车辆实体发生的价值损耗,即由于自然力的作用而发生的损耗。二手车一般都不是全新状态的,因而大都存在实体性贬值。计量二手车实体有形损耗时主要根据已使用年限进行分摊。

二手车的实体性贬值是指由于使用和自然力损耗导致的贬值。实体性贬值的估算一般可采取以下 3 种方法:

① 观察法。也称成新率法。指评估人员根据自己的专业知识和工作经验,通过对二手车实体各主要部件进行观察以及使用仪器测量等方式进行技术鉴定,并综合分析车辆的设计、制造、使用、磨损、维护、修理、改装情况和经济寿命等因素,将评估对象与全新状态相比较,考察由于使用磨损和自然损耗对资产的功能、使用效率带来的影响,从而判断被评估车辆的实体性贬值的一种方法,其数学公式表达为:

$$车辆实体性贬值 = 重置成本 \times 有形损耗率$$

② 使用年限法。指通过确定被评估车辆已使用年限与车辆预期可使用年限的比率来判

断其实体性贬值率(程度),进而估测资产的实体性贬值的方法。其数学公式表达为:

$$车辆实体性贬值 = (重置成本 - 残值) \times \frac{已使用年限}{规定使用年限}$$

式中,残值是指被评估车辆在报废时净回收的金额,在鉴定评估中一般忽略不计。

③ 修复费用法。也称功能补偿法。通过确定被评估车辆恢复原有的技术状态和功能所需要的费用补偿,来直接确定二手车的有形损耗。这种方法常用于交通事故车辆的评估。其数学公式表达为:

$$车辆有形损耗 = 修复后的重置成本 - 修复补偿费用$$

(3) 二手车的功能性贬值

功能性贬值是由于科学技术的发展导致的车辆贬值,即无形损耗。这类贬值又可细分为一次性功能贬值和营运性功能贬值。一次性功能贬值是由于技术进步引起劳动生产率的提高,现在再生产制造与原功能相同的车辆的社会必要劳动时间减少、成本降低而造成原车辆的价值贬值。具体表现为原车辆价值中有一个超额投资成本将不被社会承认。营运性功能贬值是由于技术进步,出现了新的、性能更优的车辆,致使原有车辆的功能相对新车型已经落后而引起其价值贬值。具体表现为原有车辆在完成相同工作任务的前提下,在燃油料、人力、配件材料等方面的消耗增加,形成了一部分超额运营成本。

① 一次性功能贬值的确定。功能性贬值属无形损耗的范畴。指由于技术陈旧、功能落后导致二手车相对贬值。对目前在市场上能购买到且有制造厂家继续生产的全新车辆,一般采用市场价即可认为该车辆的功能性贬值已包含在市场价中了。这是最常用的方法。从理论上讲,同样的车辆,其复原重置成本与更新重置成本之差即是该车辆的一次性功能性贬值。但在实际评估工作中,具体计算某车辆的复原重置成本是比较困难的,一般就用更新重置成本(即市场价)来考虑其一次性功能贬值。

在实际评估时经常遇到的情况是:待评估的车辆是现已停产或是国内自然淘汰的车型,这样就没有实际的市场价,只有采用参照物的价格用类比法来估算。参照物一般采用替代型号的车辆。这些替代型号的车辆其功能通常比原车型有所改进和增加,故其价值通常会比原车型的价格要高(功能性贬值大时,也有价格更降低的)。故在与参照物比较,用类比法对原车型进行价值评估时,一定要了解参照物在功能方面改进或提高的情况,再按其功能变化情况测定原车辆的价值,总的原则是被替代的旧型号车辆其价格应低于新型号的价格。这种价格有时是相差很大的。评估这类车辆的主要方法是设法取得该车型的市场现价或类似车型的市场现价。

② 营运性功能贬值的估算。确定营运性功能贬值的步骤为:

a. 选定参照物,并与参照物对比,找出营运成本有差别的内容和差别的量值。

b. 确定原车辆尚可继续使用的年限。

c. 查明应上缴的所得税率及当前的折现率。

d. 通过计算超额收益或成本降低额,最后计算出营运性陈旧贬值。

(4) 二手车经济性贬值

经济性贬值(也称经济性损耗)是指由于外部经济环境变化所造成的车辆贬值。所谓外部经济环境,包括宏观经济政策、市场需求、通货膨胀、环境保护等。经济性贬值是由于外部环境而不是车辆本身或内部因素所引起的达不到原有设计的获利能力而造成的贬值。外界因素对车辆价值的影响不仅是客观存在的,而且对车辆价值的影响还相当大,所以在二手车评估中不可忽视。

外部因素不论多少,对车辆价值的影响不外乎两类:

① 导致车辆闲置,在这种情况下,可通过估计车辆未来闲置的时间及其资金成本来估算其经济性贬值。

② 造成运营成本上升。由于造成车辆经济性贬值的外部因素很多,并且造成贬值的程度也不尽相同,所以在评估时应在统筹考虑这些因素的基础上适当地确定经济性贬值的数额。

4.2.5 重置成本法评估实例

1) 使用年限法评估二手车

【实例 4—1】

2003 年 8 月,李先生购置了一辆捷达轿车作为上下班代步用。购买价格为 97 800 元,初次登记日期是 2003 年 9 月。于 2007 年 12 月进入二手车交易市场估价交易。现场勘查,车身外观较好,发动机运转平稳,无异常响声,制动系统良好,该车行驶里程为 10 万 km。在评估时,该车的现行市场销售价格为 79 800 元,其他税费不计。试评估该车的现时市场价值。

【解】 根据题意可知:

① 初次登记日期为 2003 年 9 月,评估基准日为 2007 年 12 月,已使用年限:$Y = 51$ 个月;

② 该车为轿车,规定使用年限为 15 年,即:$Y_g = 180$ 个月;

③ 该车的现时重置成本为:$B = 79\ 800$ 元;

④ 该车的年限成新率为:$C_Y = \left(1 - \dfrac{Y}{Y_g}\right) \times 100\% = \left(1 - \dfrac{51}{180}\right) \times 100\% = 71.67\%$;

⑤ 评估值:$P = B \times C = 79\ 800 \times 71.67\% = 57\ 192$ 元。

2) 综合分析法评估二手车

【实例 4—2】

许先生于 2003 年 3 月购置一辆国产奥迪轿车作为家庭用车。于 2008 年 3 月到某二手车交易市场进行交易。该车行驶里程为 50 万 km,已知该车新车市场价格为 490 000 元。经评估人员现场勘查,该车技术状况较好,使用维护保养好,主要是在市内行驶。试用重置成本——综合分析法评估该车的价值。

【解】 根据题意:

① 评估价值采用重置成本——综合分析法,计算公式为:

$$P = B \times C_F = B \times \left(1 - \dfrac{Y}{Y_g}\right) \times K \times 100\%$$

② 初次登记日期为 2003 年 3 月,评估基准日为 2008 年 3 月,则 $Y = 60$ 个月;

③ 该车为轿车,规定使用年限为 15 年,即:$Y_g = 180$ 个月;

④ 该车的现时重置成本为:$B = 490\ 000$ 元;

⑤ 综合调整系数 K 的确定:

技术状况较好,车辆技术状况调整系数 $K_1 = 0.9$

使用维护保养好,使用与维护保养调整系数 $K_2 = 0.9$

该车为国产名牌,制造质量调整系数 $K_3 = 0.9$

该车为私人用车,车辆用途调整系数 $K_4 = 1.0$
该车主要在市内行驶,使用条件调整系数为 $K_5 = 1.0$
综合调整系数为:

$$K = K_1 \times 30\% + K_2 \times 25\% + K_3 \times 20\% + K_4 \times 15\% + K_5 \times 10\%$$
$$= 0.9 \times 30\% + 0.9 \times 25\% + 0.9 \times 20\% + 1.0 \times 15\% + 1.0 \times 10\% = 92.5\%$$

⑥ 计算成新率 C_F:

$$C_F = \left(1 - \frac{Y}{Y_g}\right) \times K \times 100\% = \left(1 - \frac{60}{180}\right) \times 92.5\% \times 100\% = 61.67\%$$

⑦ 计算评估值 P:

$$P = B \times C_F = 490\,000 \times 61.67\% = 302\,183(元)$$

任务3 收益现值法

4.3.1 收益现值法的定义和基本原理

1) 定义

收益现值法是将被评估的车辆在剩余寿命期内的预期收益用适当的折现率折现为评估基准日的现值,并以此确定评估价格的一种方法。汽车的价格评估一般很少采用收益现值法,但对一些特定目的的、有特许经营权的汽车,人们购买的目的往往不在于车辆本身,而是车辆获利的能力。因此,对于营运车辆的评估采用收益现值法比较合适。

2) 基本原理

从原理上讲,收益现值法是基于这样的事实,即人们之所以占有某车辆,主要是考虑这辆车能为自己带来一定的收益。如果某车辆的预期收益小,车辆的价格就不可能高;反之,车辆的价格肯定就高。投资者投资购买车辆时,一般要进行可行性分析,其预计的内部回报率只有在超过评估时的折现率时才肯支付货币额来购买车辆。应该注意的是,运用收益现值法进行评估时,是以车辆投入使用后连续获利为基础的。在机动车交易中,人们购买的目的往往不在于车辆本身,而是车辆获利的能力。因此,该方法较适用于投资营运的车辆。

4.3.2 收益现值法的应用原则

收益现值法通常是在继续使用假设前提下运用的,应用收益现值法对二手车进行价格评估必须同时满足以下前提条件:

(1) 被评估的二手车必须是经营性车辆,具有继续经营能力,并不断获得收益。
(2) 继续经营的预期收益可以预测而且必须能够用货币金额来表示。
(3) 影响被评估车辆未来经营风险的各种因素能够转化为数据加以计算,体现在折现率中。

由以上应用前提可知,运用收益现值法进行评估时,是以车辆投入使用后连续获利为基础的。在二手车交易中,人们购买的目的往往不在于车辆本身,而是车辆获利的能力。

4.3.3 收益现值法的特点

1) 收益现值法的优点

(1) 与投资决策相结合,具有投资色彩,较使用与投资营运车辆容易。

(2) 直观,容易被交易双方接受。

(3) 能真实和较准确地反映车辆本金化的价格。

2) 收益现值法的缺点

(1) 购买者对预期收益额预测难度大。

(2) 受较强的主观判断和未来不可预见因素的影响。

4.3.4 收益现值法的计算

1) 收益现值法的计算方法

收益现值法评估值的计算,实际上就是对被评估车辆未来预期收益进行折现的过程。被评估车辆的评估值等于剩余寿命期内各期的收益现值之和,其基本计算公式为:

$$P = \sum_{t=1}^{n} \frac{A_t}{(1+i)^t} = \frac{A_1}{(1+i)^1} + \frac{A_2}{(1+i)^2} + \cdots + \frac{A_n}{(1+i)^n} \tag{4-1}$$

式中:P——评估值(元);

A_t——未来第 t 个收益期的预期收益额(元);

n——收益年期(二手车剩余使用年限);

i——折现率;

t——收益期,一般以年计。

当 $A_1 = A_2 = \cdots = A_n = A$,即 t 从 $1 \sim n$ 未来收益分别相同,为 A 时,则有:

$$P = \sum_{t=1}^{n} \frac{A_t}{(1+i)^t} = A \left[\frac{1}{(1+i)^1} + \frac{1}{(1+i)^2} + \cdots + \frac{1}{(1+i)^n} \right] = A \frac{(1+i)^n - 1}{i(1+i)^n}$$

(4-2)

式中:$\frac{1}{(1+i)^t}$——第 t 个收益期的现值系数;

$\frac{(1+i)^n - 1}{i(1+i)^n}$——年金现值系数。

2) 收益现值法的评估步骤

(1) 调查了解营运车辆的经营行情、营运车辆的消费结构,收集有关营运车辆的收入和费用资料。

(2) 充分调查了解被评估车辆的情况和技术状况。

(3) 根据调查、了解的结果,预测车辆的预期收益。

(4) 估算运营费用。

(5) 估算预期净收益。

(6) 选用适当的折现率。

(7) 确定二手车评估值。

3) 收益现值法中各评估参数的确定

(1) 预期收益额的确定

收益法运用中,收益额的确定是关键。收益额是指由被评估对象在使用过程中产生的超出其自身价值的溢余额。对于收益额的确定应把握两点:

① 收益额指的是车辆使用带来的未来收益期望值,是通过预测分析获得的。无论对于所有者还是购买者,判断某车辆是否有价值,首先应判断该车辆是否会带来收益。对其收益的判断,不仅仅是看现在的收益能力,更重要的是预测未来的收益能力。

② 收益额的构成,以企业为例,目前有几种观点:一是企业所得税后利润;二是企业所得税后利润与提取折旧额之和扣除投资额;三是利润总额。

关于选择哪一种作为收益额,针对二手车的评估特点与评估目的,为估算方便,推荐选择第一种观点,目的是能准确反映预期收益额。为了避免计算错误,一般应列出车辆在剩余寿命期内的现金流量表。

(2) 剩余经济寿命期的确定

剩余经济寿命期指从评估基准日到车辆到达报废的年限。如果剩余经济寿命期估计过长,就会高估车辆价格;反之,则会低估价格。因此,必须根据车辆的实际状况对剩余寿命做出正确的评定。对于各类汽车来说,该参数按《汽车报废标准》确定是很方便的。

(3) 折现率的确定

确定折现率,首先应该明确折现的内涵。折现作为一个时间优先的概念,认为将来的收益或利益低于现在的同样收益或利益,并且,随着收益时间向将来推迟的程度而有系统地降低价值。同时,折现作为一个算术过程,是把一个特定比率应用于一个预期的将来收益流,从而得出当前的价值。从折现率本身来说,它是一种特定条件下的收益率,说明车辆取得该项收益的收益率水平。收益率越高,车辆评估值越低。因为在收益一定的情况下,收益率越高,意味着单位资产增值率高,所有者拥有资产价值就低。折现率的确定是运用收益现值法评估车辆时比较棘手的问题。折现率必须谨慎确定,折现率的微小差异会带来评估值很大的差异。确定折现率,不仅应有定性分析,还应寻求定量方法。折现率与利率不完全相同,利率是资金的报酬,折现率是管理的报酬;利率只表示资产(资金)本身的获利能力,而与使用条件、占用者和使用用途没有直接联系,折现率则与车辆以及所有者使用效果有关。

一般来说,折现率应包含无风险利率、风险报酬率和通货膨胀率。无风险利率是指资产在一般条件下的获利水平,风险报酬率则是指冒风险取得报酬与车辆投资中为承担风险所付代价的比率。风险收益能够计算,而为承担风险所付出的代价为多少却不好确定,因此风险收益率不容易计算出来,只要求选择的收益率中包含这一因素即可。每个行业、每个企业都有具体的资金收益率,因此在利用收益现值法对二手车评估,选择折现率时,应该进行本企业、本行业历年收益率指标的对比分析。但是,最后选择的折现率应该起码不低于国家债券或银行存款的利率。

4.3.5 收益现值法评估实例

【实例 4-3】

某人准备将一辆 10 座的旅游车用作载客营运。按《汽车报废标准》规定,该车辆剩余年限为 4 年,适用的折现率为 9%,经预测得出 4 年内各年预期收益的数据分别为 12 000 元、

10 000元、8 000元、7 000元,试用收益现值法评估该车辆目前的价格。

【解】 根据题意可知:

$$P = \sum_{t=1}^{n} \frac{A_t}{(1+i)^t} = \frac{A_1}{(1+i)^1} + \frac{A_2}{(1+i)^2} + \cdots + \frac{A_n}{(1+i)^n}$$

$$= \frac{12\,000}{(1+9\%)^1} + \frac{10\,000}{(1+9\%)^2} + \frac{8\,000}{(1+9\%)^3} + \frac{7\,000}{(1+9\%)^4}$$

$$= 11\,009 + 8\,417 + 6\,178 + 4\,959$$

$$= 30\,563(元)$$

【实例 4-4】
某人拟购置一台较新的普通桑塔纳轿车作为个体出租车经营使用,经调查得到以下各数据和情况:车辆登记之日是 2004 年 4 月,已行驶公里数 1.3 万 km,目前车况良好,能正常运行。如用于出租使用,全年可出勤 300 天,每天平均毛收入 450 元。评估基准日是 2006 年 2 月。每天耗油费 75 元,日常维修费 1.2 万元,平均大修费用 0.8 万元,牌照、保险、养路费及各种规费、杂费 3.0 万元,人员劳务费 1.5 万元,出租车标付费 0.6 万元,根据目前银行储蓄年利率、国家债券、行业收益等情况,确定资金预期收益率为 15%,风险报酬率为 5%,按个人所得税条例规定年收入在 3 万~5 万元之间,应缴纳所得税率为 30%。试用收益现值法估算该车的价值。

【解】 根据题目条件,评估方法采用收益现值法。

分析从车辆登记之日起至评估基准日止,车辆投入运行已 2 年。根据国家有关规定和车辆状况,车辆剩余使用寿命为 6 年。

预期收益额的确定思路是:将一年的毛收入减去车辆使用的各种税和费用,包括驾驶人员的劳务费等,以计算其税后纯利润。

根据目前银行储蓄年利率、国家债券、行业收益等情况,确定资金预期收益率为 15%,风险报酬率为 5%。

具体计算步骤如下:

(1) 预计年收入:$450 \times 300 = 13.5$(万元)

(2) 估测车辆的预期收益

① 预计年支出

每天耗油费 75 元,年耗油量	$75 \times 300 = 2.25$(万元)
日常维修费	1.2 万元
平均大修费用	0.8 万元
牌照、保险、养路费及各种规费、杂费	3.0 万元
人员劳务费	1.5 万元
出租车标付费	0.6 万元

② 年毛收入

$$13.5 - 2.25 - 1.2 - 0.8 - 3.0 - 1.5 - 0.6 = 4.15(万元)$$

③ 按个人所得税条例规定年收入在 3 万~5 万元之间,应缴纳所得税率为 30%,故车辆的年纯收益额为:

$$4.15 \times (1 - 30\%) = 2.9(万元)$$

(3) 确定车辆的折现率

该车剩余使用寿命为 6 年,预计资金收益率为 15%,再加上风险率 5%,故折现率为 20%。折现率(i) = 无风险利率 + 风险报酬率:

$$i = 15\% + 5\% = 20\%$$

(4) 计算车辆的评估值

$$P = \sum_{t=1}^{n} \frac{A_t}{(1+i)^t} = A \cdot \left[\frac{1}{(1+i)^1} + \frac{1}{(1+i)^2} + \cdots + \frac{1}{(1+i)^n}\right]$$
$$= A \cdot \frac{(1+i)^n - 1}{i \cdot (1+i)^n} = 2.9 \times \frac{(1+i)^6 - 1}{(1+i)^6 \cdot i} = 9.6440(元)$$

任务 4 清算价格法

4.4.1 清算价格法的定义和基本原理

1) 定义

清算价格法是指以清算价格为标准,对二手车辆进行的价格评估。所谓清算价格,指企业由于破产或其他原因,要求在一定的期限内将车辆变现,在企业清算之日预期出卖车辆可收回的快速变现价格。

2) 基本原理

清算价格法在原理上基本与现行市价法相同,所不同的是迫于停业或破产,清算价格往往大大低于现行市场价格。这是由于企业被迫停业或破产,债权人或所有权人急于收回资金,将车辆拍卖或出售。从严格意义上讲,清算价格法不能算作一种基本的评估方法,它是以评估学三大基本方法为基础,以清算价格为标准的一种评估方法。由于汽车这种被评估对象的特殊性,清算价格法在二手车评估中被经常采用。

4.4.2 清算价格法的应用原则

企业破产、抵押、停业清理时要售出的车辆适用于价格清算法。

1) 企业破产

当企业或个人因经营不善造成的严重亏损不能清偿到期债务时,企业应依法宣告破产,法院以其全部财产依法清偿其所欠的债务,不足部分不再清偿。

2) 抵押

抵押是以所有者资产作抵押物进行融资的一种经济行为,是合同当事人一方用自己特定的财产向对方保证履行合同义务的担保形式。提供财产的一方为抵押人,接受抵押财产的一方为抵押权人。抵押人不履行合同时,抵押权人有权利将抵押财产在法律允许的范围内变卖,从变卖抵押物价款中优先受偿。

3) 清理

清理是指企业由于经营不善导致严重亏损,已临近破产的边缘或因其他原因将无法继续经营下去,为弄清企业财物现状,对全部财产进行清点、整理和查核,为经营决策(破产清算或继续经营)提供依据,以及因资产损毁、报废而进行清理、拆除等的经济行为。

运用清算价格法评估车辆价格时应注意以下3点:

(1) 以具有法律效力的破产处理文件或抵押合同及其他有效文件为依据。
(2) 车辆在市场上可以快速出售变现。
(3) 所卖收入足以补偿因出售车辆导致的附加支出总额。

4.4.3 清算价格法的特点

清算价格法的优点是如果存在活跃的二手车市场,采用清算价格法较好,如果不存在,无法得到变卖价值,同时是在假定企业作为一个整体已经丧失增值能力的情况下的资产评估方法,忽略了组织资本。清算价格法的缺点是仅限于在某些特定条件下使用,即在企业破产车辆、抵押车辆、无主车辆、走私车辆、被盗车辆、抵税车辆、罚没车辆等需要快速变现、拍卖的车辆评估时使用。

4.4.4 清算价格法的影响因素

在二手车评估过程中,影响清算价格的主要因素有:

1) 破产形式

如果企业丧失车辆处置权,则以买方出价决定车辆售价;如果企业未丧失处置权,则以双方议价决定车辆售价。

2) 债权人处置车辆的方式

按抵押时的合同契约规定执行,如公开拍卖或收回已有。

3) 车辆清理费用

在企业破产等情况下评估车辆价格时,应对车辆清理费用及其他费用给予充分的考虑。如果这些费用太高,拍卖变现后所剩无几,则失去了拍卖还债的意义。

4) 拍卖时限

一般来说,规定的拍卖时限长,售价会高些;时限短,则售价会低些。这是由资产快速变现原则产生的特定买卖市场所决定的。

5) 公平市价

公平市价是指车辆交易时,使交易双方都满意的价格。在清算价格中卖方满意的价格一般不易求得。

6) 参照车辆价格

参照车辆价格是指在市场上出售相同或类似车辆的价格。一般来说,市场参照车辆价格高,车辆出售的价格就会高,反之则低。

7) 车辆的现行市价

与被拍卖车辆相同或类似的车辆现行市价价格高,被拍卖车辆的清算价格通常也会高,反之则低。

8) 车辆的拍卖方式

若车辆与破产企业的其他资产一起整体拍卖,其拍卖值可能会高于包括车辆在内的各单项资产变现价值之和。

4.4.5 清算价格法的计算

1) 清算价格法的计算方法

二手车评估清算价格的方法主要有以下3种：

（1）现行市价折扣法

现行市价折扣法是指对清理车辆，首先在二手车市场上寻找一个相适应的参照物，然后根据快速变现原则估定一个折扣率并据以确定其清算价格。

（2）模拟拍卖法（也称意向询价法）

模拟拍卖法是根据向被评估车辆的潜在购买者询价的办法取得市场信息，最后经评估人员分析确定其清算价格的一种方法。用这种方法确定的清算价格受供需关系影响很大，要充分考虑其影响的程度。

（3）竞价法

竞价法是由法院按照法定程序（破产清算）或由卖方根据评估结果提出一个拍卖的底价，在公开市场上由买方竞争出价，谁出的价格高就卖给谁。

2) 清算价格法的评估步骤

运用清算价格法评估二手车应按下列步骤进行：

（1）调查、了解、搜集资料。进行市场调查，搜集与被评估车辆或类似车辆清算拍卖的价格资料。

（2）分析、验证价格资料的科学性和可靠性。

（3）逐项对比分析评估车辆与参照车辆的差异及其程度，包括实物差异、市场条件、时间差异和区域差异等。

（4）根据差异程度及其他影响因素，一般采用市场比较法、重置成本法和收益现值法，或综合运用几种方法的组合确定被评估车辆的评估底价。

（5）根据相关因素确定快速变现系数。影响快速变现系数大小的因素有：

① 被评估标的的车辆市场接受程度是通用车型还是专用车型，例如运钞车就比一般的小客车难以变现。

② 要综合考虑车辆的欠费情况，欠费较多的车辆只能变换用途拆零出售，价格相对较低。

③ 拍卖时限。变现时间的长短影响快速变现系数，变现时间越短，快速变现系数就越低。

通常快速变现系数小于1，但对用重置成本法年限计算成新率的离报废年限只剩2～3年的通用型车辆（如桑塔纳、捷达），如车况较好，则变现系数可能略大于1。

（6）确定被评估车辆的清算价格。

$$被评估车辆的清算价格 = 评估底价 \times 快速变现系数（或折扣率）$$

4.4.6 清算价格法评估实例

【实例4-5】

某法院欲在近期内将其扣押的一辆轻型载货汽车拍卖。至评估基准日止，该汽车已使用了3年，车况与其新旧程度相符。试评估该车的清算价格。

【解】 本次评估的目的是债务清偿,故应采用的评估方法为清算价格法。根据被评估车辆的实际情况和所掌握的资料,首先利用重置成本法确定车辆在公平市场条件下的评估价格。然后,根据市场调查,按一定的折扣率确定汽车的清算价格。

(1) 确定车辆重置成本全价

根据市场调查,全新的该型车目前的售价为 8 万元。根据相关规定,购置该型车时,要缴纳 10% 的车辆购置附加费和 3% 的货运附加费,故被评估车辆的重置成本全价为:

$$重置成本全价 = 80\,000 \times (1 + 10\% + 3\%) = 90\,400(元)$$

(2) 确定车辆的成新率

被评估车辆的价值不高,且车辆的技术状况与其新旧程度相符,故决定采用使用年限法确定其成新率。根据相关标准规定,被评估车辆的使用年限为 10 年。该车已使用年限为 3 年,故被评估车辆的成新率为:

$$成新率 = (1 - 3/10) \times 100\% = 70\%$$

(3) 确定被评估车辆在公平市场条件下的评估值

根据调查和了解,被评估车辆的功能性损耗及经济性损耗均很小,可忽略不计。故在公平市场条件下,该车的评估值为:

$$评估值 = 90\,400 \times 70\% = 63\,280(元)$$

(4) 确定折扣率

根据市场调查,可在清算日内出售车辆,故确定折扣率为 80%。

(5) 确定被评估车辆的清算价格

$$清算价格 = 63\,280 \times 80\% = 50\,624(元)$$

【实例 4-6】

一辆旧富康轿车,经调查在二手车市场上成交价为 5 万元,根据销售情况调查,折价 20% 可以当即出售,则该车清算价格为:

$$5 \times (1 - 20\%) = 4(万元)$$

任务5 二手车鉴定评估方法的选择

二手车鉴定评估的 4 种方法并不是每一次都适用并实用,用何种评估方法来评估鉴定二手车最准确,最能使得消费者获得最大利益,是本节重点讲述的内容。

4.5.1 评估方法的区别与联系

1) 重置成本法与收益现值法

重置成本法与收益现值法的区别:前者是历史过程,后者是预期过程。重置成本法比较侧重对车辆过去使用状况的分析。尽管重置成本法中的更新重置成本是现时价格,但重置成本法中的其他许多因素都是基于对历史的分析,再加上和现时的比较后得出结论。如有形损耗就是基于被评估车辆的已使用年限和使用强度等来确定的。由此可见,如果没有对被评估车辆的历史判断和记录，那么就不可能再运用重置成本法评估车辆的价值。

与重置成本法比较，收益现值法的评估要素完全是基于对未来的分析。收益现值法不必考虑被评估车辆过去的情况怎样，也就是说，收益现值法从不把被评估车辆已使用年限和使用程度作为评估基础。收益现值法所考虑和侧重的是被评估对象未来能给投资者带来多少收益。预期收益的测定，是收益现值法的基础。一般而言，预期收益越大，车辆的价值越大。

2) 重置成本法与现行市价法

理论上讲，重置成本法也是一种比较方法。它是将被评估车辆与全新车辆进行比较的过程，而且，这里的比较更侧重于性能方面。例如，评估一辆旧汽车时，首先要考虑重新购置一台全新的车辆需花多少成本，同时还需进一步考虑旧汽车的陈旧状况和功能、技术情况。只有当这一系列因素充分考虑周到后，才可能给旧汽车定价。而上述过程都涉及与全新车辆的比较，否则就无法确定旧汽车的价格。

与重置成本法比较，现行市价法的出发点更多地表现在价格上。由于现行市价法比较侧重价格分析，因此对现行市价法的运用便十分强调市场化程度。如果市场很活跃，参照物很容易取得，那么运用现行市价法所取得的结论就会更可靠。现行市价法的这种比较性，相对于重置成本法而言，其条件更为广泛。

运用重置成本法时，也许只需有一个或几个类似的参照物即可。但是运用现行市价法时，必须有更多的市场数据。如果只取某一数据做比较，那么现行市价法所做的结论将肯定受到怀疑。

3) 收益现值法与现行市价法

如果说收益现值法与现行市价法存在某种联系，那么这一联系就是现行市价法与收益现值法的结合。通过把现行市价法和收益现值法结合起来评估车辆的价值，在发达国家应用得相当普遍。

从评估观点看，收益现值法中任何参数的确定都具有人的主观性。因为预期收益、折现率等都是不可知的参数，也容易引起争议。但是这些参数在运用收益现值法评估车辆价值时必须明确，否则收益现值法就不能使用。然而，一旦从估计上来考虑收益现值法中的参数，那么这就涉及估计依据问题。对这样的问题，在二手车市场发达的地方，解决的方式便是寻求参照物，通过选择参照物，进一步计量其收益折现率及预期年限，然后将这些参照物数据比较有效地运用到被评估车辆上，以确定车辆的价值。

把收益现值法和现行市价法结合起来使用，其目的在于降低评估过程中的人为因素，更好地反映客观实际，从而使车辆的评估更能体现市场观点。

4) 清算价格法与现行市价法

清算价格法与现行市价法，都是基于现行市场价格确定车辆价格的方法。所不同的是，利用现行市价法确定的车辆价格，如果被出售者接受，而不被购买者接受，出售者有权拒绝交易。但利用清算价格法确定的清算价格，若不能被买方接受，清算价格就失去意义。这就使得利用清算价格进行的评估完全是一种站在购买方立场上的评估，在某种程度上，这可以被认为是一种取悦于购买方的评估。

4.5.2 评估方法的选用

1) 重置成本法的适用范围

重置成本法是汽车评估中一种常用的方法，它适用于能继续使用前提下的汽车评估。对在用车辆,可直接运用重置成本法进行评估,无需做较大的调整。目前,我国汽车交易市场尚需进一步规范和完善,运用现行市价法和收益现值法的客观条件受到一定的制约;而清算价格法仅在特定条件下才能使用。因此,重置成本法在汽车评估中得到了广泛的应用。

2) 收益现值法的适用范围

汽车的评估多数情况下采用重置成本法,但在某些情况下也可运用收益现值法。运用收益现值法对汽车进行评估的前提是被评估车辆具有独立的、能连续用货币计量的可预期收益。由于在车辆的交易中,人们购买车辆的目的往往不在于车辆本身,而是车辆的获利能力人,因此该方法较适于从事营运的车辆。

3) 现行市价法的适用范围

现行市价法的运用首先必须以市场为前提,它是借助于参照物的市场成交价或变现价运作的(该参照物与被评估车辆相同或相似)。因此,一个发达活跃的车辆交易市场是现行市价法得以广泛运用的前提。

此外,现行市价法的运用还必须以可比性为前提。运用该方法评估车辆市场价值的合理性与公允性,在很大程度上取决于所选取的参照物的可比性如何。可比性包括两方面内容:

(1) 被评估车辆与参照物之间在规格、型号、用途、性能、新旧程度等方面应具有可比性。

(2) 参照物的交易情况(诸如交易目的、交易条件、交易数量、交易时间、交易结算方式等)与被评估车辆将要发生的情况具有可比性。

以上所述的市场前提和可比前提,既是运用现行市价法进行汽车评估的前提条件,同时也是对运用现行市价法进行汽车评估的范围界定。对于车辆的买卖,以车辆作为投资参股、合作经营,均适用现行市价法。

4) 清算价格法的适用范围

清算价格法适用于企业破产、抵押、停业清理时要售出的车辆。这类车辆必须同时满足以下3个条件,方可利用清算价格法出售:

(1) 有具有法律效力的破产处理文件、抵押合同及其他有效文件为依据。

(2) 车辆在市场上可以快速出售变现。

(3) 清算价格足以补偿因出售车辆所付出的附加支出总额。

任务6 二手车鉴定评估的价值计算

4.6.1 二手车的计价形式

一般来说,二手车有以下几种计价形式,这些形式在二手车的鉴定评估中都有可能出现。

1) 二手车的原值

二手车的原始价值也叫原价或原值,是指车主在购置以及采用其他方式取得某类新车当时所发生的全部货币支出,包括买价、运费、汽车购置附加费、消费税、新车登记注册等所发生的费用。为了简化计算,二手车的原值除了购置车辆的买价以外,只考虑车辆购置附加费和消费税,而将其他费用略去不计。

2) 二手车的净值

二手车随着使用的过程逐渐磨损,其原始价值也随着减少而转入企业成本。企业提取的机械折旧额为折旧基金,用于车辆磨损的补偿。提取折旧后,剩余的机械净值反映车辆现有价值。

3) 二手车的残值

二手车报废清理时回收的那些材料、废料的价值称残值,它体现二手车丧失生产能力以后的残体价值。

4) 二手车的重置完全价值

二手车的重置完全价值是指估算在某段时间内重新生产或购置同样的机动车所需要的全部支出,包括购置价及其他费用,当企业取得无法确定原价的车辆(如接受捐赠车辆)以及经济发生重大变化时,要求企业对车辆按重置完全价值计价。

5) 二手车评估值

二手车评估值是遵循一定的计价标准和评估方法,重新确定的二手车现值。

4.6.2 旧车价格评估

前面做了大量的前期准备工作,如现场实物检查、技术鉴定和资料的收集分析等工作,落脚点都是为了对二手车提出现时价意见,即估算价值。依据公式

$$被评估车辆的评估值 = 重置成本 \times 成新率$$

可以计算出二手车的评估值,或者说计算出二手车的重置净价。这个评估值的价值即对二手车评估的价值:一是指车辆产权交易发生时的交易价值;二是指评估基准日的市场价值的货币表现,即评估基准日的市场价格。对于二手车成新率的确定,通常采用使用年限法、综合分析法和部件鉴定法3种方法。实际使用时,根据被评估对象的不同选择不同的方法。一般来说,对于重置成本不高的老旧车辆,可采用使用年限法估算其成新率;对于重置成本价值中等的车辆,可采用综合分析法;对于重置成本价值高的车辆,可采用部件鉴定法。

在二手车鉴定评估工作中,根据各阶段的工作步骤应该及时填写二手车鉴定评估作业表(见表4-2、表4-3),供鉴定评估人员参考选用。对于二手车交易市场中发生的交易类评估业务,可以以此为资料和二手车鉴定评估登记表一同存档备查,从而可略去二手车鉴定评估报告;对发生的咨询服务类评估业务,除了上述存档备查资料外,还应向委托单位出具二手车鉴定评估报告书。

应当说明的是,被评估二手车的价格,客观存在的是一个量,而鉴定评估人员对它评估的又是一个量,二手车的鉴定评估就是要通过对车辆的全面认识和判断来反映其客观价格。

但是一般来说,要使评估值与二手车的客观价格完全一致是很难的,鉴定评估人员的目的或任务应该是努力缩小这个差距。

表4-2 二手车鉴定评估作业表(形式一)

车主		所有权性质	公/私	联系电话	
住址				经办人	
车辆名称		型号		生产厂家	
牌照号		发动机号		车架号	
载重量/座位数/排量		燃料种类		车籍	

项目 4 二手车评估方法

续表 4-2

初次登记日期	年　月	已使用年限	年　个月	累计行驶里程	万 km
账面原值(元)		账面净值(元)		成交价格(元)	
重置价格(元)		成新率(％)		评估价格(元)	

鉴定评估目的：

鉴定评估说明：

鉴定评估师(签名)：　　　　　　　　　　　　　　　　　　　　审核人(签名)：

表 4-3　二手车鉴定评估作业表(形式二)

车主		所有权性质	公/私	联系电话	
住址				经办人	
车辆名称		型号		生产厂家	
结构特点		发动机号		车架号	
载重量/座位数/排量				燃料种类	
初次登记日期	年　月	牌照号		车籍	
已使用年限	年　个月	累计行驶里程	万 km	工作性质	
大修次数	发动机　　(次)			工作条件	
	整车　　(次)				
维护情况				现时状态	

事故情况：

技术状况鉴定：

账面原值(元)		账面净值(元)		成交价格(元)	
重置价格(元)		成新率(％)		评估价格(元)	

续表 4-3

鉴定评估目的：

鉴定评估说明：

鉴定评估师（签名）：　　　　　　　　　　　　　审核人（签名）：

项目考核

1. 汽车评估常用的方法有哪些？
2. 什么是重置成本法？有何优缺点？
3. 什么是收益现值法？它适用于哪类二手车价格评估？
4. 重置成本法与收益现值法有什么区别？
5. 什么是现行市价法？应用现行市价法的前提条件是什么？
6. 什么是清算价格法？有何优缺点？
7. 某人于1999年11月花23万元购置一辆奥迪轿车作为家庭用车，于2006年10月在本地二手车交易市场交易，评估人员检查后确认该车初次登记日期为1999年12月，基本作为市内交通用，累计行驶12.9万公里，维护保养情况一般，路试车况不理想。2006年，该车的市场新车价为21.8万元。请用综合分析法计算成新率，并给出该车的评估值。

项目 5　二手车鉴定评估报告书

项目要求

1. 掌握评估鉴定报告书的作用；
2. 掌握评估鉴定报告书的类型；
3. 掌握评估鉴定报告书的基本内容和格式；
4. 掌握评估鉴定报告书的编写步骤；
5. 掌握二手车鉴定评估报告书的编制；
6. 掌握二手车鉴定评估报告的确认和复议；
7. 掌握二手车鉴定评估报告书的档案管理。

任务 1　二手车鉴定评估报告书概述

5.1.1　什么是二手车鉴定评估报告书

二手车鉴定估价报告是二手车鉴定评估机构完成既定的鉴定估价工作后，向委托方和有关方面提交的说明二手车鉴定评估过程和结果的书面报告。它是按照一定格式和内容来反映评估目的、程序、依据、方法和结果等基本情况的报告书。

广义的鉴定评估报告还是一种工作制度，它规定评估机构在完成二手车鉴定评估工作之后必须按照一定的程序和要求，用书面形式向委托方报告鉴定评估过程和结果。狭义的鉴定评估报告即鉴定评估结果报告书，既是二手车鉴定评估机构完成对二手车作价意见提交给委托方的公正性的报告，也是二手车鉴定评估机构履行评估合同情况的总结，还是二手车鉴定评估机构为其所完成的鉴定评估结论承担相应法律责任的证明文件。

5.1.2　二手车鉴定评估报告书的作用

二手车鉴定评估报告书对管理部门和各类交易的市场主体都非常重要，它不仅是一份评估工作的总结，而且是其价格的公正性文件和二手车交易双方认定二手车价格的依据。

1) 对委托方的作用

（1）作为产权交易变动的作价依据。二手车鉴定评估报告书是经具有汽车鉴定评估资格的机构根据被委托鉴定评估车辆的状况，由专业的二手车鉴定估价师，遵循评估的原则和标准，按照法定的程序，运用科学的方法对被委托评估的车辆价值进行评定和估算后，通过报告书的形式提出的作价意见。该作价意见不代表任何当事人一方的利益，是一种专家估价的意见,因而具有较强的公正性和科学性,可以作为二手车买卖交易谈判底价的参考依据,或作为投资比例出资价格的证明材料,特别是对涉及国有资产的二手车给出客观公正的作价,可以有效地防止国有资产的流失,确保国有资产价格的客观、公正、真实。

(2) 作为法庭辩论和裁决时确认财产价格的举证材料。

(3) 作为支付评估费用的依据。当委托方(客户)收到评估资料及报告后没有提出异议,也就是说评估的资料及结果符合委托书的条款,委托方应以此为前提和依据向受托方(评估机构)付费。

(4) 反映和体现评估工作情况,明确委托方、受托方及有关方面责任的根据。二手车鉴定评估报告书采用文字的形式,对受托方进行二手车评估的目的、背景、产权、依据、程序、方法等过程和评定的结果进行说明和总结,体现了评估机构的工作成果;同时,也反映和体现了二手车鉴定评估机构与鉴定评估人员的权利和义务,并以此来明确委托方和受托方的法律责任。撰写评估结果报告书还行使了二手车鉴定评估人员在评估报告书上签字的权利。

2) 对接受委托的鉴定评估机构的作用

(1) 是评估机构评估成果的体现,是一种动态管理的信息资料,体现了评估机构的工作情况和工作质量。

(2) 二手车鉴定评估报告书是建立评估档案、归集评估档案资料的重要信息来源。

5.1.3 二手车鉴定评估报告书的类型

二手车鉴定评估报告书分为定型式、自由式与混合式3种。

1) 定型式

定型式二手车鉴定评估报告书又称封闭式二手车鉴定评估报告书,有固定格式和固定内容,评估人员必须按要求填写,不得随意增减。其优点是普遍包括一般事项,写作省时省力;缺点是不能根据评估对象的具体情况而深入分析某些特殊事项。如果能针对不同的评估目的和不同类型的机动车做相应的定型式二手车鉴定评估报告书,则可以在一定程度上弥补这一缺点。

2) 自由式

自由式二手车鉴定评估报告书又称开放式二手车鉴定评估报告书,是由评估人员根据评估对象的情况而自由创作、无一定格式的二手车鉴定评估报告书。其优点是可深入分析某些特殊事项,缺点是易遗漏一般事项。

3) 混合式

上述两种二手车鉴定评估报告书各有优缺点,混合式二手车鉴定评估报告书是兼取前两种二手车鉴定评估报告书的格式,既有定型式,又有自由式。

一般来说,专案案件以采用自由式二手车鉴定评估报告书为优,例行案件以采用定型式二手车鉴定评估报告书为佳。无论二手车鉴定评估报告书的形式如何,均应客观、公正、翔实地记载评估过程和结果。如果仅以结论告知,必然会使委托评估者或二手车鉴定评估报告书的其他使用者心理上的信任度降至最低。二手车鉴定评估报告书用语还应力求准确、肯定,避免模棱两可或易生误解的文字,对于难以确定的事项应在报告书中说明,并描述其可能影响机动车价格的情形。

5.1.4 二手车鉴定评估报告书的格式

从 2002 年原国家经济贸易委员会、劳动和社会保障部《关于规范二手车鉴定评估工作的通知》(国经贸贸易〔2002〕825 号文件)下发以后,推荐使用定型式二手车鉴定评估报告书。其规范格式样本如下:

二手车鉴定评估报告书

(示范文本)

_____鉴定评估机构评报字(200 年)第 号

一、绪言

_____(鉴定评估机构)接受_____的委托,根据国家有关资产评估的规定,本着客观、独立、公正、科学的原则,按照公认的资产评估方法,对_____(车辆)进行了鉴定评估。本机构鉴定人员按照必要的程序,对委托鉴定评估车辆进行了实地查勘与市场调查,并对其在____年___月___日所表现的市场价值做出了公允反映。现将车辆评估情况及鉴定评估结果报告如下。

二、委托方与车辆所有方简介

(一)委托方_____,委托方联系人_____,联系电话_____。

(二)根据机动车行驶证所示,委托车辆车主_____。

三、评估目的

根据委托方的要求,本项目评估目的(在□处打"√"):

□交易 □转籍 □拍卖 □置换 □抵押 □担保 □咨询 □司法裁决

四、评估对象

评估车辆的厂牌型号_____;号牌号码_____;发动机号_____;车辆识别代号/车架号_____;登记日期_____。

年审检验合格至_____年___月___日;公路规费交至_____年___月。

购置附加税(费)证_____;车船使用税_____。

五、鉴定评估基准日

鉴定评估基准日_____年___月___日。

六、评估原则

严格遵循"客观性、独立性、公正性、科学性"原则。

七、评估依据

(一)行为依据

二手车评估委托书第 号。

(二)法律、法规依据

(1)《国有资产评估管理办法》(国务院令第 91 号)。

(2)原国家国有资产管理局《关于印发〈国有资产评估管理办法施行细则〉的通知》(国资办发〔1992〕36 号)。

(3)原国家国有资产管理局《关于转发〈资产评估操作规范意见(试行)〉的通知》(国资办发〔1996〕23 号)。

(4) 国家经贸委等部门《汽车报废标准》(国经贸经〔1997〕456 号)、《关于调整轻型载货汽车及其补充规定》(国经贸经〔1998〕407 号)、《关于调整汽车报废标准若干规定的通知》(国经贸资源〔2000〕1202 号)、《农用运输车报废标准》(国经贸资源〔2001〕234 号)等。

(5) 其他相关的法律、法规等。

(三) 产权依据

委托鉴定评估车辆的机动车登记证书编号：_____。

(四) 评定及取价依据

技术标准资料《机动车运行安全技术条件》(GB 7258—2004)等相关技术标准。

技术参数资料：_____。

技术鉴定资料：_____。

其他资料：_____。

八、评估方法(在□处打"√")

□重置成本法　□现行市价法　□收益现值法　□清算价格法　□其他

(注："□其他"系指用 2 种或 2 种以上评估结果的加权平均值作为评估值，比较少用)

计算过程如下：

九、评估过程

按照接受委托、验证、现场查勘、评定估算、提交报告的程序进行。

十、评估结论

车辆评估价格_____元，金额大写_____。

十一、特别事项说明

(注：特别事项说明是指在已确定评估结果的前提下，评估人员认为需要说明在评估过程中已发现可能影响评估结论，但非评估人员执业水平和能力所能评定估算的有关事项以及其他问题。)

十二、评估报告法律效力

(一) 本项评估结论有效期为 90 天，自评估基准日至_____年_____月_____日止。

(二) 当评估目的在有效期内实现时，本评估结果可以作为作价参考依据。超过 90 天，需重新评估。另外，在评估有效期内若被评估车辆的市场价格或因交通事故等原因导致车辆的价值发生变化，对车辆评估结果产生明显影响时，委托方也需重新委托评估机构重新评估。

(三) 鉴定评估报告书的使用权归委托方所有，其评估结论仅供委托方为本项目评估目的使用和送交二手车鉴定评估主管机关审查使用，不适用于其他目的；因使用本报告书不当而产生的任何后果与签署本报告书的鉴定估价师无关；未经委托方许可，本鉴定评估机构承诺不将本报告书的内容向他人提供或公开。

附件：

附件一　二手车鉴定评估委托书

附件二　二手车鉴定评估作业表

附件三　车辆行驶证、购置附加税(费)证复印件

附件四　鉴定估价师职业资格证书复印件

附件五　鉴定评估机构营业执照复印件

附件六　二手车照片(要求外观清晰,车辆牌照能够辨认)

注册二手车鉴定估价师(签字、盖章)　　　　　　　　　　复核人(签字、盖章)

　　　　　　　　　　　　　　　　　　　　　　　　(二手车鉴定评估机构盖章)
　　　　　　　　　　　　　　　　　　　　　　　　　　　年　　月　　日

(注:复核人须具有高级鉴定估价师资格)
备注:本报告书和作业表一式三份,委托方两份,受托方一份。

任务 2　二手车鉴定评估报告书的要求及内容

5.2.1　二手车鉴定评估报告书的基本要求

国家经济贸易委员会、劳动和社会保障部发布了《关于规范旧机动车鉴定评估工作的通知》,给出了旧机动车鉴定评估报告书摘文本。报告书项目明确、清晰,意义准确,内容规范、全面,这为旧机动车鉴定评估报告书的撰写提供了系统、规范的格式。

基本要求如下:

(1) 评估报告应有委托单位或个人的名称、鉴定评估机构的名称和印章,二手车交易市场法人代表或其委托人和二手车鉴定评估师的签字,以及提供报告的日期。

(2) 二手车鉴定评估报告必须依照客观、公正、实事求是的原则由评估机构独立撰写,如实反映鉴定评估的工作情况。

(3) 鉴定评估报告要写明评估的目的、范围、被评估车辆的状态及产权归属。

(4) 鉴定评估报告应说明评估工作遵循的原则和依据的法律法规,简述鉴定评估过程,写明评估的方法。

(5) 鉴定评估报告要写明评估基准日,且不得随意更改。在评估过程中,所采用的税率、费率、利率和其他价格标准,均采用评估基准日的标准。

(6) 评估报告应有明确的鉴定估价结果,鉴定结果应有被评估车辆的成新率。评估结果应有被评估车辆的原值、重置价值和评估值等。

(7) 鉴定评估报告还应有齐全的附件。

5.2.2　二手车鉴定评估报告书的基本内容

根据二手车鉴定评估报告的基本要求来定,评估报告应包括以下主要内容。

1) 封面

二手车鉴定评估报告书的封面须包含下列内容:二手车鉴定评估报告书名称、鉴定评估机构出具鉴定评估报告的编号、二手车鉴定评估机构全称和鉴定评估报告提交日期等。有服务商标的,评估机构可以在报告封面载明其图形标志。

2)首部

鉴定评估报告书正文的首部应包括：

(1)标题

标题应简练清晰,含有"××××(评估项目名称)鉴定评估报告书"字样,位置居中偏上。

(2)报告书序号

报告书序号应符合公文的要求,包括评估机构特征字、公文种类特征字(例如:评报、评咨和评函,评估报告书正式报告应用"评报",评估报告书预报告应用"评预报")、年份、文件序号,例如:××评报字(2007)第10号。

3)绪言

写明该评估报告委托方全称、受委托评估事项及评估工作整体情况,一般应采用包含下列内容的表达格式:"××(鉴定评估机构)接受××××的委托,根据国家有关资产评估的规定,本着客观、独立、公正、科学的原则,按照公认的资产评估方法,对××××(车辆)进行了鉴定评估。本机构鉴定评估人员按照必要的程序,对委托鉴定评估车辆进行了实地查勘与市场调查,对其在××××年××月××日所表现的市场价值做出了公允反映。现将车辆评估情况及鉴定评估结果报告如下。"

4)委托方与车辆所有方简介

(1)应写明委托方、委托方联系人的名称、联系电话及住址。

(2)车主的名称。

5)鉴定评估目的

应写明本次鉴定评估是为了满足委托方的何种需要,及其所对应的经济行为类型。例如：根据委托方的要求,本项目评估目的：
□交易　　□转籍　　□拍卖　　□置换　　□抵押　　□担保　　□咨询　　□司法裁决

6)鉴定评估对象

须简要写明纳入评估范围车辆的厂牌型号、号牌号码、发动机号、车辆识别代号/车架号、注册登记日期、年审检验合格有效日期、车辆购置税证号码、车船使用税缴纳有效期。

7)鉴定评估基准日

写明车辆鉴定评估基准日的具体日期,式样为:鉴定评估基准日是××××年××月××日。

8)评估原则

严格遵循"客观性、独立性、公正性、科学性"原则。

9)评估依据

评估依据一般包括行为依据、法律法规依据、产权依据和评定及取价依据等。

(1)行为依据

行为依据主要是指二手车鉴定评估委托书、法院的委托书等经济行为文件,如"二手车鉴定评估委托书第10号"。

(2)法律、法规依据

法律、法规依据应包括车辆鉴定评估的有关条款、文件及涉及车辆评估的有关法律、法规等。

(3) 产权依据

产权依据是指被评估车辆的机动车登记证书或其他能够证明车辆产权的文件等。

(4) 评定及取价依据

评定及取价依据应为鉴定评估机构收集的国家有关部门发布的统计资料和技术标准资料，以及评估机构收集的有关询价资料和参数资料等，如：

① 技术标准资料：最新资产评估常用数据与参数手册。

② 技术参数资料：被评估二手车的技术参数表。

③ 技术鉴定资料：车辆检测报告单。

④ 其他资料：现场工作底稿、市场询价资料等。

10) 评估方法及计算过程

简要说明评估人员在评估过程中所选择并使用的评估方法；简要说明选择评估方法的依据或原因；如评估时采用一种以上的评估方法，应适当说明原因并说明该资产评估价值确定方法；对于所选择的特殊评估方法，应适当介绍其原理与适用范围；各种评估方法计算的主要步骤等。

11) 评估过程

评估过程应反映二手车鉴定评估机构自接受评估委托起至提交评估报告的工作过程，包括接受委托、验证、现场查勘、市场调查与询证、评定估算和提交报告等过程。

12) 评估结论

给出被评估车辆的评估价格（小写、大写）。

13) 特别事项说明

评估报告中陈述的特别事项是指在已确定评估结果的前提下，评估人员揭示在评估过程中已发现可能影响评估结论，但非评估人员执业水平和能力所能评定估算的有关事项；提示评估报告使用者应注意特别事项对评估结论的影响；揭示鉴定评估人员认为需要说明的其他问题。

14) 评估报告法律效力

说明评估报告的有效日期，特别提示评估基准日的期后事项对评估结论的影响以及评估报告的使用范围等。常见写法如下：

(1) 本项评估结论有效期为90天，自评估基准日至××××年××月××日止。

(2) 当评估目的在有效期内实现时，本评估结果可以作为作价参考依据。超过90天，需重新评估。另外，在评估有效期内若被评估车辆的市场价格或因交通事故等原因导致车辆的价值发生变化，对车辆评估结果产生明显影响时，委托方也需重新委托评估机构重新评估。

(3) 鉴定评估报告书的使用权归委托方所有，其评估结论仅供委托方为本项目评估目的使用和送交二手车鉴定评估主管机关审查使用，不适用于其他目的；因使用本报告书不当而产生的任何后果与签署本报告书的鉴定估价师无关；未经委托方许可，本鉴定评估机构承诺不将本报告书的内容向他人提供或公开。

15) 鉴定评估报告提出日期

写明评估报告提交委托方的具体时间。评估报告原则上应在确定的评估基准日后1周内提出。

16）附件

附件应包括：二手车鉴定评估委托书、二手车鉴定评估作业表、车辆行驶证复印件、车辆购置税复印件、车辆登记证书复印件、二手车鉴定评估师资格证书影印件、鉴定评估机构营业执照影印件、鉴定评估机构资质影印件和二手车照片等。

17）尾部

写明出具评估报告的评估机构名称，并盖章；写明评估机构法定代表人姓名并签名；注册二手车鉴定评估师盖章并签名；高级注册二手车鉴定评估师审核签章以及报告日期。

5.2.3 二手车鉴定评估报告书的编写注意事项

编制二手车鉴定评估报告书时应注意以下事项：

（1）实事求是，切忌出具虚假报告。报告书必须建立在真实、客观的基础上，不能脱离实际情况，更不能无中生有。报告拟定人应是参与鉴定评估并全面了解被评估车辆的主要鉴定评估人员。

（2）坚持一致性做法，切忌出现表里不一。报告书文字、内容要前后一致，正文、评估说明、作业表、鉴定工作底稿、格式甚至数据要相互一致，不能出现相互矛盾的不一致情况。

（3）提交报告书要及时、齐全和保密。在正式完成二手车鉴定评估报告工作后，应按业务约定书的约定时间及时将报告书送交委托方。送交报告书时，报告书及有关文件要送交齐全。

5.2.4 二手车鉴定评估报告书的编写步骤

二手车鉴定评估报告书的编写程序包括接受委托、验证、现场查勘、市场调查和询证、评定估算并撰写评估报告书、提交报告等过程。

（1）在接受委托阶段，评估鉴定人员必须了解掌握委托方本次评估的委托目的和要求，包括明确评估基准日，对车辆的大致情况要了解，做到心中有数。

（2）验证评估标的各种手续的合法性，包括委托方是否具有对车辆的处置权、标的的合法性。识别盗抢走私拼装车，并严禁此类车辆在市场上进行交易买卖。

（3）现场查勘阶段是十分重要的一个阶段，是体现评估人员技术水平高低的重要环节。在勘察中应仔细勘察车辆的实际技术状况，包括车辆的配置情况、受损情况等，并仔细填写二手车评估作业表。

车辆的勘察步骤：保险杠→引擎盖→前挡风→前车罩→左前避震→左反光镜→左前翼子板→左前轮→记录公里表→发动引擎（原则上由客户发动）→左侧门及中柱→左后避震→左后翼子板→左后轮→检查排气管烟色有无烧机油现象→后备箱（或车厢）→打开后备箱盖检查→后保险杠→后灯→右后避震→右后翼子板→右后轮→右侧门及中柱→右前避震→右前翼子板→右前轮→打开引擎盖检查发动机等部件→关闭引擎。将勘察情况告知委托方代表，并要求其在勘察表上签名，然后勘察人员签名。

（4）市场调查和询证阶段。在此阶段中应首先选择评估方法，然后按评估方法的原理要求，根据评估机构掌握的资料，取重置价还是选择参照物。其技术参数和资料来源于市场调查。

（5）在完成上述4个阶段后，进入二手车鉴定评估报告书的编写阶段，即评定估算并撰写评估报告书阶段。主要步骤可分为两步：

① 在完成二手车鉴定评估数据的分析和讨论,对有关部分的数据进行调整后,由具体参加评估的注册二手车鉴定评估师拟出二手车鉴定评估报告书。

② 将机动车鉴定评估的基本情况和评估报告书初稿的初步结论与委托方交换意见,听取委托方的反馈意见后,在坚持独立、客观、公正的前提下,认真分析委托方提出的问题和意见,考虑是否应该修改评估报告书,对报告书中存在的疏忽、遗漏和错误之处进行修正(此程序不可少,可有效减少对评估报告的复议),待修正完毕即可撰写出正式的二手车鉴定评估报告书。

(6) 提交报告阶段。二手车鉴定评估机构撰写出正式的鉴定报告书以后,经过审核无误,按以下程序进行签名盖章:先由负责该项目的注册二手车鉴定评估师签章,再送复核人审核签章,最后送评估机构负责人审定签章并加盖机构公章。

5.2.5 二手车鉴定评估报告书范例

关于奥迪车价格评估报告

案例提示:二手车评估中经常会遇到发生重大交通事故的车辆,要求评估人员能够鉴别事故的大小及对车辆的技术状况和价值的影响,经常采用的方法是说明事故的大小,在正常重置成本法和市场比较法的基础上,确定折损率加以评估。本例采用重置成本法(综合调整系数)及确定折损率来评估。

郑州市××二手评估中心鉴定评估机构评报字〔2010〕第 006 号

一、绪言

郑州市××二手评估中心接受郑州市人民法院的委托,根据国家有关资产评估的规定,本着客观、独立、公正、科学的原则,按照公认的资产评估方法,对奥迪车辆进行了鉴定评估。本机构鉴定评估人员按照必要的程序,对委托鉴定评估车辆进行了实地查勘与市场调查,并对其在 2010 年 8 月 31 日所表现的市场价值做出了公允反映。现将车辆评估情况及鉴定评估结果报告如下。

二、委托方与车辆所有方简介

委托方郑州市人民法院,委托方联系人×××,联系电话××××××××。根据机动车行驶证所示,委托车辆车主×××。

三、评估目的

根据委托方的要求,本项目评估目的是为调解买卖奥迪车过程中的价格纠纷提供价格依据。

四、评估对象

评估车辆的厂牌型号奥迪 Audi A6 2.8;车牌号码×××××;

发动机号×××××××××;

车辆识别代号/车架号 ×××××××××××。

初次登记日期 2008 年 8 月;年审检验合格至 2010 年 8 月。

购置附加税(费)证(齐全);车船使用税(2010 年已交)。

五、鉴定评估基准日

鉴定评估基准日 2010 年 8 月 31 日。

六、评估原则

严格遵循"客观性、独立性、公正性、科学性"原则。

七、评估依据

（一）行为依据

机动车鉴定评估委托书〔2010〕第006号。

（二）法律、法规依据。

(1)《国有资产评估管理办法》(国务院令第91号)。

(2)原国家国有资产管理局《关于印发〈国有资产评估管理办法施行细则〉的通知》(国资办发〔1992〕36号)。

(3)原国家国有资产管理局《关于转发〈资产评估操作规范意见(试行)〉的通知》(国资办发〔1996〕23号)。

(4)国家经贸委等部门《汽车报废标准》(国经贸经〔1997〕456号)、《关于调整汽车报废标准若干规定的通知》(国经贸资源〔2000〕1202号)。

(5)其他相关的法律、法规等。

（三）产权依据

委托鉴定评估车辆的机动车登记证书编号×××××。

（四）评定及取价依据

技术标准资料：《机动车运行安全技术条件》(GB 7258—1997)。

技术参数资料：一汽大众奥迪A6系列车型性能、装备一览表。

技术鉴定资料：

(1)评估鉴定人员现场勘察记录表。

(2)某修理厂提供的事故定损修理清单。

(3)某保险公司提供的事故理赔清单。

八、评估方法

本次评估采用重置成本法(综合调整系数、市场变现系数)，并考虑交通事故所造成的车辆损失对车辆市场价格的影响。

九、评估过程

价格评估鉴定和计算过程如下：

(1)价格评估人员接受委托后，对评估标的奥迪A6 2.8现场勘察，并进行了试驾，经鉴定发现了以下问题：前减震器支架左右相差3 cm，严重超出国家标准。在举升架上勘察车辆底部，发现车身有明显的碰撞后的焊痕，打开后备箱也发现有焊痕，关门时发现声音异常，判断有重大事故发生。路试过程中，车速达100 km/h，车身感觉摇晃，明显与其他奥迪车相比缺少安全舒适感。

为客观公正地评估该车，鉴定评估人员经市场调查，调阅了该车的各项维修记录，发现该车曾有2次重大事故：一次追尾，造成的损失约11万元；另一次被追尾，造成的损失接近8万元。修理部门和保险公司提供了相关的清单。清单显示：2次碰撞，造成的修理换件项目大致有散热器1 923元、冷凝器3 144元、稳定杆1 104元、前保险杆3 300元、大灯壳体3 578元、左前翼子板7 500元、车门骨架焊接总成2 504元、安全气囊传感器7 400元、防盗器传感器726元，修理项目达200多项，总计损失约19万元(详见修理定损清单)。

(2) 评估计算过程。本次评估采用重置成本法,在 2010 年 8 月评估基准日,该车型售价为 445 000 元,重置价格为 483 034 元,成新率为 67%,综合成新率为 60.3%,事故折损率为 26%。

计算公式为:评估值 = 重置成本 × 综合成新率 × (1 − 折损率)
$$= 483\ 034 × 60.3\% × (1 − 26\%)$$
$$= 215\ 539(元) ≈ 21.6(万元)$$

十、评估结论

车辆评估价格人民币 215 000 元,金额大写贰拾壹万伍仟元整。

十一、特别事项说明

(1) 评估机构或评估人员对于评估标的没有现实或潜在的利益。

(2) 因事故造成的修理费用的定损清单,评估机构与买卖双方均已沟通,并获得双方认可。

(注:特别事项说明是指在已确定评估结果的前提下,评估人员认为需要说明在评估过程中已发现可能影响评估结论,但非评估人员执业水平和能力所评定估算的有关事项以及其他问题。)

十二、评估报告法律效力

(1) 本项评估结论有效期为 90 天,自评估基准日至 2010 年 11 月 30 日止。

(2) 当评估目的在有效期内实现时,本评估结果作为作价参考依据。超过 90 天,需重新评估。另外,在评估有效期内若被评估车辆的市场价格或因交通事故等原因导致车辆的价格变化,对车辆评估结果产生明显影响时,委托方也需重新委托评估机构重新评估。

鉴定评估报告书的使用权归委托方所有,其评估结论仅供委托方为本项评估目的使用和送交二手车鉴定评估主管机关审查使用,不适用于其他目的;因使用本报告书不当而产生的任何后果与签署报告的鉴定估价师无关;未经委托方许可,本鉴定评估机构承诺不将报告书的内容向他人提供或公开。

附件:

附件一 二手车鉴定评估委托书(略)

附件二 二手车鉴定评估作业表(略)

附件三 车辆行驶证、购置附加税(费)证复印件(略)

附件四 鉴定估价师职业资格证书复印件(略)

附件五 鉴定评估机构营业执照复印件(略)

附件六 二手车照片(要求外观清新,车辆牌照能够辨认)(略)

注册二手车鉴定估价师(签字、盖章)   复核人(签字、盖章)

(二手车鉴定评估机构盖章)

2010 年 8 月 31 日

(注:复核人须具有高级鉴定估价师资格)

备注:本报告书和作业表一式三份,委托方两份,受托方一份。

任务3　二手车鉴定评估报告书制度

二手车鉴定评估报告书制度是规定二手车鉴定评估机构在完成机动车鉴定评估工作后应向委托方出具鉴定评估报告书的一系列有关规定的制度,包括二手车鉴定评估报告书的编制、二手车鉴定评估报告的确认和复议、二手车鉴定评估报告书的档案管理等内容。

5.3.1　二手车鉴定评估报告书的编制

编制评估报告书是完成评估工作的最后一道工序,也是评估工作中的一个很重要的环节。评估人员通过评估报告不仅真实准确地反映评估工作情况,而且表明评估者在今后一段时期里对评估的结果和有关的全部附件资料承担相应的法律责任。二手车鉴定评估报告是记述鉴定评估成果的文件,是鉴定评估机构向委托鉴定评估者和二手车鉴定评估管理部门提交的主要成果。鉴定评估报告的质量高低,不仅反映鉴定评估人员的水平,而且直接关系到有关各方的利益。这就要求评估人员编制的报告要思路清晰,文字简练准确,格式规范,有关的取证与调查材料和数据真实可靠。为了达到这些要求,评估人员应按下列步骤进行评估报告的编制:

(1) 评估资料的分类整理。占有大量真实资料的评估工作记录,包括被评估二手车的有关背景资料、技术鉴定情况资料及其他可供参考的数据记录等,是编制评估报告的基础。一个较复杂的评估项目是由2个或2个以上评估人员合作完成,将评估资料进行分类整理,包括评估鉴定作业表的审核、评估依据的说明,最后形成评估的文字材料。

(2) 鉴定评估资料的分析讨论。在整理资料工作完成后,应召集参与评估工作的有关人员,对评估的情况和初步结论进行分析讨论。如果发现其中有提法不妥、计算错误、作价不合理等方面的问题,特别是机动车的配置、维护保养情况、技术状况及品牌在市场中的影响力等,要求进行必要的调整。若采用两种不同方法评估并得出两个不同结论的,需要在充分讨论的基础上得出一个正确的结论。

(3) 评估报告的编写和提交审核。这一部分内容在任务2中已做介绍,这里不再赘述。

5.3.2　二手车鉴定评估报告的确认和复议

1) 二手车鉴定评估报告的确认

二手车鉴定评估报告一般情况下由委托方确认,涉及国有资产的除资产占有方确认外还必须由上级主管部门认可。

二手车鉴定评估报告的确认因委托方和委托目的的不同,大致可以分成以下几种情况:

(1) 交易类的二手车鉴定评估报告由买卖双方和二手车交易机构确认。

(2) 抵押类的二手车鉴定评估报告由抵押人和银行共同确认。

(3) 司法鉴定的二手车鉴定评估报告经法庭质证后写入判决书或调解书即为确认,其中刑事案件中的二手车鉴定评估报告须公安机关、检察机关确认后再经审判程序法庭质证即为确认,同时有些二手车鉴定评估报告还要经过二审程序的考验。有时评估鉴定人员按国家法律规定要求作为鉴定人,详细叙述鉴定过程和鉴定结论并回答法官、律师、原被告的提问。因此,司法鉴定的二手车鉴定评估报告是最为复杂的一种,要求极高。

(4) 置换类的二手车鉴定评估报告由车主和汽车经销商共同确认。

(5) 拍卖类二手车鉴定评估报告是要求确定委托拍卖底价,因此其确认由拍卖企业和委托拍卖人共同确认。

(6) 企业合并、分设等资产重组类的二手车鉴定评估报告由董事会或管理层确认。

2) 二手车鉴定评估报告的复议

旧机动车鉴定评估机构出具二手车鉴定评估报告后,由于各种原因委托方对评估结论即评估报告有异议,通常是在复议的有效期内可以委托原评估机构对原出具的二手车鉴定评估报告进行复议,也可以委托另一家资质较高的评估机构进行复议或重新评估。

5.3.3 二手车鉴定评估报告书的档案管理

二手车鉴定评估报告书的档案管理包括二手车鉴定评估报告书的归档制度、保管制度、保密制度、借阅利用档案制度。

(1) 二手车鉴定评估报告书是记录、描述或反映整个二手车鉴定评估过程和结果的各类文件的统称。它属于专门业务文书,主要有以下3种:

① 二手车鉴定评估委托书。委托书是一种合同契约文件,由委托方与受托方共同签字。委托书应如实提供标的详细资料,如机动车登记证书、机动车行驶证、附加税完税凭证、道路运输证等,作为委托书的附件。

② 二手车鉴定评估的调查资料:a. 以国家有关法律、法规中与该项业务直接或间接相关的条款作为二手车鉴定评估的法律依据;b. 委托标的的详细资料及有关证明材料,重要的标的应附有照片、图像资料(特别是机动车受损较为严重的部位),必要时要有汽车修理厂或保险公司的修理清单;c. 与二手车鉴定评估有关的其他资料,如相关机动车的价格行情、价格指数、汇率、利率、参照物等。

③ 二手车鉴定评估报告书。它是反映价格过程和成果的综合性文件,是二手车鉴定评估的成果形态。二手车鉴定评估报告书一般根据委托方的要求和二手车鉴定评估业务的具体情况来确定基本内容,包括结论书正文和附件两部分。其主要内容是阐述价格鉴定的基本结论,二手车鉴定评估报告书成立的前提条件,得出结论的主要过程、方法和依据,并附必要的文件资料。

(2) 二手车鉴定评估报告文书的归档范围包括:

① 二手车鉴定评估委托书。

② 二手车鉴定评估调查材料:a. 二手车鉴定评估的法律依据(国家有关法规的相关条款);b. 委托人所从事的主要经济活动或者委托事项的背景材料;c. 委托标的物的证明材料,照片、图像资料,必要的技术鉴定材料。

(3) 二手车鉴定评估报告书的保管。根据原国家经济贸易委员会、劳动和社会保障部《关于规范二手车鉴定评估工作的通知》(国经贸贸〔2002〕825号)文件精神的要求,鉴定评估机构应由专人负责管理二手车鉴定评估报告书,形成完整的评估档案。评估档案应保留到评估车辆达到法定报废年限为止。还要建立健全二手车鉴定评估报告档案的保密、安全等事项的工作制度,并严格贯彻执行。同时,还要及时、准确、真实地进行统计,并按规定向有关机关报送统计报表。

5.3.4 编制二手车鉴定评估报告书的注意事项

1) 二手车评估报告在编写过程中应注意的事项

(1) 在编写二手车评估报告过程中,对有关背景材料、技术鉴定材料等其他可供参考的数据记录等,都要有详细的依据作为编制评估报告的基础,并要在评估底档上留存。

(2) 在评估资料的分析计算中,评估方法要选用适当并匹配,可以用 2 种或 2 种以上的方法计算,经充分讨论得出结论。结论要大小写,并且一致。

(3) 在初稿完成后,在坚持独立、客观、公正的前提下,听取委托方的反馈意见,可有效地减少复议,提高评估的质量,此程序必不可少。

2) 二手车评估报告确认中应注意的事项

一般是委托方或相关权益人或行政机关或司法机构的工作,它反映对评估机构、评估质量的肯定与否。因此,评估机构和评估人员要密切关注,对于涉案评估,评估机构和评估人员要按法律规定,以鉴定人身份出庭,准备上庭接受质证。

3) 二手车评估报告分类保管中应注意的事项

二手车评估报告及底档资料应分类保管,一般可分为交易类和专案类,应按年度分类装订,并由专人保管。在保管过程中要防火、防潮、防虫、防盗,同时还要建立健全二手车评估档案的安全、保密等项工作制度并严格执行。

项目考核

1. 二手车鉴定评估报告书有什么作用?
2. 二手车鉴定评估报告书有哪些类型?
3. 二手车鉴定评估报告书的基本内容有哪些?
4. 简述编写二手车鉴定评估报告书的步骤。
5. 简述编制二手车鉴定评估报告书的工作流程。

项目 6　汽车碰撞事故损失的评估

项目要求

1. 了解汽车碰撞损伤的类型；
2. 掌握汽车主要零部件的损伤评估；
3. 能够进行汽车碰撞损伤的检测、测量及损伤评估；
4. 掌握汽车维修工时种类和确定；
5. 掌握汽车零部件的修理与换件标准；
6. 掌握汽车修理工时费用的确定方法；
7. 掌握车损评估报告的撰写。

任务 1　汽车型号的确定

汽车型号一般是通过查看汽车商标铭牌来确定的,汽车商标铭牌因事故或其他原因损毁、遗失,可通过车架号、发动机号或行驶证以及技术资料等车辆信息来确定。

6.1.1　国产汽车厂牌型号的确定

（1）通过汽车产品铭牌识别汽车型号。
（2）通过车辆识别代号(VIN)识别汽车型号。

对于汽车铭牌、车辆识别代号因事故或其他原因损毁、遗失的,可通过车架号和汽车尾部的汽车特征参数、等级参数(一般限于乘用车)、由厂商提供的技术资料或相关技术资料查得汽车型号和主要技术参数。

6.1.2　进口汽车厂牌型号的确定

进口汽车大多数也有铭牌,铭牌上常有底盘型号、VIN 码、车架号(出厂序号)、发动机型号、发动机号码、变速器型号、车身颜色、内饰颜色、汽车重量、轮胎型号及轮胎气压等主要技术参数。汽车出口国正规出口的汽车,汽车上的铭牌大多用英文书写。图 6-1 为福特(FORD)铭牌。

```
            MFD BY FORD MOTOR CO IN U.S.A
      DATE:1 2 94    GVWR:5347LB—2425KG
      FRONT GAWR:2714LB REAR GAWR:2683LB
      1231KG        1216KG
      THIS VEHICLL CONTORMS TO ALL APPLICABLE
      FEDERAL MOTOR VEHlCLE SAFETY AND BUMPER
      STANDARDS IN EFFECT ON THE DATE OF
      MANRFACTURE SHOWN ABOVE
      VEH IDENT N0:lFARP43MZJXl00001
      TYPE:PASSENOEP
      2A
      EXLER10R PAINT COLORS

      BODYVRMCDGINT TAOE   R    S  AX    TR
      5R TP SEP GG TRIMA   2B   8  TBB BB
```

<pre>
                    美国福特汽车公司制造
   日期:12.94   车辆总质量:5347LB—2425 kg
   前轴质量:2714LB   后轴质量:2683LB
            1231 kg   1216 kg
   该车出厂时,符合出厂日期前联邦政府所有的安全和防撞标准
   车辆识别码:lFARP43MZJXl00001
   车辆类型:小客车
   2A(漆号代码)
   EXLER10R PAINT COLORS
</pre>

```
车身  顶篷  饰条  车身材料  主座椅  收音机  天窗  驱动桥  传动比 TR
5R   TP   SEP   GG    TRIMA   2   B    8   变速器代码等
```

图 6-1 福特汽车铭牌

任务 2 汽车碰撞事故损坏

6.2.1 汽车碰撞事故分类及特征

汽车碰撞事故可分为单车事故和多车事故,其中单车事故又可细分为翻车事故及与障碍物碰撞事故。翻车事故一般是由于驶离路面或高速转弯造成的,其严重程度主要与事故车辆的车速和翻车路况有关,图 6-2 所示为翻车事故的几种典型状态。与障碍物碰撞事故主要可分为前撞、尾撞(追尾)和侧撞,其中前撞和尾撞较常见,而侧撞较少发生。与障碍物碰撞的前撞和追尾又可根据障碍物的特征和碰撞方向的不同再分类,图 6-3 为几种典型的汽车与障碍物碰撞案例。尽管在单车事故中侧撞较少发生,但当障碍物具有一定速度时也有可能发生,如图 6-4 所示。

项目 6　汽车碰撞事故损失的评估

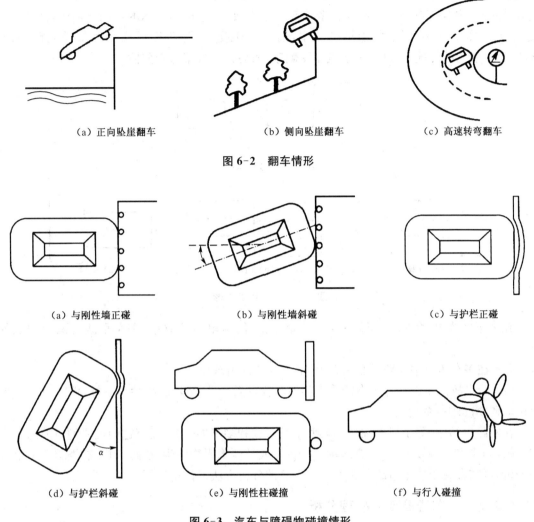

(a) 正向坠崖翻车　　　(b) 侧向坠崖翻车　　　(c) 高速转弯翻车

图 6-2　翻车情形

(a) 与刚性墙正碰　　　(b) 与刚性墙斜碰　　　(c) 与护栏正碰

(d) 与护栏斜碰　　　(e) 与刚性柱碰撞　　　(f) 与行人碰撞

图 6-3　汽车与障碍物碰撞情形

单车事故中汽车可受到前、后、左、右、上、下的冲击载荷，且对汽车施加冲击载荷的障碍物可以是有生命的人体或动物体，也可以是无生命的物体。显然障碍物的特性和运动状态对汽车事故的后果影响较大。这些特性包括质量、形状、尺寸和刚性等。这些特性参数的实际变化范围很大，如人体的质量远比牛这类动物体的质量小，而路面和混凝土墙的刚性远比护栏和松土的刚性大。障碍物特性和状态的千变万化导致的结果是对事故车辆及乘员造成不同类型和不同程度的伤害。

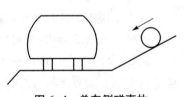

图 6-4　单车侧碰事故

多车事故是指 2 辆以上的汽车在同一事故中发生碰撞，如图 6-5 所示。尽管多车事故中可能有 2 辆以上的汽车同时相撞，但讨论其特征时可只考虑 2 辆车相撞的情形，如图 6-6 所示。图 6-6(a) 所示的正面相撞和图 6-6(c) 所示的侧面相撞都是具有极大危险性的典型事故状态，且占事故的 70% 以上。追尾事故在市内交通中发生时，一般相对碰撞速度较低，但也有追尾造成被撞车辆中乘员颈部严重损伤甚至致残,其后果十分严重。从图6-6中不难看出,在多车事故中,不同车辆所受的碰撞类型是不一样的,如图6-6(a)所示的正面碰撞中,两辆车均受前撞;在图6-6(b)所示的追尾事故中,前面车辆受到尾撞,而后面车辆却受到前撞;在图6-6(c)所示的侧撞事故中,一辆汽车受侧碰,而另一辆汽车却受前撞。

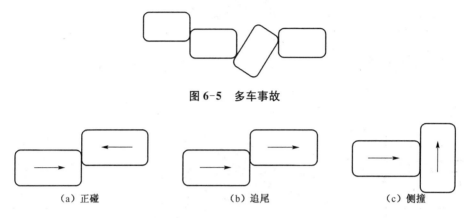

图 6-5　多车事故

图 6-6　两车相撞情形

在多车事故中,汽车的变形模式也千变万化,但与单车事故比,多车事故有两个明显的特征:

(1) 在多车事故中一般没有来自上、下方向的冲击载荷。

(2) 给事故汽车施加冲击力的均为其他车辆,尽管不同车辆的刚性不一样,但没有三车事故中障碍物的刚性变化大。

在实际生活中,除了以上描述的典型单车事故和多车事故外,还有这两类典型事故的综合型事故,如在多车事故中,一辆或多辆车与行人或其他障碍物发生碰撞。对于这类综合型事故的分析,可结合典型单车事故和典型多车事故的分析方法来讨论。

6.2.2　汽车碰撞事故机理分析

1) 碰撞冲击力

在汽车碰撞事故过程中,碰撞冲击力的方向总是同某点冲击力的特定角度相关。因此,冲击合力可以分解成分力,通过汽车向不同方向分散。

例如,某汽车在碰撞过程中,冲击力以垂直和侧向角度撞击汽车的右前翼子板,冲击合力可以分解为3个分力:垂直分力、水平分力和侧向分力。这3个分力都被汽车零部件所吸收(如图6-7所示)。水平分力使汽车右前翼子板变形,方向指向发动机罩中心;侧向分力使汽车的右前翼子板向后变形。这些分力的大小及对汽车造成的损坏取决于碰撞角度。

冲击力造成大面积的损坏也同样取决于冲击力与汽车质心相对应的方向。假设冲击力的方向并不是沿着汽车的质心方向,而是一部分冲击力将形成使汽车绕着质心旋转

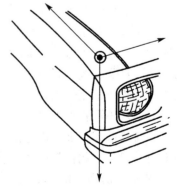

图 6-7　碰撞角度和方向对汽车损坏的影响

的力矩,从而减少冲击力对汽车零部件的损坏,如图6-8(a)所示。

另一种情况是冲击力指向汽车的质心,汽车不会旋转,大部分能量将被汽车零件所吸收,这种情况造成的损坏非常严重,如图6-8(b)所示。

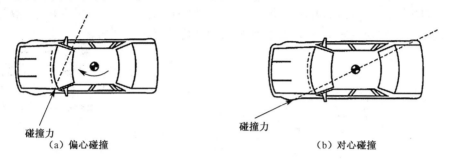

图 6-8 碰撞方向与质心

驾驶员的反应经常影响到冲击力的方向。尤其对于正面碰撞,驾驶员意识到碰撞不可避免时,其第一反应就是旋转方向盘以避免正面碰撞,如图6-9(a)所示。这种反应所导致的汽车碰撞损坏称为侧面损坏。在众多的碰撞类型中,人们应首先了解这种碰撞类型的损坏。

驾驶员的第二反应就是试图踩制动,汽车进入制动状态,使汽车从前沿向下俯冲。这种类型的碰撞一般发生在汽车的前沿,比正常行驶位置低,如图6-9(b)所示。由这种反应所导致的损坏称为凹陷,经常在侧向损坏后立即发生。正面碰撞中的凹陷会导致碰撞点高于汽车的前沿,这将引起前罩板件和车顶盖向后移动及汽车尾部向下移动。如果碰撞点的位置低于汽车的前沿,汽车的车身质量将引起汽车的尾部向上变形,迫使车顶盖向前移动,这就是为什么会在车门的前上部和车顶盖之间形成一个大缝隙的原因(如图6-10所示)。

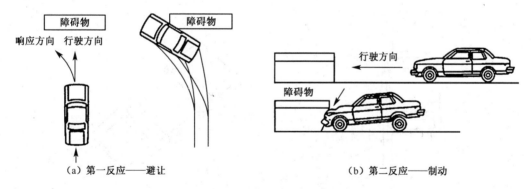

图 6-9 驾驶员反应与碰撞

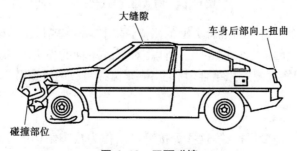

图 6-10 正面碰撞

2) 碰撞接触面积

假设汽车以相同的速度和相近的载货量行驶,碰撞的类型不同,损坏的程度也就不同。例如,撞击电线杆和一面墙,如果撞击的面积较大,损坏程度就较小,如图 6-11(a)所示。从另一个角度说,接触面积越小,损坏就越严重。如图 6-11(b)所示,保险杠、发动机罩、散热器等都发生严重的变形。发动机向后移动,碰撞所带来的影响甚至扩展到后悬架。

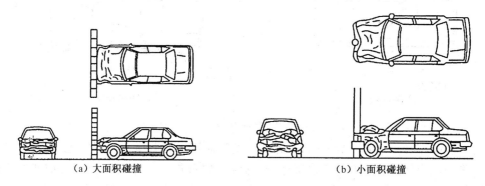

(a) 大面积碰撞　　　　　　　　(b) 小面积碰撞

图 6-11　碰撞面积与损伤

另一种情况是一辆汽车撞击另一辆正在运动的汽车。如图 6-12 所示,假设汽车 1 向正在运动的汽车 2 侧面撞击,汽车 1 的运动使汽车前端向后运动,然而汽车 2 的运动将汽车 1 向侧面"拖动"。尽管这仅是一次碰撞,但是碰撞损失却是两个方向的。此外,在一个方向也可能出现二次碰撞,在高速公路连环相撞是一种普遍存在的现象。一辆轿车撞击另一辆轿车,然后冲向路边的立柱或栏杆,这是两种完全不同类型的碰撞。

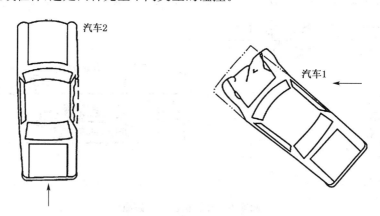

图 6-12　侧面碰撞与损伤

还有许多其他类型的碰撞和混合类型的碰撞,要对事故车辆做出精确的损失评估,弄清楚汽车碰撞事故发生的原因是非常重要的。所以,对事故车辆的损失评估就要获取大量的交通事故资料,并将它们同物理测量相结合,判定出汽车碰撞事故的类型及车身和哪些零件扭曲或折断。

3) 冲击力的传递原理

现代汽车车身上有许多焊接缝,这些焊接缝可以作为汽车结构的刚性连接点。这些刚性连接点将冲击力传递给整个汽车上与之连接的钣金件和汽车零部件,因此大大降低了汽车的结构变形。

例如,如图 6-13 所示,假设汽车前角受到一个力 F_0 的作用,A 点区域将会变形,作用力减小到 F_1,剩下的冲击力传递到 C 点,金属将发生变形,能量继续减小到 F_2,F_2 将分解成两个方向传递到 D 点,冲击力继续减弱传递给 F_3,所受到的力继续改变方向并冲击着车身的支柱和车顶盖,E 点的冲击力继续减小,汽车车顶盖金属轻微变形,在 F 点几乎不再有冲击力,也不再发生变形。碰撞能量大部分都被汽车零部件所吸收。刚性连接点、结构件、钣金件都可以吸收能量。不仅是这些部分可以直接吸收碰撞能量,而且其他与该点相连的零件也会发生变形,甚至在该点的对面的零部件也能够发生变形或偏离原来位置。

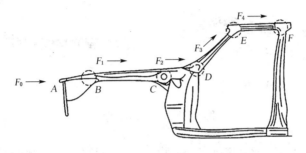

图 6-13 碰撞冲击力传递

要想完全掌握现代汽车特别是承载式车身汽车的碰撞损坏,了解汽车的冲击力传递原理非常重要(如图 6-14 所示)。否则,就不能理解轻微损坏可能会引起汽车在操纵控制和运行性能上发生严重故障。

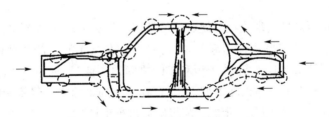

图 6-14 冲击力分布及能力吸收区域

6.2.3 汽车碰撞事故的损伤类型

按汽车碰撞事故行为,汽车碰撞事故损伤可分为直接损伤(或一次损伤)和间接损伤(或二次损伤)。

1) 直接损伤

直接损伤是指车辆直接碰撞部位出现的损伤。直接碰撞点为车辆左前方,碰撞推压前保险杠车辆左前翼子板、散热器护栅、发动机罩和左车灯等导致其变形,称为直接损伤。

2) 间接损伤

间接损伤是离碰撞点有一段距离的二次损伤。间接损伤是因碰撞力传递而导致的变形,如车架横梁、行李箱底板、护板和车轮外壳等因弯曲变形和各种钣金件的扭曲变形而损伤。

按汽车碰撞事故后导致的损伤现象不同,汽车碰撞事故损伤可归纳为 5 大类,即侧弯、凹陷、折皱或压溃、菱形损坏、扭曲等(如图 6-15 所示)。

(1) 侧弯

汽车前部、中部或后部在冲击力的作用下,偏离原来的行驶方向发生的碰撞损坏称为侧弯。图6-15(a)所示为汽车的前部侧弯,冲击力使汽车的一边伸长,一边缩短。

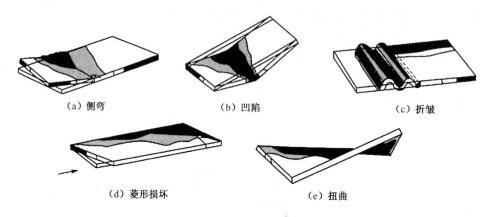

图 6-15 碰撞损坏类型

侧弯也有可能在汽车中部和后部发生。侧弯可以通过视觉观察和对汽车侧面的检查判别出来,一般在汽车的伸长侧面留下一条一条的刮痕,而在另一缩短侧面会有折皱或发动机罩不能正常开启等情况,都是侧面损坏的明显特征。

对于非承载式车身汽车,折皱式侧面损坏一般发生在汽车车架横梁的内部和相反方向的外部。承载式车身也可能发生侧面损坏。

(2) 凹陷

凹陷指汽车的前罩区域出现比正常规定低的情况。损坏的车身或车架背部呈现凹陷形状。凹陷一般是由正面碰撞或追尾碰撞引起的,有可能发生在汽车的一侧或两侧,如图6-15(b)所示。当发生凹陷时,可以看到在汽车翼子板和车门之间顶部变窄,底部变宽;也可以看到车门闩眼处过低。凹陷是一种普通碰撞损坏类型,大量存在于交通事故中。尽管凹陷造成的折皱或扭结在汽车车架本身并不明显,但是一定的凹陷将破坏汽车车身钣金件的结合。

(3) 折皱或压溃

折皱就是在车架上(非承载式车身汽车)或侧梁(承载式车身汽车)上产生微小的弯曲。如果仅仅考虑车架或侧梁上的折皱位置,这常常是另一种类型的损坏。

例如,在车架或车架边纵梁内侧有折皱,表明有向内的侧面损坏;在车架或车架边梁外侧有折皱,表明有向外的侧面损坏;在车架或车架边梁的上表面有折皱,一般表明是向上凹陷类型;在相反的方向即车架的下表面有折皱,则一般为向下凹陷类型。

压溃是一种常见的、具有广泛性的折皱损坏。这种损坏使得汽车框架的任何部分都比规定的要短,如图6-15(c)所示。压溃损坏一般发生在前罩板之前或后窗之后,车门没有明显的损坏痕迹,然而在前翼子板、发动机罩和车架棱角等处会有折皱和变形。在轮罩上部车身框架常向上升,引起弹簧座损坏(如图6-16所示)。伴随着压溃损坏,保险杠的垂直位移很小。发生正面碰撞或追尾碰撞时会引起这种损坏。

在决定严重压溃损坏的修理方法时,必须记住:在承载式车身上,高强度钢加热后易于拉伸,但这种方法要严格限制,因为这些钢材如果加热处理不当,会使其强度降低。对弯曲横梁冷法拉直可能导致板件撕裂或拉断。然而对小的撕裂,可用焊接的方法修复,但必须合理地考虑零件是修理还是换新件。如果结构部件扭绞,即弯曲超过90°,该零件应该换新件;如果弯曲小于90°,可以拉直并且能够满足设计强度,该零件就可以修理。用简单的方法拉直扭绞零部件可能会使汽车结构性能下降。

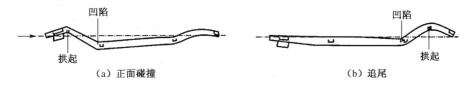

图 6-16　车架损坏

（4）菱形损坏

菱形损坏就是一辆汽车的一侧向前或向后发生位移,使车架或车身不再是方形。如图 6-15(d)所示,汽车的形状类似一个平行四边形,这是由于汽车碰撞事故发生在前部或尾部的一角或偏离质心方向所造成的。明显的迹象就是发动机罩和车尾行李箱盖发生了位移。在驾驶室后侧围板的后轮罩附近或在后侧围板与车顶盖交接处可能会出现折皱。折皱也可能出现在乘客室或行李箱地板上。通常,压溃和凹陷会带有菱形损坏。

菱形损坏经常发生在非承载式汽车车身上,车架的一边梁相对于另一边梁向前或向后运动。可以通过量规交差测量方法来验证菱形损坏。

（5）扭曲

扭曲即汽车的一角比正常的要高,而另一角要比正常的低,如图 6-15(e)所示。当一辆汽车被高速撞击到路边或高级公路中间分界安全岛时,有可能发生扭曲型损坏。后侧车角发生碰撞也常发生扭曲损坏,仔细检查能发现板件有不明显的损坏,然而真正的损坏一般隐藏在下部。由于碰撞,车的一角向上扭曲,同样,相应的另一角向下扭曲。由于弹簧弹性弱,所以如果汽车的一角凹陷到接近地面的程度,应该检查是否有扭曲损坏。当汽车发生滚翻时,也会有扭曲。

只有非承载式车身汽车才能真正发生扭曲。车架的一端垂直向上变形,而另一端垂直向下变形。从一侧观察,看到两侧纵梁在中间处交叉。

承载式车身汽车前后横梁并没有连接,因此并不存在真正意义上的"扭曲"。承载式车身与扭曲相似的损坏是,前部和后部元件发生相反的凹陷。例如,右前侧向上凹陷,左后侧向下凹陷,左前侧向下凹陷而右后侧向上凹陷。

要分清楚车架扭曲和车身扭曲,因为它们的修理方法和修理工时不同。对于承载式车身汽车而言,在校正每一端的凹陷时应对汽车的拉伸修理进行评估。对于非承载式车身汽车,需要两方面的拉伸修理,即汽车前沿的拉伸修理和汽车后端的拉伸修理。

任务3　碰撞损伤的检验与测量

6.3.1　碰撞损伤分区检验

在进行车辆碰撞区损伤诊断时,可将车辆分成多个区域,逐一检验诊断,不同的区域应采用不同的诊断方法。通常将汽车分为5个区域。

区域一：直接碰撞损伤区，又称为一次损伤区，如图6-17(a)所示。

区域二：间接碰撞损伤区，又称为二次损伤区，如图6-17(b)所示。

区域三：机械损伤区，即汽车机械零件、动力传动系统零件、附件等损伤区，如图6-17(c)所示。

区域四：乘员舱区，即车厢的各种损坏，包括内饰件、灯、附件、控制装置、操纵装置和装饰层等，如图6-17(d)所示。

区域五：外饰和漆面区，即车身外饰件及外部各种零部件的损伤，如图6-17(e)所示。

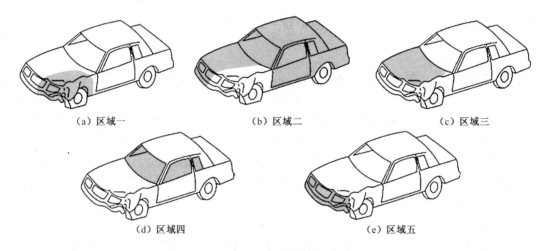

图6-17 汽车损伤分区

当使用检验区概念时，应遵守下列原则：

(1) 检查应从车前到车后(在追尾碰撞的情况下，从车后到车前)。

(2) 检查应从车外到车里。首先列出外板、装饰板的损坏，然后列出车下结构嵌钣和附件的损伤。

(3) 首先列出主要总成，然后列出比较小的部件以及未包含在总成里的附件。

6.3.2 区域一(一次损伤区)的检验与测量

该区域系统性检验的第一步是检视，然后列出汽车碰撞事故直接接触点的车身一次损伤。由于车辆结构、碰撞力和角度以及其他因素的差异，一次损伤区域是多种多样的。一般情况下，一次损伤会造成翼子板变形和开裂以及零件破碎。一次损坏是可见的，不需要测量。

在前部碰撞的情况下，检查区域还包括(可能更多)保险杠系统、散热器护栅、发动机罩等。

区域一检验应首先检查外板和塑料镶板、玻璃、漆面和外板下的金属结构件，如保险杠、车灯、玻璃、车门、车轮、油液泄漏等。

如果碰撞点在车辆后部，应注意后保险杠系统、后翼子板、行李箱盖、车灯、玻璃、后视镜、车轮和油液泄漏等损伤。如果碰撞点在车辆侧面，应注意车门、车顶盖、玻璃、立柱、底板、支撑件和油液泄漏等损伤。在列出外板损伤之后，检查车底板、总成系统，例如发动机托架、结构支撑件、纵梁等处的损伤。

检查损伤区域时，注意检查裂痕、边缘损伤、点焊崩开及金属变形等项。应特别注意结构件,因为车辆强度依赖于整体结构,所以如果车辆要继续使用并恢复到初始状态,则所有小裂痕、撕裂或开焊都必须予以适当修理。

6.3.3 区域二(二次损伤区)的检验与测量

1) 二次损伤机理

二次损伤是指发生在区域一之外,并离碰撞点有一段距离的损伤。二次损伤是在碰撞力向汽车移动的过程中形成的,也就是碰撞力从冲击区域延伸到车身毗邻区,并且碰撞能在向毗邻钣金移动的过程中被吸收。碰撞力传递到较大范围的区域,使汽车的任何零件均可能受到影响。

撞击力在汽车上传递的距离和二次损伤程度,取决于碰撞力的大小和作用方向以及吸收碰撞能的各个结构件的强度。许多承载式汽车车身被设计成能压溃并吸收碰撞能的结构,以便于保护车内乘员。这些区域是二次损伤的多发区。

二次损伤也可由动力传动系和后桥的惯性力造成。由于车辆因碰撞突然停止,机械零部件的惯性力全部作用到固定点和支撑构件上。毗邻金属可能发生折皱、撕裂或开焊。因此,必须注意检查悬架、车桥、发动机和变速器固定点。

二次损伤有时不容易发觉,但它仍有一些可见迹象,二次损伤分析一般依赖于测量。

2) 二次损伤的标志

二次损伤常见标志有钣金板皱曲、漆面折皱和伸展、钣金件缝隙错位、接口撕裂和开焊等,如图6-18所示。

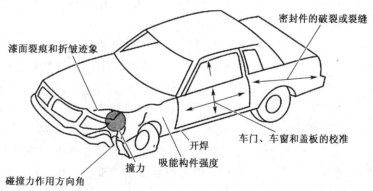

图6-18 二次损伤的标志

对于遭受猛烈前部碰撞的车辆,检查前风窗玻璃立柱和车门窗框前上角区域之间的缝是否增加并比较左、右两侧。

检查外板是否翘曲,严重碰撞通常会导致车顶盖在中心向后翘曲。如果车辆有天窗,检查开口拐角处是否弯曲。外嵌钣挠曲是在结构嵌钣内发生了二次损伤的标志。检查后轮挡泥板上和后车门后面的后立柱是否开裂和扭曲。还要检查在后车门柱下的后翼子板是否扭曲,这是后车身横梁可能已弯曲的迹象。

开启发动机罩和行李箱盖,检查漆面是否存在油漆皱纹,覆盖焊点的保护层是否开裂。注意观察嵌钣焊接处,变形和撕扯将拉伸焊缝周围的金属,造成油漆松散。

3）二次损伤的测量

（1）测量工具

二次损伤部位可使用钢卷尺和滑规式测尺（如图6-19）进行测量。

滑规式测尺一次测量一个尺寸。测量值必须记录并通过另外两个控制点互相校核，其中至少一个为对角线测量值。滑规式测尺最恰当的测量区是悬架上的附件和机械零部件的装配点，因为它们对校准至关重要。

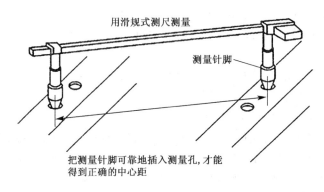

图6-19 滑规式测量

（2）车身前部的测量

当车身前部因碰撞发生损伤时，应测量前部钣金件的尺寸以确定损伤程度。即使车身只有一侧受到碰撞，另一侧通常也会损伤。因此，必须测量变形的程度。图6-20所示为车身前部的主要控制点。各尺寸可从维修手册中查得。

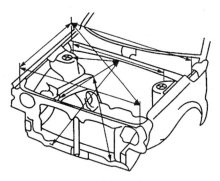

图6-20 车身的前部测量

注意检查那些对称的尺寸。对称是指测量点相对中线是相等的。在某些情况下，被测量两点是不对称的。当车辆有对称的测量点时，不用逐一检查每一个尺寸，只需测量说明书中规定的几个测量点。

当用滑规式测尺检查汽车前部尺寸时，测量点最合适区域应选在悬架系统装配点和机械构件上，因为这些点对正确定位调整至关重要。每个尺寸应用两个参考点进行校验，其中至少有一个参考点由对角线测量获得。尺寸越大，测量就越准确。例如，从发动机下前围区到发动机托架的前支座的测量比从一个下前围区到另外一个前围区测量得到的结果更准确，这是因为比较长的尺寸是在车辆比较大的区域中得到的。每个控制点测量2次或多次可以保证数据比较准确，并有助于识别嵌钣损伤的范围和方位。

（3）车身侧面的测量

车身侧面结构的任何毁坏和变形都能在打开和关闭车门时发现。

应注意因变形位置不同而可能造成的漏水问题。因此，一定要采取正确的测量方法。主要用追踪式滑规测尺来测量车身侧板，如图6-21所示。

对于左、右对称的（零件安装孔或参考孔）车身，如果缺少发动机舱和车身下部的数据，或者没有车身尺寸图，或车辆在翻车中严重损伤，测量对角线则通常可发现是否存在变形。若车辆的两侧都受到损伤或发生翘曲,则对角线测量法就不适用了,因为左、右对角线尺寸差别不能测量。如果左边和右边的损伤一样,显然左、右对角线尺寸差也不会明显。

测量并比较左侧和右侧的长度,可以更好地说明损坏情况(此方法应与对角线测量法同时使用)。这种方法可以应用于左侧和右侧对称零部件的情况。

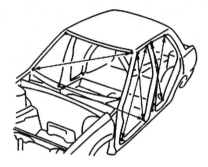 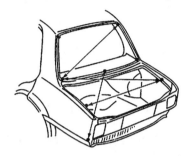

图 6-21　车身侧面的测量　　　　　　　　图 6-22　车身后部的测量

（4）车身后部的测量

当打开和关闭行李箱盖时,车身后部的任何损伤都可以通过外形和不对称粗略地加以评估(例如拍摄照片)。由于变形位置可能造成漏水,因此必须采用正确的测量方法进行测量(如图 6-22 所示)。此外,后底板的折皱通常由后边梁扭曲所致,因此,车身下部和车身后部均应测量。

当使用滑规式测尺时,必须注意下列各项要点：

① 测量点应为车辆上的装配点,例如螺栓、螺塞或孔。

② 点到点的测量是两点间的实际测量尺寸。

③ 滑规杆应该与车身平行。这可能要求把滑规杆的测头设定在不同长度的位置。

6.3.4　区域三(机械损伤区)的检验与测量

完成车身一次损伤和二次损伤的检查后,应把注意力集中到区域三(车辆机械零部件区域)。如果车辆在正面碰撞中已损伤,则检查在发动机罩下的散热器、风扇、动力转向助力泵、空气滤清器、发电机、蓄电池、燃油蒸汽吸附炭罐、风窗刮水器贮液罐、其他机械零件及电气元器件是否已损坏。检查液体是否泄漏,带轮和传动带是否不对正,软管和线束是否错位以及是否存在凹痕和裂痕等损伤迹象。

根据碰撞严重程度不同,发动机和变速器也可能会发生损伤。这时应启动发动机,并使发动机暖机至正常工作温度。将车辆轮胎举升离开地面,使发动机在各挡运行,注意是否存在任何不正常的噪声。如果汽车装备手动变速器,则应检查变速杆和离合器操作是否平滑。观察节流阀、离合器、变速器等传动杆件是否存在干涉现象。

打开空调并确定是否工作正常。检查仪表灯、充电指示表及机油压力指示灯,发动机自检指示灯及其他设备,也可以检查发动机罩下面是否发生机械和电气故障。

越来越多的汽车装备了可进行自诊断的发动机计算机控制系统。计算机系统中的自诊断电路已编程,在某些工作条件下会输出故障码。早期自诊断系统需要利用包括电压表、电子扫描工具或其他诊断仪器来获得并显示故障码。一些汽车可以在仪表板或一个小荧屏上显示故障码。自诊断指令和故障码可以到制造商服务手册中查找。故障码给出某特定系统所发生的故障,这个信息对精确寻找和查证损伤非常有用。

机械损伤有时不是由直接碰撞造成的,而是二次损伤的结果。发动机和变速器均具有很大的质量,在碰撞过程中它们的位移可能会稍大,从而造成附件和车身下部其他零部件的损伤。因为动力传动系几乎能够复原到其原始位置,所以,二次损伤有时不会立刻引起注意。

检查发动机支座是否损伤,带轮和传动带是否对正,软管和接头连接是否松动。

在检查发动机罩下的情况之后,举升车辆并用支架支承车辆。然后依次检查转向系统零部件和悬架系统零部件是否弯曲,制动软管是否弯折,制动管、燃料管以及接头是否泄漏。

检查发动机、变速器、差速器、齿轮齿条转向器或转向齿轮箱以及悬架滑柱是否有池液泄漏。将转向轮从一端转到另一端并检查是否存在卡阻和噪声。转动车轮以检查它们是否有偏摆、切口、划伤和撞伤。放下车辆使轮胎落地,并调整转向盘,使车轮摆正。测量车辆前轮毂到后轮毂的距离。左侧和右侧测量值应完全相同。如果不等,则转向或悬架零部件已损坏。

6.3.5 区域四(乘员舱区)的检验与测量

乘员舱损伤可能是碰撞造成的直接结果,例如侧面碰撞。内饰和配件的损伤也可能是由车厢内的乘员或物体造成的。

从碰撞接触点开始检查。如果碰撞造成围板或车门柱损伤,这些损伤可能波及仪表板、加热器芯和分送管、收音机、电子控制模块、气囊等。检查在区域三的检验中未检查到的零部件状况。

(1) 检查转向盘是否损坏。检查其固定硬件、倾斜和伸缩特性、喇叭、前照灯、转向信号开关、点火开关和转向盘锁。将车轮指向正前方并保证转向盘处于正中位置。如果转向盘是吸能型的,应确定它没有被压溃。

(2) 检查把手、操纵杆、风窗玻璃和内饰是否损伤。打开再关上并锁上门锁,检查它是否被撞歪。检查制动踏板是否弯曲、卡滞或软绵无力。移开地毯并检查底板和底壳上的铆钉是否松动或焊缝是否开裂。

(3) 检查座椅是否损坏。在从前向后的碰撞中,乘员身体因被安全带约束在座椅上可能造成对座椅调节器和安装硬件的损坏。在后部碰撞中,座椅铰链点可能被损坏。检查座椅调节器的整个行程,以确定其是否完好。

(4) 检查车门是否损坏。扶手、内饰板和门内板可能因乘员动量损坏。如果碰撞发生在侧面,则门锁和窗户调节器可能已损坏。在前部正面碰撞中,车窗玻璃可能完全损坏并脱落,这时应返回检查是否存在卡滞和干涉现象。摇低车窗并确定车窗与车门平行。确定所有的配件,如电子门锁和防盗系统、车窗控制器、中央控制门锁和后视镜控制器的工作是否正常。

(5) 检查乘员约束系统。如果汽车装备了被动约束系统,则应确定安全带收紧和释放是否完全自如,有无粘滞或滞后现象。检查座椅安全带锁紧装置是否安全可靠。确定主动系统中的腰带和肩带是否容易扣紧和解开。确定卷收器、D形环和卡环是否损坏。有些座椅安全带有拉紧感应标签。如果在碰撞中使用了安全带而且安全带上的张紧力超过设计界限,则标签会破裂。标签破裂的安全带必须予以更换。

6.3.6 区域五(内饰和漆面区)的检验与测量

在彻底检查车身、机件、内饰和配件之后,再环绕汽车转一圈并列出饰件、模件、车顶盖维纶材料、漆面、轮罩、示宽灯和车身其他配件的损坏。

接通车灯并检查前照灯、尾灯、转向信号指示灯和闪光灯。由于碰撞造成的振动经常会导致灯丝损坏,尤其当碰撞发生在车灯亮着时。

如果漏检了区域一或区域二的减振器,则现在应该检查它们。检查装饰板和防尘罩是否开裂、碰撞吸能器是否遭受碰撞或是否泄漏以及橡胶缓冲垫是否损坏。

仔细地检视漆面情况。记下哪一块嵌钣需要进行表面修整,并列出特殊的措施,如浅色涂料、软化塑料零件和表面除锈。嵌钣轻度损坏可能仅仅需要喷漆修复。有些修理可能需要喷涂一块或更多的嵌钣。不管哪一种情况,都要花费时间进行调漆,使新的末道漆与车身上未损坏部分的颜色一致。严重损坏或油漆老化的车辆可能需要全部重新喷漆。

任务 4 主要零部件损伤评估

6.4.1 车身板件损伤评估

在许多交通事故中,车身的金属板件、塑料板件、装饰件和风窗玻璃等经常发生损伤,必须对之进行准确评估。

1) 保险杠

保险杠的功能是保护车辆避免因汽车低速碰撞造成车身前部和后部损伤,如图 6-23 所示。

传统保险杠由厚弹簧钢板材制成并镀铬。镀铬弹簧钢保险杠现在仍用于高级轿车、箱式汽车和货车。但是,大多数轿车已装备了塑料保险杠,这些塑料可以是氨基甲酸酯、聚合碳纤维或合成材料。这些塑料护罩可以着漆,使之与汽车装饰相匹配。当保险杠护罩由散热器格栅、前装饰板和下导流板集成一体时,则被称为保险杠装饰板。一些紧凑型轿车配备了铝制保险杠,货车一般配备着漆钢制保险杠。

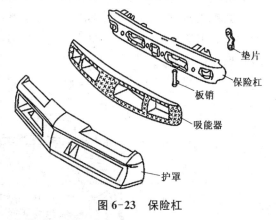

图 6-23 保险杠

镀铬保险杠损坏时,通常应予以更换。镀铬装饰件承受冲击时容易破裂、碎裂。损坏的保险杠经常需要重新镀铬,这种保险杠恢复修理作业只有专业保险杠修理厂才能胜任。

镀铬保险杠需要更换时,若汽车使用不超过 2 年,保险公司可要求用新原厂件更换;如果汽车使用超过 2 年,通常损坏的保险杠会用一个重新镀铬的保险杠或拆车件予以更换。用修复保险杠比用原装新件可省 25%~40% 的费用。

钢制保险杠可用碰撞修复设备矫正和修复。铝制保险杠轻微碰撞时也可矫正。擦伤和轻微刮伤的铝制保险杠常常可以经抛光来恢复铝的光泽。但是,当着漆的钢制或铝制保险杠的修复费用超过换新原厂件的 50% 时,许多保险公司则会要求用修复件或 LKQ(N 类同品质)件更换。

塑料保险杠损坏时,经常伴随护罩的损坏。这些塑料部件可以用原厂件、拆车旧件或 LKQ 件更换。然而,如果有撕裂或破洞很小时,损坏部分可以用塑料焊接或环氧修复剂修复。如果聚碳酸酯保险杠损坏至加强件(箱式内部区域)时就必须更换。加强件即使微小损坏也不可修复。

塑料也可用于保险杠的其他部分,例如扰流板、壁板和其他嵌板。这些部件也可用塑料焊接修复。这些部件一般很便宜,可以简单更换。某些保险杠设有简单的小盖罩,用于遮挡保险杠两端的暴露部分。这些部件为橡胶或钢制成的,大轿车镀铬保险杠经常在前部安装护罩,一旦遭受损坏,保险杠护罩和橡胶缓冲垫必须更换。

一些车辆在前保险杠后设有加强件,这种厚钢梁为汽车前部提供额外保护,如果加强件损坏,则应该更换。一些车辆将前保险杠安装在碰撞吸能器上,碰撞吸能器有橡胶型、充气型、充液型等类型。当吸能器损坏时,必须更换。

保险杠评估工时主要分为拆卸和安装工时、保险杠大修工时。

拆卸和安装工时包括拆卸和重装保险杠总成的时间,拆卸和安装是更换吸能器或修理车身围板所必需的作业;拆卸和安装工时也包括在车辆上对保险杠总成进行校正的工时。除非车损报告中特别加以说明,否则拆卸和安装保险杠的工时也包括拆卸和安装或更换保险杠吸能装置的工时。拆卸和安装工时也包括把新保险杠安装到车辆后进行校准的工时。如果使用修复件时,允许增加将保险杠安装到车辆上的工时。

保险杠大修工时包括从车辆上拆卸保险杠总成、分解保险杠、更换损坏部件、解体零部件和把保险杠重新安装到车辆上等的工时。

2) 发动机罩

发动机罩位于发动机舱两侧翼子板之间,用于保护发动机免受灰尘和湿气侵袭,也能吸收发动机噪声。发动机罩通常由冷轧板材制成,现代车辆上也用铝制玻璃纤维和塑料罩。典型的发动机罩如图6-24所示,是由一块外板和内板构成,内外板外部边缘通过点焊连接,内外板的结合面用粘结剂粘结到一起。一个枢轴或闩眼固定在发动机罩前缘的下面,发动机罩关闭时起到锁止作用。

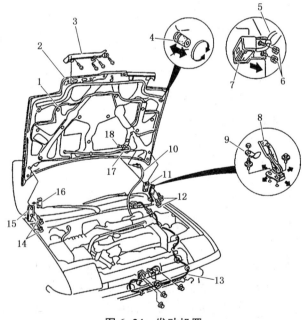

图 6-24 发动机罩

1. 发动机罩消声层;2. 发动机罩;3. 发动机罩边缘护条;4. 发动机罩边缘缓冲垫;
5. 发动机罩开启拉索;6. 紧固螺母;7. 发动机罩开启手柄;8. 机罩铰链;9. 固定组件;
10. 风窗清洗液软管;11. 铰链垫片;12、14. 发动机罩铰链螺杆;13. 发动机罩开启拉索;
15. 发动机罩铰链;16. 铰链垫片;17. Y形榜斗;18. 风窗清洗液喷嘴

双板结构发动机罩的变形很难校正。当发动机罩必须予以更换时,原厂件、修复件配件或LKQ件皆可。除了明显的费用优势外,同时装有铰链、嵌条和闩眼的旧发动机罩还可作为总成使用。

发动机罩的拆卸和安装工时包括拆卸和安装发动机罩、拆卸和安装发动机罩降噪层以及将发动机罩装到铰链上加以调整(如果发动机罩没有损坏而只是移位,则调整工时为0.5 h)。

闩眼和降噪层包括在发动机罩拆卸和安装工时内。但是,不包括发动机罩锁扣、安全锁扣、释放缆索、嵌条,这些作业必须单独记录。闩眼、锁扣和安全锁扣属于安全项目,损坏时必须予以更换而不是修理,缆索损坏时也必须更换。

铰链轻微损坏时可以修理,而当铰链严重歪曲或扭曲时就需要更换。如果同时更换发动机罩和铰链,则应从作业工时内减去重复时间。铰链拆卸和安装工时是在假设发动机罩已拆卸的情况下计算出来的。

3) 翼子板

车辆翼子板用螺栓固定在邻近的支撑结构板上。对于承载式车身,翼子板固定在侧围板、护板、散热器支架以及挡泥板上。翼子板与发动机罩、前板和保险杠总成一起形成车身前端的外表面轮廓。图6-25为翼子板及其附件分解图。编制车损报告时,应考虑每个零部件。

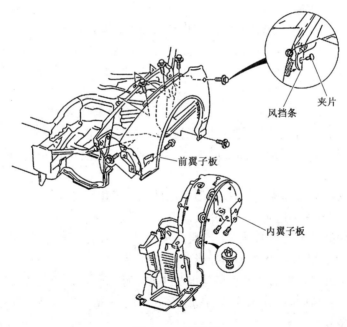

图6-25 翼子板

尽管过去的许多翼子板由冷轧钢制成,但是玻璃纤维和塑料在翼子板上的应用逐渐增加。凹陷的翼子板可利用普通金属加工技术修复,除非经过过度的金属硬化处理而无法加工。凿孔和破碎的玻璃纤维板件可用玻璃纤维修补剂(环氧树脂和玻璃纤维)修复或装配。塑料板件可用塑料焊或点焊修复。

翼子板损坏属于担保责任更换时,可用原装件、修复件或LKQ件。翼子板拆卸和安装工时包括如下作业:

(1) 翼子板的拆卸和安装。
(2) 松开保险杠和装填板件（必要时）。
(3) 与翼子板相连接的所有部件的拆卸和安装。
(4) 标准配备车灯（辅助标志等）的拆卸和安装。

下列这些作业未包含在翼子板拆卸和安装工时之内：
(1) 表面修整。
(2) 从损坏件上拆下粘接嵌条、商标、厂标和车标，然后装到新件上。
(3) 胶带、图案或覆盖层作业。
(4) 安装天线。
(5) 拆卸和安装内板件和轮罩。
(6) 调整前照灯。
(7) 为安装嵌条、商标、天线钻孔。
(8) 拆卸和安装后视镜。
(9) 涂漆和防腐材料的作业。

4）风窗玻璃

近年来，多数汽车上采用的玻璃不是层压玻璃就是回火玻璃。

层压玻璃由两层薄玻璃片和它们之间的透明塑料组成，用于风窗玻璃。当这种玻璃破碎时，塑料材料将把这些碎片约束在原位并防止对其他物品造成伤害。

回火玻璃是一单层热处理过的玻璃，破碎时将散落成一些小片。然而，它比普通玻璃更有抗碰撞的能力，常用于侧面或后面的窗玻璃，但千万不要用于前风窗玻璃。这是因为回火玻璃破碎时将碎成许多小片。

层压玻璃和回火玻璃都可以染色。着色玻璃包括遮光的乙烯树脂材料，可以滤去大部分的太阳光。这类玻璃有助于降低眼睛的紧张程度，并可以防止车内部褪色。一些风窗降低耀眼阳光的方法是将风窗玻璃的顶部染成深色。如果汽车要装空调设备，通常要求采用染色玻璃。

玻璃上也可安装除霜系统或天线，自动除霜玻璃有导电栅格或看不见的传导电流层。栅格类型用于后窗，风窗采用透明的导电介质。

收音机接收用的车窗天线的导线装在层压玻璃（风窗）的两层之间或印刷在玻璃（后窗）的表面上，一些玻璃上的天线导线和加热导线并排布置着。

在车损报告中列出正确的玻璃类型是很重要的。碰撞评估指南包含玻璃的清晰度、色调、色差、加热装置等信息，同时应说明玻璃中是否有被引入或嵌入的天线。通过看玻璃上的标签能辨认出玻璃类型。

在许多承载式车身的车辆上风窗玻璃被视为承载式结构的一部分。它使车身更加坚固。这些风窗玻璃用氨基甲酸乙酯粘结剂固定。当更换用粘结剂固定的玻璃时，全部原有的粘结剂必须清除，新粘结剂涂在夹缝焊接处。更换使用粘结剂的风窗玻璃与更换使用简便方法的传统风窗玻璃相比较，作业时间通常较长。

车损报告必须包括粘结剂和其他安装材料的费用。如果风窗玻璃由氨基甲酸乙酯粘结剂固定则碰撞评估报告会给出粘结剂的价格，此费用必须包含在车损报告中。

风窗拆卸和安装工时包括拆除露出的嵌条和装饰件，也包括去除玻璃上的粘结剂。而去除玻璃框夹缝焊接处的粘结剂以及清除撞破的玻璃都不包含在内。如果后视镜安装在玻璃上,其拆除也要记入作业费用中。如果刮水器的存在妨碍风窗玻璃的拆卸,刮水器臂的拆卸和安装包含在风窗玻璃的拆卸和安装中。

5) 车门

车门是最复杂和最昂贵的车身板件之一。典型车门是由内板件和外板件(也叫外壳)组成的,如图 6-26 所示。板件通常由金属薄板制成,但外壳也可用金属材料、玻璃纤维或塑料制成。外壳被焊接或卷曲粘结到内板件上。加强件被焊接在车门外壳内侧。加强件也叫侵入杆,它由高强度钢板制成。这种结构能阻止碰撞使车门弯曲而伤及车内乘员。车门通过铰链连接在车门锁柱上(前部或内部)。许多车门用螺栓固定到铰链上,而铰链用螺栓固定或焊接在立柱上。

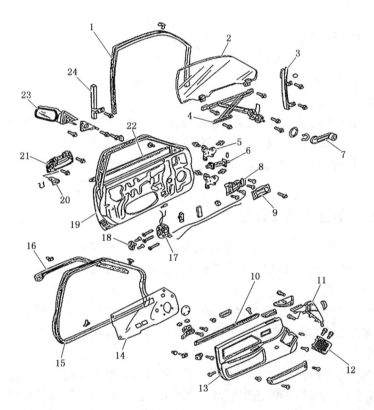

图 6-26 车门总成

1. 车门玻璃滑轨;2. 玻璃;3. 前滑轨;4. 调节器;5. 门铰链;6. 卡锁杆;7. 调节器把手;8. 内侧门把手;9. 内侧把手装饰板;10. 车门内挡风条;11. 防风罩;12. 扬声器盖;13. 车门装饰板;14. 塑料罩;15. 挡风条;16. 上挡风条;17. 车门锁总成;18. 闩眼;19. 车门;20. 锁柱;21. 外门把手;22. 车门模件;23. 后视镜;24. 中心滑轨

除了板件、外面板及铰链,一个典型的车门总成还有许多附件和内部构件。从车门外观上看,包括车门把手、锁芯、门闩、车门镜、嵌条、贴纸、车标、饰条和涂层。车门框架内部有车窗玻璃、玻璃导槽、调整器(手动或电动)、线束、门锁机构以及外后视镜的控制件。并非所有的门板内部表面都被汽车饰板覆盖。门把手、肘靠、控制板、车窗手动调节器也安装在车门内侧。

车门外板件使用吸盘、杠杆和撬、焊机、撞杆进行修理。如果损坏严重,车门外面板能单独更换。应视具体情况决定修理程序，而不是更换车门。

车门外面板拆卸和安装的作业包含如下内容：

(1) 车门的拆卸和安装。

(2) 内装饰板的拆卸和安装。

(3) 敛缝的拆卸和安装。

(4) 车门外把手、锁芯、车门边缘风雨密封条的拆卸、更换或安装。

(5) 更换夹式嵌条。

车门外面板的拆卸和安装所列工时不包括以下作业：

(1) 门玻璃、金属件、后视镜、导槽的拆卸、更换或安装。

(2) 更换隔音材料。

(3) 锁芯重新编码。

(4) 粘结类型的外部饰条的拆卸和安装，或安装新的粘结饰条。

(5) 安装饰条、贴纸、更换件或涂层。

(6) 为安装外部饰条钻孔。

(7) 整修板件

如果碰撞损坏了车门，已经达到无法修复或修复不经济的程度，就应更换新车门。车门外面板包含在新车门内，新车门也安装了内部加强梁和其他的加强件。然而，风窗玻璃、导槽、调整器和其他车门附件不包含在新车门中，这些零件须从报废汽车上拆卸下来，移装到新车门上。

6.4.2 机械零部件损伤评估

在一些交通事故中，除了车身板件和塑料常出现损伤外，发动机、传动系统、转向系统、行驶系统、制动系统、空调及冷却系统等机械零部件也常发生机械损伤。

1) 动力传动系

动力传动系一般分为前轮驱动式和后轮驱动式两种。碰撞时，两种动力传动系的损伤是不一样的。下面以前轮驱动式动力传动系为例，说明其碰撞损伤评估。

(1) 发动机

前轮驱动汽车安装横置发动机，一般分为直列四缸、V形六缸或V形八缸。

碰撞可能对发动机内部零件造成损坏。如果横置发动机汽车在保险杠以上遭受严重碰撞，则可能造成气缸盖和顶置凸轮轴损坏。在碰撞中可能会损坏发动机带轮、传动带、发动机支座、正时罩盖、油底壳和空气滤清器等外部零部件。

曲轴皮带轮通过传动带将能量传递给其他辅助设备，例如空调压缩机、动力转向泵以及水泵。发动机支座将发动机固定在一个特定的位置上并且有效进行隔振。支座通常位于发动机的左侧、右侧和前侧，一些发动机在后侧也设有支座。正时罩盖保护正时齿轮或正时齿形传动带。油底壳是容纳发动机润滑油的一个沉淀槽。空气滤清器的作用是净化吸入发动机的空气。

对于侧面碰撞，下纵梁有足够的移动量而使带轮弯曲，然后再反弹回原位。当检查损坏时，应该知道即使在纵梁和带轮之间有间隙，带轮也可能已损坏。最好在发动机启动时，观察带轮是否摆动。已损坏的带轮不能修复，必须予以更换。如果带轮已损坏，则水泵或空调压缩机或者任何附在带轮上的零件都有可能已损坏。还要检查零部件是否正常工作以及是否泄漏。应该注意在评估时评估损坏的可能性。应检查传动带是否有撕裂现象。

发动机支座可能在正面或侧面碰撞中遭受严重损坏。在碰撞中下纵梁和散热器支架以及附在其上面的任何零件都可能发生移位，发动机支座经常以这种方式弯曲。观察支座、发动机以及纵梁的位置。通常，支座与发动机和纵梁以直角方式连接，除了直角以外，任何角度均表示发动机或纵梁发生了位移。通常要对纵梁进行修理使其恢复到适当的角度。如果支座变形，也应该予以更换。支座在严重碰撞中会产生破碎现象，应该在举升发动机后再对支座进行检查。如果发动机上移，则表明支座可能已破损。为了检查带有自动变速器的汽车发动机支座是否损坏，应启动发动机，踩下制动踏板，并使汽车处于驱动状态。不松开制动器，但是轻轻地踏下加速踏板，如果发动机弹起，则表明支座可能已损坏，应更换破碎或者弯曲的发动机支座。

如果正时罩盖或油底壳是冲压薄板材料制作的，并存在轻微碰痕，可以将其拆卸下来进行修理并对表面进行抛光。如果正时罩盖或油底壳由铸铁或铸铝以及薄金属板材制成，若已严重损坏，则应该予以更换。空气滤清器时常固定在散热器支架的后面，正面或侧面碰撞均很容易损坏空气滤清器。因为这些损坏不容易被发现，所以应仔细检查。空气滤清器的塑料壳或固定支架可采用塑料粘合剂进行修复。

（2）变速器

① 手动变速器。大多数汽车都安装 5 个前进挡，包括 1 个超速挡和 1 个倒挡的 5 速变速器。变速器安装在铸铝壳体内。变速驱动桥的内部零件是齿轮、离合器总成和换挡拨叉等，其外部零件是变速杆、离合器操纵总泵和离合器操纵从泵。在正常工作时，变速驱动桥和液压离合器必须有润滑液，并且操纵杆件必须正确定位。碰撞会造成变速器壳开裂损坏，破坏液压系统，或者造成操纵机构定位失准。将汽车举升起，以检查在变速器的结合处是否有漏液现象。任何形式的损坏都必须给予更换。

② 自动变速器。自动变速器由一组或多组行星齿轮、制动带、伺服机构、离合器、半轴齿轮和油泵组成。这些零部件均被安装在变速器壳和盖里。此外，如果变速器壳已破碎或开裂，则变速器壳应予以更换。自动变速器底部装有一个冲压的钢制油盘用来储存润滑液。如果油封部位受损，则应将它拆卸下来进行矫正，加上新密封垫后，重新安装到变速器壳上。若该油盘受损后拆卸下来，则其内部零件也要进行检查。

如果变速器外部零件受损，或者怀疑内部零件已损坏，则变速器应该解体并加以检查。因为磨损可引起变速器不能正常工作，所以，客户和保险公司应该提前达成协议，确定谁支付解体检查费用。典型情况为，如果问题由碰撞所致，则保险公司需要支付费用；如果磨损是导致故障的原因，则应由客户支付费用。

如果变速器在汽车驻车制动状态下被碰撞，则可能会损坏驻车制动棘轮，因为该棘轮被设计成在其他任何零部件损坏前就损坏。

（3）传动轴（半轴）

前轮驱动汽车发动机发出的动力经两个传动轴或半轴传到驱动轮。为了能使车轮转向，每个半轴有两个等速万向节，半轴的两端均与相应的万向节相连接。每个等速万向节均由球笼、轴承、驱动件或三销轴、壳体和防尘罩组成。防尘罩内储有润滑脂以保证其正常工作。作用在驱动轮上严重的撞击会将半轴从变速驱动桥中拉出，严重时会损坏等速万向节。只要有一个驱动轮遭受损坏,就需要对半轴进行检查,并检查防尘罩是否损坏。拉动半轴,检查是否松动。防尘罩和等速万向节损坏可予以更换。在某些情况下,整个车轴都应予以更换。

2) 冷却系

冷却系主要由散热器、水泵、水套、风扇、散热器盖、软管、节温器、水温表和风扇罩等零件组成。

对于碰撞修理来说,冷却系中最容易损坏的零件是散热器,这是由于它位于散热器格栅与发动机之间。散热器在碰撞中会遭受各种各样的损坏,但最常见的仍是散热器芯的损坏。风扇可能仅仅打坏散热器芯表面(一般容易修复),也可能彻底损坏散热器芯,这取决于碰撞的严重程度。碰撞中被挤压扁的散热片可以用专用工具进行校正,对不是太难矫正的扁管可通过焊接修复。但是,如果散热片出现大面积的松动或许多扁管被压瘪或破裂,则建议更换一个新散热器芯。通常修复一个散热器的费用是更换一个新散热器费用的50%。

有时散热器似乎在碰撞中没有任何可见的损坏。但是,碰撞很可能使软管接头沿着卷边或芯座产生细微裂纹。如果怀疑存在隐蔽损坏(散热器中的冷却液液位低时不会有明显的损坏),应加压测试散热器是否泄漏。

更换散热器的作业工时包括如下内容:

(1) 排放冷却液,检查和重新加注冷却液。

(2) 拆卸和重新连接软管。

(3) 拆卸和重新装配电动风扇总成。

(4) 拆卸和重新连接传输管路。

(5) 拆卸和重新安装风扇罩。

不要重新修复或者使用一个已弯曲或损坏的风扇叶片。已损坏或者弯曲的叶片应该用一个新叶片予以更换。

已损坏或弯曲的风扇离合器同样也要予以更换,因为这是一个不可修复的零件。如果水泵叶轮轴或轮毂已损坏,也同样应该予以更换。由于风扇罩通常由塑料制成,如果风扇罩损坏不严重,通常可以采用塑料焊接的方法加以修复。

由于传动带和软管是柔性的,所以一般不会因碰撞而损坏。然而,有时需要将完好的传动带从损坏的带轮上剪下来。同样,任何有裂痕、切痕、划伤或者磨坏的传动带都应予以更换。如果软管撕裂、扎破、割裂、龟裂、烧痕、擦伤或者软化,应予以更换。应特别注意散热器下软管,如果下软管被挤压瘪,软管内会产生较强弹力,如不更换软管,汽车高速行驶时将会发生过热现象。原车配套软管卡箍也应该与软管同时予以更换。聚丙烯风扇罩裂纹可以采用塑料焊接法予以焊接。

3) 空调系统

汽车空调主要由压缩机、冷凝器、贮液干燥器、制冷控制器和蒸发器等组成。空调的大部分零部件在碰撞中都容易损坏。有些零件可以修复,而有些则需要用新件更换。

当压缩机在碰撞中被损坏时,首先会造成离合器和带轮总成的损坏,这些都可从压缩机上拆卸修理或者更换。损坏时,对压缩机本身也可以进行分解和修理。在压缩机前方有个油封,它可以防止制冷剂和制冷润滑油从压缩机轴向外泄漏。当油封损坏时,应该及时将它更换下来。

冷凝器所处的位置,决定了它在汽车正面碰撞时很容易损坏。其空气流动散热片同散热器上的一样，也可以进行清洗或矫正，而其泄漏可采用银焊加以修理。

当冷凝器损坏时，也应该检查集液器（干燥器）是否已损坏。如果干燥器损坏，则应该予以更换。如果系统在碰撞中以开口状态暴露于空气之中已有一段时间，则也应该予以更换。

蒸发器、调温膨胀阀以及吸入节流阀在碰撞中很少损坏。如果蒸发器已损坏，其机壳和机芯可予以更换。调温膨胀阀损坏也应该予以更换。如果吸入节流阀已损坏，更换和修理都可以。

无论何时对空调系统进行任何操作，都需要拆卸一条制冷剂管，并且附加操作时间必须包括排空系统和填充系统需要的时间。当然，必须加上所有附属零件拆卸和重新安装所需的时间。制冷剂和制冷润滑油的价格也应该添加到价格评估中。

4）前悬架

从1980年开始，世界上的主要轿车生产厂家都在新车型上采用带有麦弗逊式独立悬架的前轮驱动装置；在有些车型上也将这种类似结构应用于后轮上。

有些轿车上采用扭杆式前悬架，这种悬架系统的弹簧是安置在控制臂和前横梁上，与减振弹簧支架的横梁相连。其扭杆是安置在弹簧和主销的外边，并同时作用于下部控制臂悬架系统的弹簧上。下部球铰链和控制臂的位置应使弹簧位于它们和弹簧支架之间，弹簧支架应位于控制臂上部。

在有些轿车上，前悬架系统的球铰链和弹簧悬架系统，其弹簧位于上控制臂和扭杆之间，扭杆可一直进入到轿车前护板裙部内，这种悬架通常用于常规结构的轿车中，称为弹簧上置控制臂系统。

有些轿车采用球铰链悬架系统，它与扭杆悬架系统一样，其下控制臂安置在扭杆上，控制臂的一端牢固地固定在支架上，另一端可以移动，当道路振动力作用于控制臂使其上下移动时，减振器起到减振和阻止将扭力传给扭力杆的作用，对于车辆的悬架系统不是每次都需要对其进行校准的，除非其前部车架、扭力杆、下控制臂曾出现碰撞事故，或车轮被撞弯、轮胎被损坏。无论在何种情况下，必须认真地检查悬架系统，确保其无任何损伤，如果发现有任何部件已损坏，应分别予以更换。更换件可采用新件或使用报废车辆的未损坏件。在有些交通事故中，例如轿车被碾压，如碾压位置在前悬架部位，还应检查调整前轮定位。

总之，在修理轿车前部时，应该没有任何部件被冷校或任何转向系的连接杆件或前悬架部件被热校，如果必须校正这些部件时，应保证它们绝对可靠并能正常使用。

5）转向系

现代轿车上大多采用齿轮齿条式转向系，它可以是无助力的或带有转向助力器的。在少数轿车上也有采用循环球式转向器的。它多用于无助力的转向系上，由循环的圆形滚道、钢球、螺杆、螺母副和齿条扇齿等组成，在螺杆螺母之间装有钢球。钢球一般分为两组，钢球随转向盘的转动而在螺杆螺母之间的滚道上滚动，并经各自的导管做循环运动，钢球驱动螺母使其在螺杆上下移动。这种类型的转向机构在碰撞时具有较高的防撞能力，碰撞时的冲击能量可通过转向传动机构传递给变速器。

所有的整体式动力转向系均采用手动操纵，其助力作用是通过高压油泵产生的液压来实现的。高压油泵由发动机驱动，将高压油液经过软管输送到整体式动力转向器中。

对于采用齿轮齿条式动力或非动力转向的转向器，其转向力由转向盘经转向器轴、柔性联轴器传给螺旋形小齿轮。小齿轮的转动带动齿条向左或向右移动，并通过转向传动装置驱动转向臂和转向轮。转向传动机构(或横拉杆)与齿条相连,这种齿轮齿条式转向器在现代轿车中已经得到简化,淘汰了其中的一些部件,如转向垂臂、联接臂和牵动联杆。

当汽车发生前部碰撞事故时,必须检查齿条和齿轮是否损坏,以及固定支架是否变形。所有手动或带动力转向泵转向机构的部件均应仔细检查,不允许有任何损伤被漏检。如果怀疑任何部件可能有内部损伤时,必须对转向系统进行仔细的检查和评估。

任务 5　汽车修理工时费用的确定

6.5.1　汽车修理与更换的掌握

在做出进行修理或更换损坏钣金的决定时,必须考虑一些因素,首先是损坏程度。所有的钣金件都存在不同程度的弯曲,并且有恢复其原状的趋势,这种趋势叫作弹性变形。

然而,当一块钣金的弯曲超过一定值(弹性变形极限)时,它就会发生永久损坏或变形。金属晶格就会滑移和重组,呈现出重新排列或重置。晶格会沿着弯曲的顶点伸展,也会沿着弯曲的底部压缩和收缩,如图 6-27 所示。伸展和压缩区称为加工硬化区,此区域重组晶格变得很硬。必须知道钣金上的加工硬化区过度加工硬化可能需要大量的修理工时,此时就需要更换钣金。

有时,钣金损坏的类型可能决定钣金是否可修。使用中碳钢钣金比使用高碳钢或低碳钢钣金更容易收缩或伸展回原形。有些高碳钢在受热进行压缩或拉伸操作时,会失去其晶格排列或强度。因此,损坏的高碳钢板材常常比低碳钢板材更需要更换。

常规的修理方法可能对特殊零件不适用,更换或切断损坏的零件是较好的方法。

影响钣金可修性的另一个因素是其结构。在汽车的许多零部件中,外部钣金和内部钣金焊接在一起形成稳固的箱式结构。高碳钢加强件经常放在箱式结构里面。这些加强件经常受到各种切割和焊接技术的限制。了解结构技术非常重要,这样才能知道加强件的位置。

有时无法对损坏零件的背面进行操作,这就限制了锤子、垫铁、匙形工具或凿子的使用。如果钣金损坏严重而不能用边锤和销校正,就应更换钣金。

损坏钣金是修理还是更换最主要的决定因素是成本。这就存在一个问题,在何时更换钣金比修理更经济。最基本的原则是:如果修理的费用超过更换费用的 75%,损坏的零件就应予以更换。

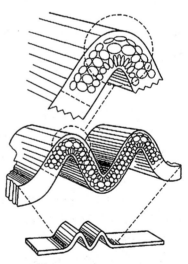

图 6-27　晶格分裂图

换件的标准如下:

(1) 修复后不能恢复原有性能,例如转向节、钢卷。

(2) 修复后不能达到技术标准,例如缸体、飞轮壳、元宝梁。

(3) 修复后不能恢复原外观,例如亮条、饰条。

(4) 骨架、立柱、轮槽严重变形,修复后会漏水、漏气。

(5) 气盖件损坏面积超过50%,恢复难度较大。
(6) 恢复件费用达到换件的50%以上。
(7) 能修复但无厂家修复的,例如大梁、工字梁、后桥等。
(8) 无法修复,例如玻璃制品、橡胶件。
(9) 影响安全的部件,例如横切托杆、平衡杆、球头方向机等。
(10) 商品车,3个月内的新车。

6.5.2 作业工时

在做出更换损坏钣金的决定时,可从有关手册中查出工时定额。作业工时仅列出小时和十分之几小时。例如,拆卸和安装前照灯部件的作业工时可能为0.4 h,也就是24 min。作业工时是以汽车制造商提供的信息和工时研究为基础的。制造商提供在普通修理企业条件下可实现的时间定额。一般技师在平均劳动条件下和按照制造商修理手册规定的工序,应能在规定的时间内完成修理作业。作业工时研究包括准备作业时所花费的收集工具和材料的时间。

汽车制造商建议的作业工时,是指从新的、未损坏的汽车上拆卸和安装新的、未损坏的原装零件所用的时间。实际经验证明,制造商提供的作业时间有时与修理损坏汽车的实际时间不符。

因此,碰撞评估研究机构不断地从碰撞修理企业中收集相关的作业数据,对制造厂提供的作业工时进行修正,建立了一套实用的作业工时标准。这些作业工时标准受地域限制,可能有一定的差异。

作为独立作业,一个新的、未损坏零件的安装是制定作业工时的基础。这种工时仅仅适用于标准原装库存零件。这种工时不适用于装备非汽车制造商提供的汽车零件,制造商也不把它作为标准或常规产品选装来供货。如果其他零件或设备必须予以更换,作业工时就应该调整以弥补增加的劳动。例如,如果决定用市场配件或旧车拆解零件更换损坏零件,就会因调整和校正汽车零件而调整附加工时。

因此,在计算作业工时时,要考虑附加工时,主要考虑的附加工时如下:
(1) 准备时间。用于切割、拉伸、压缩等方法拆卸严重损坏的零件。
(2) 防腐抗锈材料。拆卸或应用可焊的锌底漆、石蜡、面漆和底漆等。
(3) 碎玻璃的清理。
(4) 电气元器件。
(5) 必要的拆卸和安装时间。包括接线、线束和计算机模块。
(6) 在断电进行修理时,应重新启动记忆模块功能的时间。
(7) 车架调整。
(8) 清洗零件。清洗零件上的锈迹和腐蚀物所需的时间。
(9) 测量和检验。承载式车身结构损伤。
(10) 塞堵和修整孔。安装时塞堵零件上不需要的孔。
(11) 修理和校准。相邻零件被更换时。
(12) 修复零件。适用于特定年款和车型(例如钻车灯孔,修改散热器支架)。
(13) 润滑油和润滑脂。清洗这些或其他可能影响工作的材料。
(14) 移装时间。将旧零件上的支架、托架或加强件焊接或铆接到新零件上。

事故车的维修作业工时主要包括修复工时、换件工时、拆检工时和做漆工时四大部分。

1) 修复工时

修复工时是指对钣金件和车架的修复所需的工时。

（1）钣金件修复工时

矫直损坏钣金件的作业工时称为钣金件修复工时。对钣金件修复工时进行计算时，需要掌握以下修复内容：

① 检查钣金件。
② 制定修理工序。
③ 粗略估计损坏情况。
④ 刮掉油漆。
⑤ 如果需要，进行热装。
⑥ 车身混合填料。
⑦ 对车身进行填料作业。
⑧ 打磨车身填料。

矫直工作的单位时间、材料费，最好通过记录几个星期或几个月中修理厂矫直工作所花费的材料费用和时间测得。然后，就能得到正确的平均小时材料费。

在确定矫直损坏钣金件的工时费和材料费后，就应对修理总费用和更换损坏钣金件的费用进行比较。如果矫直费用超过新钣金零件和工时费的75%，就应更换钣金件，特别是新款车。这种损坏程度的钣金件很难修复到原状。显然其安全性能、外观和质量抵消了稍高的更换费用。

（2）车架修复工时

在车架修理中常存在各种易变因素，如损坏程度、设备种类以及零件附件等，所以不能列出具体的作业工时。每个碰撞修理企业都应制定劳动工时政策。这个政策应考虑进行下列作业所需时间的总和。

① 将汽车移至车架修理设备上的时间。在有些工作台系统中，汽车在举升器上被举起，而工作台向下移动。然后，再将汽车下降到工作台上。其他工作台系统位于汽车底下，并且汽车在装配过程中被逐渐举升。在有动力车架纵梁系统中，汽车驶上或被推到工作台上。在地沟系统中，汽车被固定到地面上，对于承载式车身的汽车，利用一个焊接夹具固定汽车，随后将其固定在地面上。严重损坏的汽车，由于其悬架损坏而不能行驶将需要附加时间进行固定。

② 损坏测量时间。为了正确地制定计划和修理，必须对车架进行测量，可能要用到挂式量规、机械或计算机测量方法。其中每种方法都需要不同的时间测量，应确定测量设备安装需要多长时间，然后读数并记录数据。总时间可能在承载式车身汽车和车架式车身汽车之间变动。

③ 准备时间。为了对已损坏的板件进行修理，可能需要拆卸某些未损坏的零件，所需时间就是准备时间。例如，一辆遭受前部碰撞的承载式车身汽车的散热器支架损坏需要修理，未遭受碰撞一侧的挡泥板未损坏。然而，在修理散热气支架时，未遭受碰撞一侧应予以正确地支撑，将未损坏挡泥板拆卸后，夹具才能夹住散热器支架。对于一辆载货汽车，在对其车架进行修理时需要固定车架。有时需要将燃油箱中的燃油排干并把燃油箱拆卸下来，才能用铁链固定车架。任何准备时间都必须计入车架修理工时中。

④ 车架调整时间。车架调整时间是由需要多少个附件和连接件所决定。严重损坏的车架存在多种损坏,其修理比只有单一损坏的简单损坏车架的修理需要更多的连接件和时间。有时一个连接件能修理两种类型的损坏,例如侧弯和凹陷。

在大多数情况下,需与保险公司协商决定调整劳动工时,以矫直车架。

总之,评估人员需要熟悉安装、测量、拉伸等修理设备,才能对准备和调整时间进行评估。

(3) 修复工时标准

南京市事故车的修复工时费标准见表6-1。由于地域不同,各地的修复工时费可能各不相同。

表6-1 轿车类事故车修复工时费　　　　　　　　　　　　　　　　单位:元

序号	项目		微型轿车			普通型轿车			中级轿车						中高级轿车			高级轿车			备注
									普通类			豪华类									
			轻微	一般	较重	轻微	一般	较重	轻微	一般	较重	轻微	一般	较重	轻微	一般	较重	轻微	一般	较重	
1	前保险杠	根	20	30	50	40	80	120	60	100	140	120	200	280	120	240	360	220	600	900	
2	保险杠骨架	根	20	40	60	30	60	70	30	50	60	50	120	180	120	240	360	180	240	480	
3	保险杠支架	只	10	20	40	10	20	50	10	20	30	20	40	60	20	40	60	40	80	120	
4	前面罩	只	10	30	50	10	40	60	20	30	50	30	60	80	60	150	300	120	240	360	
5	散热器框架	只	20	40	60	40	120	180	40	120	180	80	160	300	120	280	420	180	360	600	
6	前横梁	根	20	40	60	40	120	180	40	120	180	120	240	360	120	280	420	180	360	480	
7	发动机盖	只	20	40	60	40	80	120	40	80	160	60	240	360	120	360	540	240	720	960	
8	前翼子板	块	15	20	30	15	40	60	20	40	80	40	80	120	40	120	240	120	240	480	
9	前轮廓	个	30	80	160	50	80	180	50	120	240	100	240	320	180	320	480	240	480	960	
10	前纵梁	根	30	60	100	30	120	180	50	120	240	120	240	320	180	320	480	240	480	960	
11	前围	个	40	80	160	80	120	240	120	240	320	180	320	480	240	480	960				
12	前风窗玻璃框	只	50	80	140	80	160	240	100	300	400	120	350	480	240	450	600	300	600	800	
13	风窗玻璃下围板	个	20	60	100	30	60	160	50	120	220	50	100	220	200	400	600	300	600	900	
14	仪表台框架	台	30	60	90	40	70	100				50	80	120	50	80	120	80	120	200	
15	前立柱	根	60	160	200	100	180	280				200	400	600	300	600	750	400	800	1 000	
16	中立柱	根	40	100	140	80	160	260				120	200	280	200	350	500	300	400	600	
17	后立柱	根	30	80	120	80	160	260				120	180	240	200	350	500	300	400	600	
18	车门	扇	40	80	120	40	120	240				80	200	400	100	300	500	120	300	500	
19	车门窗框	扇	50	100	150	100	200	300				100	200	300	150	300	450	150	300	450	
20	车门槛梁	根	30	60	80	30	60	120				40	120	180	80	180	240	200	300	450	

续表 6-1

序号	项目		微型轿车			普通型轿车			中级轿车 普通类			中级轿车 豪华类			中高级轿车			高级轿车			备注
			轻微	一般	较重	轻微	一般	较重	轻微	一般	较重	轻微	一般	较重	轻微	一般	较重	轻微	一般	较重	
21	后纵梁	根	30	50	100	30	60	120	50	120	240	100	240	320	180	320	480	240	480	960	
22	车顶	个	50	100	180	60	120	240				100	240	320	100	320	480	200	400	800	天窗加30%
23	车顶梁	根	10	20	30	10	20	30	10	20	30	20	40	60	20	40	60	40	80	120	
24	车身底梁	根							200	400	600	300	600	900	300	600	900				
25	转向机固定支架	只	10	20	30	10	20	30	10	30	30	20	30	40	40	60	80	60	80	120	
26	后翼子板	块	30	60	120	40	80	140	50	120	140	120	240	450	200	400	600	200	600	900	
27	后翼子板轮廓	个	30	80	160	50	80	180	50	120	240	100	240	320	180	320	480	240	480	960	
28	雨刮器下围挡板	个	20	40	60	40	80	160	50	100	240	100	240	320	100	240	320	120	240	320	
29	后座椅靠背挡板	个	10	20	30	10	20	30	10	20	40	20	40	60	20	40	60	40	80	120	
30	排气管消声器	只	10	20	30	10	30	60	30	60	120	30	60	120	30	60	120	50	80	160	
31	座椅骨架	个	20	30	60	30	60	120	30	60	120	120	240		80	150	260	80	150	260	
32	后行李箱底板	个	30	80	120	30	120	160	30	120	160	60	160	240	60	240		120	240	360	
33	后三角窗框架	个	20	30	40	20	40	50	20	40	60	40	60	120	60	120	240	60	120	240	注
34	后悬挂臂架	个	30	40	50	30	40	50	40	50	60	60	60	80	80	80	120	100	150	200	
35	外侧梁	根	30	40	50	30	40	50	50	60	80	60	60	100	80	120	170	120	180	240	
36	行李箱盖	个	20	80	140	60	120	160	60	120	180	120	180	320	180	240	480	240	320	640	
37	行李箱后围板	个	60	100	160	60	120	240	60	120	240	100	240	300	100	240	320	200	300	500	
38	后保险杠	根	20	30	50	40	80	120	60	100	140	120	300	450	120	300	450	220	600	900	
39	车身底板	块	30	60	180	50	120	300	50	160	360	120	240	400	160	320	480	200	400	600	
40	后横梁	根				40	120	180	60	180	240	180	280	380	180	360	520	240	480	960	
41	尾门(两厢)	扇	20	80	140	60	160	280				120	320	560	240	480	760	240	760	1 000	
42	天窗	个							200	400	600	400	600	1 000	400	800	1 200				
43	副梁	根	20	30	40	40	160	240				120	240	360	120	280	420	180	360	480	

注:玻璃安装采用粘结工艺的,按同事故级别的豪华类结算。

2) 换件工时

在必须用新零件更换损坏零件时,应该用换件工时。换件工时是指把损坏零件或总成拆卸下来,再将螺栓或卡箍等连接件拆下并装上新零件,将新零件或总成安装到车上,并调整零件或总成(文中有特殊说明的除外)的时间。

对换件工时进行正确评估的关键是要了解哪些修理作业包括在拆卸和安装时间中,而哪些不包括在内。

例如,更换围板和纵梁的作业一般包括:

(1) 所有必需的焊接。

(2) 拆卸和安装底板缓冲垫和装饰件。

(3) 拆卸和安装捻缝。

更换围板和纵梁作业列出的作业工时一般不包括:

(1) 在车架矫形机上安装汽车和对损伤情况进行诊断的时间。

(2) 拆卸和安装所有的螺栓连接零件。

(3) 车轮定位。

(4) 拆卸和安装车身钣件。

(5) 漆面修整。

(6) 进行底漆、隔音材料和防腐保护等作业。

(7) 拆卸相邻钣金。

(8) 拉伸和矫直。

(9) 前照灯校准。

(10) 更换印花。

如果在更换工序中必须进行一些尚未列入的作业,则评估时应将这些作业分别计入相应的作业工时中。另一方面,应防止将已包含在拆卸和安装工时中的作业列进去。

车门或保险杠等的装配已包括个别部件的拆卸和安装工时,不应在评估报告中单列。例如,更换车门的作业工时就包括拆装把手、车门锁、车窗玻璃和其他零部件的时间。对这些零部件的作业工时也应单列;但是,单独拆卸和安装这些零件不应计入评估报告中,因为这些作业已计入车门的拆卸和安装工时之内。事故车换件工时标准应参照当地标准,由于地域不同,各地的事故车换件工时费有所不同。

3) 拆检工时

有时为了修理钣金或零件,需要拆卸与之相邻的未损坏零件,修好以后,需要重新将零件装上,这种作业称为拆检。例如,一辆汽车驶进排水沟中,可能损坏了车轮和车架。为了修理损坏的汽车下部零件,就需要拆下未损坏的保险杠、发动机罩和翼子板。待修理完成后,这些零件必须重新安装和调整。拆检工时就是用于这些零件的拆卸和安装。

拆检工时还包括零部件或总成的校准和调整,不包括被拆卸和安装零件的相邻零部件的修理和校准时间,也不包括特殊作业或无需拆卸和安装的零件。拆检工时也用于拆卸和安装损坏零件,以使得零部件能从车上拆下来进行修理。例如,先将车门从车上拆下来,损坏的车门就可能更容易修理。事故车常见零部件的拆检工时费标准参见表6-2。

表 6-2　事故车拆检工时费标准

序号	名　　称	轿车定额(元)	客车定额(元)	货车定额(元)
1	全车拆检	992	1 098	984
2	拆保险杠	16	18	16
3	拆散热器冷凝器	32	60	48
4	拆发动机	88	200	80
5	解体发动机	224	180	160
6	拆气缸盖	24	32	32
7	拆气门室盖	8	8	8
8	拆前桥	64	100	80
9	拆方向机总成	32	40	24
10	拆制动总泵	16	8	8
11	拆仪表台	96	80	56
12	拆组合仪表	64	72	32
13	拆门饰板	32	20	16
14	解体变速器	192	80	64
15	拆灯光线束	48	40	24
16	拆驾驶室			128
17	拆车厢			112
18	拆后桥	56	160	96

4) 做漆工时

当金属板件损坏和板件表面损坏的修理工作完成后,就需要进行新漆面整修工作,所花工时称为做漆工时。

当对漆面整修工序的劳动工时和材料成本进行估算时,估算值和调整值应该与实际作业工序、车辆喷漆所用工具和材料费用相符合。

事故车做漆工时费用标准参见表 6-3,此表仅以南京地区为例,其他地区可能收费标准有所不同。

表 6-3　事故车做漆收费标准

车型分类	漆　　种	基本车型	元/m²	漆料比重	工费比重
微型	普漆	夏利、奥拓、长安、凯旋、昌河、飞虎、大发、松花江、云雀、英格尔	120	50%	50%
普通型	普漆	普桑、富康、依维柯、捷达	240	50%	50%
普通型	出租双色	普桑、富康、捷达	320	60%	40%

续表 6-3

车型分类	漆　　种	基本车型	元/m²	漆料比重	工费比重
普通型	出租金属漆双色	普桑、桑 2000、捷达、富康等	400	60%	40%
中级	单色普通烤漆	桑 2000、切诺基、标致、奥迪 100、红旗 7200、时代超人	340	60%	40%
中高级	银粉、珠光烤漆	奥迪 V6、奥迪 V8、沃尔沃、本田、现代、丰田、蓝鸟、别克、帕萨特	440	60%	40%
高级	高级车金属烤漆	凌志、道奇、凯迪拉克、旁帝克、宝马、雪佛兰、奔驰	540	60%	40%
高级客车	高级烤漆	沃尔沃、凯斯鲍尔、北方大客 BFC6120、奔驰亚星、金龙 XMQ6120	单色：340 金属：440	60%	40%
其他	一般普漆	大货、普通大客、普通中巴	120	50%	50%

6.5.3 作业工时调整

1）重复作业

如果修理作业重复，就需要考虑减少一个或多个劳动工时。在更换一个零件时，如果也需要更换另一个相连的零件，就会发生重复作业。例如，在更换一辆汽车的后侧围板和后车身板时，这两个零件相交的部分就称为重复。存在重复作业，相邻零件的更换就比分别更换这些零件所花的时间要少。

2）包含作业

包含作业是另一种降低劳动成本的作业。这些作业可以单独进行，但也是其他作业的一部分。例如，在更换车门时，车门更换的推荐工时可能包括更换除装饰之外的所有车门附件。不拆卸这些零件就不可能对车门进行修理。这样，有关拆卸这些零件的工时就可能是包含作业而应予以忽略，因为单独拆卸这些零件的工时已经包括在车门更换工时之内。

3）作业准备时间

减少作业工时的第三种情况是在修理作业过程中涉及拆卸相邻零件及其修理作业。如果上一步拆卸的零件或钣金，可使下一步作业更加容易，则碰撞评估指南中所列出的平均费用就应该适当地减少。

例如，拆卸和更换汽车后车身板的工时是 0.5 h。但是，这些工时包括了为了对后车身板进行修理而拆卸相邻零件的时间。如果前一步修理作业已经拆卸了相邻零件，以便对车身进行作业，则拆卸和安装工时就应相应地减少。

任务 6　车辆损伤评估报告的撰写

6.6.1　车损评估报告格式

当进行车辆损伤鉴定、核查完成后，需要列出具体损伤零件和年需维修工时，编写车辆损伤评估报告。典型的车损评估报告见表 6-4、表 6-5 和表 6-6。

表6-4 典型车损评估表(大众保险股份有限公司)

被保险人：_____

车辆型号		牌照号码		发动机号码	
车壳颜色		出险时间		保险单号码	

损坏项目	损坏程度	修理方式	材料费			工时费				定损金额			备注
			数量	单价	金额	工种	工时	单价	金额	材料费	残值	工时费	

材料费合计：　　　　　　　　　　元　　　　工时费合计：　　　　　　　　　　　元

修理总金额(估损)：　　　　　　　元　　　　定损(大写)：

备注：

被保险人 (签字盖章) 年　月　日	修理厂 (签字盖章) 年　月　日	第三者 (签字盖章) 年　月　日	保险公司 (签字盖章) 年　月　日

预计修理工期　　　天　　　　　　　　　　　　　　　出厂日期　　年　月　日

表6-5 典型车损评估表(中国平安保险股份有限公司)

被保险人：_____

牌照号码		肇事车保单号码			
发动机号		底盘号(VIN)			
厂牌车型		出险时间	年　月　日　时	保险险别	□车损险　□三责险
生产年月		排气量(L)		变速箱形式	□自动　□手动
发动机形式	□化油器　□电喷	安全装置	□安全气囊　□ABS系统　□无安全装置		

更换配件名称	数　量	配件价格	修理项目	工时费
			事故拆装	

续表 6-5

		事故钣金	
		机修	
		电工	
		事故油漆	
		工时费小记	
材料费小记		管理费	
本页未尽之栏目,请见定损报告明细表			

(1) 经甲、乙、丙三方协商,完全同意按以上核定的价格修理。
总计工料费人民币____佰____拾____万____仟____佰____拾____元____角____分(¥_____)
(2) 乙方按以上核定项目保质保量修理,并履行以上核定的修理及换件项目,如有违背,甲方有权向乙方追回价格差额。
(3) 乙方保证_____日内保质保量按时完成修理;若违约,愿意赔偿因拖延时间而造成的丙方的利润损失。
(4) 丙方对以上核定的修理项目和价格无任何异议。如存在修理质量问题或价格超标,由乙方负责全部责任。
(5) 其他约定:

乙方(修理厂)签章:	丙方(车方)签章:	甲方(保险公司)签章: 查勘定损人: 核价人:
年 月 日	年 月 日	年 月 日

6.6.2 车损报告的具体内容

1) 基本信息

车损报告中的基本信息主要是指车主姓名、地址、电话号码、保险信息、车辆 17 位代码、油漆代码、牌照号和行驶里程等。这些信息是最基本的,也是非常重要的,不能缺省。

2) 确定是否有重要选装件

汽车选装某些零部件可能会增加汽车现值,因而应在汽车碰撞事故评估中列出,常见的有以下物件可以选择:

(1) 特定大小的发动机尺寸或其他。
(2) 汽车天窗。
(3) 中波/调频、立体声音响、录音机、CD 播放器(仅限原装件)。
(4) 遥控门锁、车窗自动升降器和座椅自动调节器。
(5) 巡航控制、倾斜式转向盘。
(6) 真皮座椅、特制轮箍罩盖、行李箱(原装件)和专用修理包。

除了选装件使现值增加之外,柴油机、手动变速器或没有装空调、备选修理包或动力转向均会降低汽车现值。

3) 判断事故前损坏

必须彻底检查整车,排除与保险条款无关的事故前损坏,例如:

(1) 旧划痕和凹痕。

(2) 锈、腐蚀或喷漆抛光的缺口和瑕疵。

(3) 在保险杠、框架、护罩上的塑料件和橡胶件的裂缝、凹痕。

(4) 座椅或内饰撕裂口。

(5) 座椅、地毯和内部表面的污点和损坏。

(6) 玻璃或后视镜的破碎和裂纹。

(7) 轮箍罩盖或装饰条的损坏或缺失。

(8) 灯罩开裂、破碎或者灯泡烧损。

(9) 单独选配设备的损坏,如空调、暖风、后防霜等。

确定事故前损坏,将其记录在车损报告和鉴定中。保险公司不负担对事故前损坏的修理费用,他们的责任只是负担由于这次事故造成的损坏。

4) 确定更换零件及其价格

根据碰撞方向和程度,确定受损零件,其确定方法是:从直接碰撞点开始检查,向内检查整个损坏区域,列出受影响的全部零件。按着冲击力贯穿全车的路径进行检查。在最常见的前端碰撞事故中,检查过程是从汽车前端开始,再逐项向后检查。

考虑把汽车划分为主要总成或相关零件组,然后,按从外到里的顺序,按组列出损坏零件。例如,一辆汽车左前角受到损坏。在这种碰撞中损坏的典型总成(按从前向后的顺序)为保险杠、格栅、左前照灯、散热器、车顶和翼子板。从汽车前端开始,检查已损坏总成的每个损坏零件,把零件按从外向内的顺序列出。例如,损坏翼子板需更换以下零件:翼子板、悬架滑柱支座、滑柱塔座、后延伸件、挡泥板和车裙围。翼子板附属件、车身嵌条和车灯等也可能需要换。

根据配件价格手册,即可查出所需更换零件的价格及更换工时费用。

5) 确定维修项目及价格

对于需要维修的板件和车架,必须合理确定维修项目,分别列出需维修矫正的零件,根据"机动车事故修复分项工费"可查得修复某一零件所需工时及对应的工时费,填入评估表中。

6) 填写车损评估表注意事项

(1) 避免缩写。除非缩写在评估报告中已定义,否则不要过多地使用缩写。当一块后围侧板必须进行矫直时,不要写成"矫围板",而要具体写成"矫正后围侧板"。应区分左、右侧的零件,如遇此种情况就要写明"左后侧围板"。在编写报告时,重复利用一个标记可节省时间,但用得过多会导致混乱,甚至难懂。每个记录都应完整。

(2) 字迹要整洁。干净、整洁的表格会给用户和理赔员留下深刻的印象。报告上无涂划、无污迹、无难懂文字或计算符号,这是专业要求。潦草、不能辨认的字迹反映了报告编写者的专业水平低下。难以辨认的数字还可能会导致价格错误。顾客们更愿意与能提供简单、易懂车损报告的公司发生商业往来。

(3) 特殊说明。任何特殊说明都应当清楚地在输入项中予以注明,这可以提醒修理者注意存在隐蔽损坏,给出解体说明,并详细说明拆解修理的情况。拆解修理涉及的任何一方(碰撞修理企业、保险公司和用户)都应该了解拆解修理项目、修理方法以及质量工作的重要性。

(4) 顾客要求。如果用户希望进行条款未规定的附加作业(例如修复事故前的损坏),这应视为"顾客要求"修理。作为一项通用规则,保险公司将不负责赔偿这部分修理费。在这种情况下,经常需要单独为顾客进行评估。

(5) 审阅车损报告。在完成车损报告编制并汇总和核查数字后,与用户共同审阅报告。逐项审阅报告,解释要做什么、怎样做和为什么某种类型零件和修理方法对于这辆汽车来说是最好的。

(6) 拍照记录。一般事故车的损坏摄影照片属于车损报告的一部分。照片可以用来记录和发现车辆损坏。照片上可能显示出隐患损坏、车架损坏、微量失准、小划痕和凹坑等。

7) 车损评估表示例

某辆桑塔纳轿车发生了正前面碰撞事故,观察现场及车损情况,填写评估表,并将需要更换零件的工时及工时费,以及所需维修矫正工时及工时费列出清单附上,见表6-6和表6-7。

表6-6 机动车辆保险车辆损失评估书

报案号:RDAA200332000000—35115　　　条款类别:＿＿＿＿＿　　承保公司:　大众

被保险人:南京市城市道路建设处	出险时间:2004.5.19
保险单号:PDAA200332019600006007	出险地点:南京龙蟠路
保险金额: 　　牌照号码:苏A27510(蓝底)	事故责任:□全部　□主要　□同等　□次要　□无责　□单方
厂牌型号:上海大众汽车有限公司,桑塔纳(SANTANA)普通系列轿车	
制造年份:1994　　发动机号:2001093016	定损时间:2004-05-19
车架号码(VIN号):070874	定损地点:南京大光路27号
发动机型号:1.8L JV(026A)CDW 四挡	变速器类型:□手动挡　□自动挡
送修时间:　　　修复竣工时间:	报价公司:□总公司　□省公司　□地市公司
损失部位及程度概述:	前照灯、进气格栅、发动机罩、前翼子板、冷却系、空调及暖风系统、前保险杠、发动机、发动机变速器支架、前内部结构、前风窗、前隔壁板、电器、仪表板等损坏

维修费总计金额:(大写)柒仟贰佰柒拾叁元捌角贰分(¥:7 273.82元)
残值作价金额:(大写)柒拾元整　(¥:70.00元)

保险合同当事人各方经协商,同意按本评估书及所附《修理项目清单》及《零部件更换项目清单》载明的修理及更换项目为确定本次事故损失范围的依据,并达成如下协议:

(1) 本评估书所列维修费总计金额均已包含各项税费,其为保险公司认定损失最高赔付金额,超过此金额部分,保险公司不予赔付。

(2) 修理项目、修理工时费及修理材料费以所附《修理项目清单》为准,见附表。

(3) 更换项目及换件工时费以所附《零部件更换项目清单》为准,见附表。

(4) 更换项目需要报价的,本评估书只确认更换项目的数量,金额及换件工时费以所附《零部件更换项目清单》中的保险公司报价为准。

保险公司 签章 年　月　日	被保险人 签章 年　月　日	 年　月　日

表 6-7 机动车辆保险车辆损失评估书——项目清单

报案号：RDAA200332000000—35115　　条款类别：_____　　承保公司：大众

保险单号：PDAA200332019600006007	保险金额：	牌照号码：苏 A27510(蓝底)		
厂牌型号：上海大众汽车有限公司,桑塔纳(SANTANA)普通系列轿车				
零部件更换项目清单				
序号	零配件名称	数量	工时费(元)	估计价格(元)	附加说明
1	左大灯总成	1	8.00	198.00	
2	右大灯总成	1	8.00	198.00	
3	左雾灯总成	1	8.00	106.96	
4	右雾灯总成	1	8.00	106.96	
5	左转向灯总成	1	4.00	22.70	
6	右转向灯总成	1	4.00	22.70	
7	进气格栅总成	1	16.00	28.00	
8	左饰板	1	0.00	2.17	
9	右饰板	1	0.00	3.22	
10	发动机罩	1	50.40	439.00	
11	发动机罩锁	1	16.00	12.61	
12	左前翼子板	1．	40.00	170.00	
13	右前翼子板	1	40.00	170.00	
14	散热器	1	44.80	386.00	
15	风扇总成	1	28.00	190.00	
16	从动风扇总成	1	28.00	63.74	
17	水泵带盘	1	8.00	20.00	
18	冷凝器	1	44.80	340.00	
19	前保险杠外皮	1	32.00	229.00	
20	前保险杠支架	2	0.00	22.96	
21	前保险杠加强件	1	16.00	106.00	
22	正时室上盖	1	4.00	11.90	
23	正时室下盖	1	8.00	56.52	
24	风扇皮带	1	8.00	28.09	
25	扭矩梁	1	16.00	30.78	
26	前纵梁	1	120.00	455.00	
27	压缩机离合器	1	24.00	356.00	
28	左金属橡胶支架	1	8.00	25.90	

续表 6-7

序号	零配件名称	数量	工时费(元)	估计价格(元)	附加说明
29	右金属橡胶支架	1	8.00	25.90	
30	风窗玻璃	1	0.00	240.00	
31	前罩板导水板	1	16.00	23.30	
32	发动机传动带	1	8.00	41.80	
33	左发动机罩铰链	1	0.00	20.35	
34	右发动机罩铰链	1	0.00	20.35	
35	杂物箱	1	16.00	257.00	
36	制冷剂费用			160.00	
小计		36	604.00	4 590.91	

修理项目清单				
序号	修理项目名称	工时	工时费(元)	备注
1	发动机罩	38.00	304.00	漆工
2	右前翼子板	27.00	216.00	漆工
3	左前翼子板	27.00	216.00	漆工
4	前保险杠杠体	13.00	104.00	漆工
5	右前纵梁	7.00	56.00	漆工
6	左前纵梁	7.00	56.00	漆工
7	左前纵梁	12.00	96.00	钣金
8	右前翼子板内骨架	5.00	40.00	漆工
9	左前翼子板内骨架	5.00	40.00	钣金
10	排气管	10.00	80.00	钣金
11	拆、装发动机总成	30.00	240.00	机工
12	抽真空加制冷剂	10.00	80.00	电工
小计		191.00	1 528.00	

项目考核

1. 正面碰撞,车架会产生什么样的变形?有哪些零件损坏?
2. 后端正面碰撞会有哪些零件损坏?车架有什么变形?
3. 汽车前部碰撞后有哪些损坏?哪些零部件变形?
4. 汽车后部被碰撞后会有哪些损坏?如何测量?
5. 发动机受到碰撞后有哪些零件受到损伤?
6. 底盘常有哪些零部件容易受损伤?
7. 修理与更换有哪些原则?
8. 修复工时包括哪些项目?

项目 7 二手车交易市场概述

项目要求

1. 掌握二手车市场的基本概念;
2. 掌握二手车交易市场的基本功能;
3. 掌握二手车交易市场设置;
4. 了解发达国家二手车市场的现状;
5. 熟悉我国二手车市场特征及存在问题。

任务1 二手车交易市场基础知识

7.1.1 二手车市场概念

为了将二手车的交易、经营、经纪等概念划分开来,《二手车流通管理办法》明确规定:二手车交易是指二手车经营和直接交易活动;二手车经营是指二手车收购、销售、置换、拍卖、代理等经营活动;二手车经纪是指为二手车买卖双方提供信息咨询、撮合交易并收取佣金的中介服务活动;二手车交易市场和二手车经纪公司均不得参与二手车经营活动。在管理办法上对交易市场、经纪公司、经营公司和鉴定评估机构的职责和经营范围进行区分,有助于堵塞行业黑洞,保障买卖双方的合法权益。

狭义的二手车市场是指机动车二次流动的场所,它具有中介服务商和商品经营者的双重属性。二手车市场的功能有:二手车鉴定评估、收购、销售、寄售、代购代销、租赁、置换、拍卖、检测维修、配件供应、美容装饰、售后服务,以及为客户提供过户、转籍、上牌、保险等服务。此外,二手车市场还应严格按国家有关法律法规审查二手车交易的合法性,坚决杜绝盗抢车、走私车、非法拼装车和证照与规费凭证不全的车辆上市交易。

随着二手车市场的发展和壮大,二手车大卖场、二手车超市和二手车园区也在逐渐形成和发展。其主要功能是在一般二手车市场的基础上,引入了二手车品牌、汽车文化、科技、科普教育、展示、旅游、娱乐等多项功能。

广义的二手车市场则不仅仅局限于一个提供交易活动的场所,还包括买卖双方、交易的车辆这些主客体及其之间的交易关系,还包括各种交易信息、政策法规等一切影响二手车交易的外部环境。

7.1.2 二手车交易市场的基本功能

二手车交易市场作为二手车交易平台,在整个交易流程中应体现以下8大功能:

1) 车辆展示功能

二手车交易市场集中设置品牌展示厅或展示区,确认入场展示车辆的责任方,通过现代信息技术进行单车辆、分车位统一管理,增强二手车交易的可追溯性,加强对交易主体的监管,并作为市场发布交易信息的资料来源。

2) 车辆查验功能

在公安车辆管理部门派驻市场民警的监管下,按照国家的有关规定,二手车交易市场对车辆的合法性和唯一性进行查验,并对查验报告内容负法律责任。

3) 车辆评估功能

二手车鉴定评估机构作为独立的中介机构,对二手车的技术状况及价值进行鉴定,并出具车辆鉴定评估报告。这种"评估与交易相分离"的第三方评估方式,一方面在买卖信息不对称的情况下,可以客观、科学地为购买者提供该车目前的技术状况;另一方面可以为购买者提供一个参考价格,在一定程度上保障了消费者的利益。

4) 交易服务功能

二手车交易市场经营者应执行二手车交易规范,实现交易办证流程标准化,通过对车辆交易规定的法定证明、凭证和相关资料的审核,确认卖方的身份及交易车辆的合法性,核实卖方对车辆所有权和处置权的证明,由经纪机构开具国家税务机构监制的二手车销售统一发票,同时应建立相关的交易档案。

5) 交易维权功能

二手车交易市场经营者要在市场内设立客户投诉受理部门,妥善处理客户投诉,协助客户挽回经济损失,保护消费者合法权益。

6) 信息发布功能

二手车交易市场经营者要加强信息网络建设,提高交易透明度,定期发布市场信息,形成网络化、规范化、标准化的交易服务体系。

7) 咨询服务功能

二手车交易市场内要设立咨询服务窗口,为买卖双方提供与各类业务相关的咨询服务。

8) 市场监管功能

二手车交易市场经营者应制定市场管理规则,对场内交易活动负有监督、规范和管理职能,营造良好的市场环境和交易秩序。

7.1.3 二手车交易市场的设置要求

根据二手车交易流程及二手车交易市场功能体系导向,市场内空间布置应具备以下设置要求:

1) 查验区

由经过有关部门或培训机构统一培训并取得相关资质的查验人员,在公安车管部门派出民警的监管下,对待交易的二手车从车辆识别代码、发动机代码、车辆铭牌、车辆装置等方面进行查验,共同确认待交易二手车的唯一性、合法性。

2) 评估区

评估区应配备与二手车检测评估相应的设施设备,由第三方评估机构对二手车进行综合评估。

3）展示区

二手车交易市场应集中设置品牌展示厅或展示区,确认入场展示车辆的责任方,通过现代信息技术进行单车辆、分车位统一管理,并作为市场发布交易信息的资料来源。

4）交易大厅

交易区内设置信息咨询服务窗口、评估服务窗口、交易结算窗口、证照审核办理服务窗口以及信息公示牌、信息自助查询终端、客户休闲区等设施;鼓励设置拍卖区,强化二手车交易市场的拍卖交易功能。

5）综合服务区

综合服务区设置餐厅、便利店等设施,方便市场工作人员与消费者。有条件的二手车交易市场可以设置汽车维修、美容区,为交易后的车辆提供选择性售后服务,拓展二手车交易市场新的服务领域。

6）道路及绿化

根据交易市场的交易规模,设置车辆分流畅通的主干道,保证市场内部通行能力,保障交易峰值时期停车位。二手车交易市场的环境绿化,对美化环境具有重要的作用,应当予以重视。

7.1.4 《二手车交易规范》对二手车交易市场经营者的规定

国家在《二手车交易规范》中对二手车交易市场经营者有着明确的规范,这些规定如下:

(1) 二手车交易市场经营者应具有必要的配套服务设施和场地,设立车辆展示交易区、交易手续办证区及客户休息区,做到标志明显,环境整洁卫生。交易手续办理区应设立接待窗口,明示各窗口业务受理范围。

(2) 二手车交易市场经营者在交易市场内应设立醒目的公告牌,明示交易服务程序、收费项目及标准、客户查询和监督电话号码等内容。

(3) 二手车交易市场经营者应制定市场管理规则,对场内的交易活动负有监督、规范和管理责任,保证良好的市场环境和交易秩序。由于管理不当给消费者造成损失的,应承担相应的责任。

(4) 二手车交易市场经营者应及时受理并妥善处理客户投诉,协助客户挽回经济损失,保护消费者权益。二手车交易市场经营者在履行其服务、管理职能的同时,可依法收取交易服务和物业等费用。

(5) 二手车交易市场经营者应建立严格的内部管理制度,牢固树立为客户服务、为驻场企业服务的意识,加强对所属人员的管理,提高人员素质。二手车交易市场服务、管理人员须经培训合格后上岗。

任务2　发达国家二手车市场概况

7.2.1 发达国家二手车交易市场的特点

纵观美、英、德、日等发达国家的二手车交易市场,国家法规的政策导向和新旧车市场的协调发展,是促进这些国家二手车交易市场繁荣的关键原因。发达国家的二手车交易市场已进入成熟期，显示出以下市场特点：

1) 交易量大，已形成规模效应

发达国家二手车交易量均远远超过新车的交易量，一般均比新车高出1倍以上。据不完全统计，日本二手车年销量已连续6年超过其新车的销量，德国和美国二手车年销量已是其新车销量的2倍和2.5倍，英国则达到3.5倍。正因为有如此庞大的二手车交易市场，发达国家才能保持一个相对稳定、规模巨大的新车销售市场。有关资料表明，在西方成熟的汽车市场上，汽车报废周期平均为8~12年，而汽车更新周期平均不到4年，可见二手车交易市场有相当的空间可回旋，其中的作用是显而易见的。

2) 价格较低，平衡市场供求量

在发达国家已成为"汽车社会"的今天，轿车已成为现代家庭必不可少的交通工具，但不同层次的消费者对轿车的需求亦不同。部分中产阶级及以上的消费者买车以新车为主，他们注重的是车辆的可靠性而非价格，一般至多用上四五年，在车辆的可靠性开始下降、意外故障逐渐增多时，他们就要换车了；而多数中产阶级以下的消费者则以买二手车为主，主要出于使用成本较低的考虑。二手车的价格一般只有新车的一半左右，而且这类车再使用2~4年性能仍然可靠，使用后的价值损失远比购新车小得多。这样的二手车用过后可能再次卖掉，这时车价只有新车的20%~30%，主要流向收入低或者没有收入的学生手中。另外还有一些较旧的车价格更低，仅有新车价的5%、10%，购买这种二手车，虽然要花费一定维修费用，但总体上使用成本最低，很划算。因此，在发达国家，二手车的总供应量略大于总需求量，二手车价格相对较低，以平衡市场供求量。

3) 体制机构健全，促进市场健康发展

在发达国家的二手车交易市场，一般均有一套比较完善的收购和销售体制，健全了二手车拍卖批发机构。各国政府纷纷制定了有关二手车贸易的相关法规，以保护消费者的权益。而各种评估机构公正、高效的运作，使发达国家二手车交易市场价格趋于长期稳定状态。消费者不必担心车辆价值不稳而带来的损失。二手车的价值对汽车的保值以及刺激新车的购买影响深远，二手车交易市场的持续稳定对新旧车市场的健康发展发挥了促进作用。

7.2.2 部分发达国家二手车市场概况

美国号称是"装在轮子上的国家"，总人口3亿，汽车保有量达2.4亿辆。2004年，汽车年交易量接近6 000万辆，其中新车销售量约1 670万辆，二手车销售量为4 270万辆，两者之比为1∶2.6。

韩国在2001年的二手车销售量就突破200万辆，达到新车销售量的2倍。实际上韩国在1998年二手车交易量才开始超过新车，可见其二手车市场的发展速度。韩国每年还有32万辆二手车出口到中东地区，金额达7.93亿美元，平均每辆二手车销售价仅为2 478美元。

日本每年销售新车约600万辆，二手车销售量也超过新车销售量，每年还向海外输出36万辆二手车，参考图7-1。

英国二手车销售量占新、旧汽车总交易量的70%。德国和法国的情况也基本类似，二手车的交易量均超过新车交易量的1倍多。

西方工业发达国家，二手车价格普遍低廉，但利润却远超新车。一般来说，二手车利润在15%~20%，而新车利润则只有5%~10%。发达国家二手车交易量大，利润较高，原因在于物美价廉。在新西兰,一辆使用 3~4 年、行驶里程 10 万公里的日产高级轿车,其价格不足人民币 2 万元,过户和印花税也分别只相当于 25 元人民币和车价的 4%。在德国,一辆使用不到两年半的高配帕萨特,价格仅为新车价 2 万欧元的一半。英国的二手车价一般在 300~5 000 英镑不等,适合普通家庭的二手车价格一般在 2 000 英镑左右。

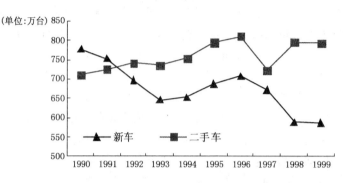

图 7-1　日本 20 世纪 90 年代整车销量

发达国家汽车更新周期短,换车频率高,二手车供应大于需求,这便是二手车售价低的一个重要原因。大部分人生活普遍比较富足,汽车相对于收入来说不算特别贵重,人们并不十分在意以较低的价格委托给经销商,导致二手车的价格比较低,而经销商利润较高。此外,交易的二手车使用时间并不长,技术状态较好,且保养规范,没有假冒伪劣的配件,安全标准有保障,二手车物美价廉,自然就大行其道。

任务 3　我国二手车市场概况

7.3.1　我国二手车市场的发展

我国二手车交易始于 20 世纪 80 年代中期,回顾我国二手车市场发展历程,1998 年是二手车市场成型的分水岭。1998 年前,车辆拥有者和使用者基本上是政府机关和企业,汽车保有量不大,市场上可以选择的车型少,车价高,而大多数单位有一定的维修保养能力。在这段时间里,基本上一辆车是开到报废为止。1998 年后,私家车逐渐成为汽车消费的主体,汽车开始进入家庭并快速增长,汽车市场保有量提高。而家庭消费的特点千差万别,尤其是一些人在经济能力发生变化以后可能就会考虑更换车辆,二手车市场就应需求而生。

从二手车市场规模来看,我国二手车市场正处于迅猛发展阶段:我国 2000 年二手车交易量为 251 738 辆,其中载货车 52 214 辆,客车 54 232 辆,小轿车 96 179 辆,其他车型 49 113 辆。表 7-1 为近十年来二手车交易量及交易额统计。而到了 2014 年,据中国汽车流通协会统计,全国二手车累计交易 605.29 万辆,同比增长 17%。从二手车主要细分市场上看,全年共交易二手小轿车 351.43 万辆,同比增长 15.25%;客车 90.27 万辆,同比增长 16.63%;载货车 76.74 万辆,同比增长 14.85%;越野车 20.33 万辆,同比增长 21.86%。短短十年时间我国二手车市场交易量增长了 8 倍。从二手车与新车的销售比例来看,二手车相对于新车的销售量不断增长,符合国外发达国家二手车市场的发展规律。2000 年,全年销售新车 206.82 万辆,二手车与新车的销售比为 1∶100;而到了 2010 年,全年销售新车 1 800.6 万辆,二手车与新车的销售比为21∶100。经历连续多年超高速增长后,目前国内新车市场已经出现了回落趋势,但二手车市场却在过去十年间持续上升,有些年份的增长率甚至超过90%。业内人士分析,随着国内换车潮的出现,二手车市场有望继续向好。

表7-1　近十年全国二手车交易量及交易金额

年份	交易量(万辆)	交易金额(亿元)
2005	145	445
2006	191	684
2007	225	1 089
2008	274	1 183
2009	334	1 488
2010	390	1 755
2011	433	2 108
2012	479	2 636
2013	520	2 916
2014	605	3 675

从目前国内二手车交易特点来看,车龄在2~5年的二手车最受欢迎,成交量也占到一半以上;当车龄超过5年时,随着车龄增加,成交量越来越低。

从国内不同排量车型的二手车价格分析,2011年,车龄在3~5年的车型中,最为常见的1.0~1.6 L、1.6~2.0 L和2.0~2.5 L排量的二手车交易均价分别为5.05万元、14万元和18.7万元。

"二手车市场发展还有更大的想象空间,一旦形成一定积蓄的话,二手车的活跃度应该会超过新车,成为我国汽车市场中的一个原动力。"

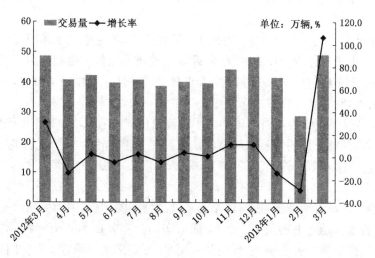

图7-2　2012—2013年全国二手车月度交易量

2011年对新车市场来说是一个政策退出的年份,但二手车市场却意外得到了政策的惠顾,二手车市场的崛起体现出我国汽车市场正在步入成熟阶段。2012年,除了一系列老旧车辆淘汰更新刺激政策外,2011年年底国家税务总局发布的新的《车辆购置税征收管理办法》,更是给二手车市场注入了强劲的发展动力。车辆购置税过户、转籍、变更业务的取消,为2012年中国二手车市场进一步发展打开了一个想象的空间。

此外,为了进一步推动二手车市场,商务部在2011年12月22日发布的《关于促进汽车流通业"十二五"发展的指导意见》中提出,2015年中国二手车交易量超过1 000万辆,年均增长率达到15%。同时,鼓励发展品牌二手车经营,支持汽车供应商拓展品牌二手车业务,完善二手车流通网络。

7.3.2　国内二手车的主要流通体制

(1) 以二手车经销企业为经营主体的二手车流通模式。不用依从整车厂商,经销商集团自营的二手车经销企业可以随意收购和销售各个整车厂商品牌的产品,为消费者提供更多的选择,同时二手车经销企业也越来越注重品牌化和连锁化,降低了成本,扩大了规模,建立起了企业信誉,但是售后服务无法与厂家授权的可以以旧换新的品牌经销商相竞争。另外,根据二手车交易增值税税收管理政策,二手车经销企业除了缴纳营业税外,还必须缴纳车辆成交价2%的增值税。在以二手车经销企业为经营主体的二手车销售模式下,经营公司涉及二手车收购、二手车评估、二手车销售、二手车售后服务等整个二手车业务链。

(2) 以二手车经纪机构为经营主体的二手车流通模式。二手车经纪机构只能以收取佣金为目的,为促成他人交易二手车而从事居间、行纪或者代理等经营活动,不得以任何方式从事二手车的收购、销售活动。由于二手车经纪机构的这个定义,其入门门槛较低,资金规模、维修设备、服务意识、流程规范等方面必然不能和经销企业相比,无法为客户提供二手车鉴定、二手车收购、二手车维修、二手车销售、二手车售后等一站式服务。从长远角度看,二手车经纪公司应该专注于自身的主营业务——中介,为买车消费者和卖车消费者提供便利。

二手车经纪机构一般利用手中的人脉资源,或者是从企事业单位获得大量二手车车源,或者以广告、朋友介绍等方式从消费者个人获得车源,甚至也有直接从品牌经销商那里以较小的成本获得汽车置换业务遗留下的二手车。

虽然二手车经纪公司不会成为市场的主流,但在现阶段,由于二手车市场还有很多不规范的地方,经销企业也没有体现出应有的优势,政策法规还不完善。比如根据二手车交易增值税税收管理政策,二手车经纪公司和二手车个人直接交易一样无须缴纳增值税,大大降低了二手车经纪公司的成本,消费者选择二手车经纪公司的大有人在。

(3) 以授权品牌经销商为经营主体的二手车流通模式。自从2003年上海通用推出"诚新二手车"以来,国内各整车厂纷纷授权旗下经销商开展二手车置换业务,如上海大众"特选二手车"、宝马的"尊选二手车"、一汽奥迪的"奥迪AAA"、广州本田的"喜悦二手车"及东风标致的"诚狮二手车"等。

整车厂开展二手车置换业务,现阶段是为了推进新车的销售,因为中国汽车市场发展到现今,有一大批消费者开始考虑购买第二辆车,而旧车的处理就成为一个问题,整车厂推出这项业务,就可以为这批消费者省去麻烦,促使他们更早、更坚定地去购置新车,并且仍选择该品牌下的新车。显然,二手车置换对于新车销售及二手车市场的发展有很大的促进作用。

但是,由于我国的汽车市场还处于发展阶段,千人汽车保有量还很低,导致整车厂授权开展二手车业务的品牌经销商收购来的二手车数量较少,难以形成规模,而为了这些车辆还需要专门派人负责维修、销售等,人力、物力成本高,得不偿失。因此,这些品牌经销商本身又在工商行政管理局注册成为二手车经销企业的很少,多数都是选择与二手车经纪机构、二手车经销企业或拍卖企业合作,转手处理掉这部分旧车。这样,对于新车市场来说,确实有一定的促进作用。但是,对于那些相信整车厂、品牌经销商的信誉及后续售后保障工作而想去品牌经销商处购买二手车的消费者来说,可选择的余地就非常小。

(4) 以二手车拍卖企业为经营主体的二手车流通模式。二手车拍卖企业以公开竞价的形式将二手车转让给最高应价者的经营活动称为二手车拍卖。不同于国外比如日本的拍卖企业,与之相关的都是相应的会员(包括新车商、二手车商及专业的二手车收购商),没有会员资格的不可以在拍卖会上进行车辆的交易。在中国,二手车拍卖企业的货源来源于企事业单位公务车、法院及海关罚没车辆、品牌经销商置换业务下的旧车,个人直接委托拍卖企业拍卖的少,而参加拍卖会的多数为想购买二手车的普通消费者,他们对于这些公务车或者厂商认证的置换车的品质有一定的信心。

二手车拍卖企业的利润来源于收取佣金,不像二手车经销企业,完全靠赚取差价,一方面以某些车辆的瑕疵为由打压价格;另一方面隐瞒车辆的真实情况,甚至想方设法掩盖车辆的问题,抬高价格。拍卖企业以专业能力尽量还原车辆真实情况,告知买家尽可能多的车辆信息,买家可以放心地购车。

7.3.3 我国二手车市场特征

2009年中国新车产销量超过1 300万辆,成为无可争议的世界头号汽车消费国,同时二手车交易也水涨船高,市场异常繁荣,二手车市场已经从北京、上海、广州、深圳等一线城市,向二、三线城市快速推进。由于汽车进入中国家庭的时间不长,二手车市场仍然蕴涵着巨大的增长潜力,会在未来几年内持续高速增长。

1) 二手车经营主体由单一模式向多元化转变

新车经销商纷纷"试水"二手车经营业务,并且在品牌效应、连锁经营、售后服务等层面上开始了规模化运营。上海通用、上海大众、一汽大众、东风雪铁龙、广州本田等整车企业已经在全国开展了二手车置换业务;新车经销商直接在二手车交易市场摆摊设点,或与二手车交易市场、经纪公司联手参与二手车经营的做法比较普遍;与二手车经营相关的汽车维修企业和其他汽车经营机构已经将二手车业务作为新的战略重点;各地拍卖企业也纷纷尝试进行二手车实地拍卖和网络拍卖,并取得了较好效果;与此同时,国际上知名的二手车相关企业也纷纷在中国建立办事机构,洽谈建立合资企业。一个以二手车交易市场、二手车经纪公司为传统力量,二手车经销商、二手车拍卖行等众多新兴主体参与的多元化二手车经营格局已经形成,初步实现经营主体的多元化。

2) 新车市场与二手车市场的联动效应更加明显

新车市场与二手车市场两个市场的互动性进一步增强。尽管在总量上新车交易量仍高于二手车,但从增长率上看,新车市场与二手车市场呈现出同步发展的良好态势,二手车市场的增长率已于2004年实现了超越,此后继续保持了较快的增长趋势。2008年金融危机期间,全国二手轿车交易量逆势增长,达270万辆,同比增幅为10.17%,而其他车型如客车、载货车均分别同比下降22.87%和10.21%。

置换业务的广泛开展为新车市场和二手车市场带来了生机与活力,在促进了新车销售的同时,也为二手车市场规模的扩充提供了丰富的资源。新车价格的不断下调促使二手车交易价格持续走低,迎合了二手车消费者的消费水平,促进二手车交易量的进一步增长。新车、二手车市场的联动效应无论从市场变化形态、增长速率、价格趋势等方面均表现得直观和明显。

3) 新车经销商、整车企业与二手车交易市场的联系更加紧密

新车市场和二手车市场天然的互动关系使得整车企业、新车经销商与二手车交易市场的合作成为必然。各地二手车交易市场在长期的经营过程中积累了丰富的市场运作经验,和公安交管部门、工商管理部门等保持着长期友好的合作关系,拥有庞大的二手车经营网络、信息资源和人才资源,而这些优势又恰恰是整车企业和新车经销商开展二手车经营业务的薄弱环节。整车企业和新车经销商迫切希望同有经验的二手车交易市场开展合作,共同推进二手车置换业务。近年来的实际运营表明,这种合作为我国二手车流通行业的持续健康发展增添了新的生机与活力。

4) 二手车经营内涵得到进一步的拓展和深化

随着二手车经营规模的扩大和市场竞争的加剧,苦练内功、拓宽经营思路、增加服务内容与功能成为众多二手车经营机构的共同选择。部分二手车交易市场转变经营机制,拓宽服务领域,延伸服务产业链,变原有交易过户的单一功能增加为维修—美容—交易—质量担保等多环节的一条龙式服务模式,既为消费者创造了更加周到的服务,又为企业找到了新的利润增长点。

5) 行业发展前景良好

中国汽车流通协会公布统计数据显示:2009 年全国共交易二手车 333.86 万辆,同比增长 20%以上,全年二手车累计交易金额已达 1 488.32 亿元,同比增长 25.85%。二手车交易维持了持续走强的态势。国家统计局数据显示,2009 年末全国私人轿车保有量为 2 605 万辆,汽车保有量远未达到饱和状态,大多数家庭刚刚购买了第一辆车,而汽车更新周期一般为 5 年左右,大多数还未到换车的时期,二手车市场蕴涵着巨大的增长潜力,二手车交易将继续保持旺盛的增长势头。

7.3.4 二手车市场存在的问题

我国二手车市场迈入了新的发展阶段,发展空间广阔,但并不意味着完善,还存在一系列问题:

1) 交易量较小,价格偏高

我国当前的经济发展水平不高,还远未达到成熟市场 3~5 年就换一次车的水平,报废标准规定的报废年限也较长,进入二手车市场的汽车总量有限,而市场需求旺盛,特别是年轻一代对拥有一辆自驾车有着强烈的愿望。全国目前尚有 1 000 多万持有驾照而无车开的潜在消费者。供需失衡导致车价偏高,利润丰厚。目前经营新车的利润一般在 10%以下,甚至只有 3%~5%,而二手车一般的经营利润均在 10%以上,有的达 20%以上。

2) 交易功能单一,不够灵活

目前各地二手车交易市场形式仍以代理交易为主;在赢利模式上依然延续着靠收取手续费生存的传统方式;二手车交易市场的功能仍比较单一,提供场所、办理手续、收取交易费等仍为主要内容;同时开展检测、评估、收购、寄售、租赁、拍卖、美容、修理、服务咨询等多种经营方式和服务内容的二手车流通企业仍然不多。由于交易方式和服务方式的单一,信息的不对称

且渠道不畅,交易过程中存在着缺乏诚信跟踪与制约机制等问题,二手车交易尽管在量上有明显的增长,但质并没有大的提高,这在相当程度上影响并制约着二手车市场的发展。今后须努力拓宽服务领域,延伸服务产业链,变单一功能为多环节的一条龙服务。

3) 评估质量不高,缺乏统一标准

为了使二手车鉴定评估更加公开、透明,维护交易双方权益,各地相继成立了一批专业的鉴定评估机构,对评估师也进行了专业培训。但目前为止全国还没有统一的二手车鉴定评估标准,评估师的执业水平参差不齐。很多鉴定评估机构只采用单一的平均年限折旧法进行价值评估,评估结果不够科学,难以为市场交易提供公平的价值尺度。由于地区性差异很大,各地二手车鉴定评估具有明显的"地方特色"和"区域特色"。

4) 相关法律法规不健全

《汽车贸易政策》和《二手车流通管理办法》,对规范二手车市场起到了重要的推动作用。但二手车流通管理相对滞后,与二手车市场高速发展间的矛盾仍很突出。虽然管理办法从宏观上解决了放开经营、激活市场的问题,但是与之配套的实施细则还未出台,导致企业在具体操作过程中遇到具体问题难以解决。建立顺畅高效的二手车流通体系,健全二手车流通管理法规体系,营造一个健康有序的市场环境,尚需时日。

5) 诚信问题困扰行业健康发展

二手车市场是一个信息不对称的市场,消费者很难获取购置二手车的准确信息,包括车辆的合法性、车辆的维修、车辆的技术状况等。上述信息内容由于维修保养记录、保险记录分别由各自归口单位封存,缺乏共享的信息平台,连经营者往往也无从查找。而且由于社会信用体系不健全,公民的诚信意识不强,加上少数不法人员的恶意诱导,致使二手车市场透明度不高,诚信缺失。消费者在市场中居于弱势,常常要面对质量欺诈、价格欺诈、购买非法车辆等风险,最终导致二手车市场信用不良,消费行为大打折扣,潜在的二手车需求难以转化成为现实需求。诚信问题是困扰行业健康发展的关键因素,这个问题不解决,二手车市场就难以实现质的飞跃。

7.3.5 促进二手车市场发展的策略

二手车因其低廉的价格颇受部分消费者的喜爱,然而,一直以来,二手车交易存在的各种陷阱一直制约着我国二手车的发展。研究发达国家的二手车交易市场以及我国北京、上海、广州等地的二手车市场会发现,健全的法规和体系在二手车交易市场相对比较成熟。结合二手车市场的实际情况,参考以下对策建议,对我国二手车交易中心的发展有至关重要的作用。

1) 加快二手车市场交易过程中诚信机制的建立

(1) 由国家相关部门牵头,二手车销售商、汽车制造厂商、各品牌4S店、各地的汽车修理店广泛参与,共同构建起功能完善的汽车信息数据库系统,方便买卖双方进行车辆信息的查询。通过信息透明化建设,消除二手车交易过程中的信息不对称和价格欺骗现象,促进二手车市场交易环境的健康发展。

(2) 完善二手车售后服务体系,使二手车售后服务体系与二手车销售体系同步发展,树立二手车消费者的购买信心。

(3) 建立相对独立的诚信监督机构,消除有些执法部门在二手车市场中既当运动员又当裁判员的现象。二手车诚信监督机构通过对二手车经营主体的严格监管和对二手车市场交易行为的规范,促进二手车市场诚信机制的建立。

2) 完善二手车市场交易体制,规范二手车市场交易行为

国家相关部门应结合我国二手车市场的发展现状,针对二手车交易过程中存在的问题及时出台相关法规,以使二手车交易操作做到有法可依,二手车市场的交易行为逐步得以规范;同时,统一我国二手车交易的税收标准,简化二手车交易过程中的相关手续,促进我国二手车的跨区域流通。

3) 完善二手车鉴定评估体系

目前,在多数二手车消费者对汽车并不十分了解的情况下,二手车交易市场应该建立科学规范的鉴定评估体系。由国家主管部门制定统一的鉴定评估标准、流程,引入第三方鉴定评估机构,做到二手车的鉴定评估和销售相互独立,保证评估过程公开透明,使评估结果真实可信。同时,由于二手车市场和汽车技术发展十分迅速,评估方法及评估标准应适时更新,这就需要建立二手车鉴定评估师的再培训制度,取消职业资格终身制,使二手车鉴定评估师不断接受再教育,以适应市场发展的需要。

长期以来,在我国二手车鉴定评估方面没有可以依据的评估标准与规范,在鉴定评估过程中,很少使用检测设备,主要靠评估人员的肉眼观察,随意性很大,加上评估师水平不等,良莠不齐,很难保证评估结果的公正。2005年的《二手车流通管理办法》、2006年的《二手车交易规范》等,都没有从根本上解决对旧车的质量技术鉴定和残值评估的问题,更多的重心还是放在了行业管理上。

作为我国调控与规范二手车市场发展的《二手车鉴定评估规范》与《二手车流通企业经营管理规范》即将出台。据悉,规范根据车况把评估车辆依次分为10级,对评估车辆的检测达到100多项,并提供了标准评估单。要求通过专业人员,借助检测设备与工具、统一的评估标准和流程,对二手车进行量化的技术检测,并由二手车经营企业或第三方鉴定评估机构向消费者告知二手车技术状况鉴定结果。该规范规定流通企业首先要对车辆的大致技术状况进行公布,对车辆外观、发动机、底盘、内饰等进行检测;其次要审核二手车原先保险、维修等原始凭证的真实性和完整性;最后才来考察新车市场平均价格。

4) 创新交易模式,发展相关配套业务

在我国二手车市场快速发展的过程中,传统的二手车交易模式已经成为二手车交易市场发展的瓶颈,因此亟待创新交易模式。只有不断创新交易模式,才能适应不断发展的市场需求。与此同时,应通过二手车市场的发展带动汽车保险、信贷、租赁、拍卖、评估、置换、美容、维修、零配件供应等一系列相关汽车服务业的发展,形成更完善的汽车后产业链,确保汽车市场能够健康平稳地发展。

对比国内外二手车市场的现状和特点,中国二手车市场在市场体制、交易环境、交易模式上与国外成熟的二手车市场存在着明显的差距。针对中国二手车市场存在的问题,借鉴国外二手车市场成熟的经验,通过创新,发展一套具有中国特色并切实可行的经营模式,中国二手车市场一定会健康繁荣地发展。

5) 拓宽流通渠道,建立完善的二手车流通体系

允许符合条件的企业开展二手车经营活动,引入多元化经营主体,以便为我国二手车流通行业乃至整个汽车市场注入新的活力。因此,建议国家有关部门尽快出台相关政策,将有实力和有从事二手车愿望的企业吸纳进入二手车流通行业,培育和发展多元化经营主体,建立方便用户的集中交易和分散经营相互并存、有机联系的二手车流通体系。

6) 统筹规划,合理布局

在二手车流通管理中不能只简单地说放开与否,应由国务院商品流通行政管理部门根据总体行业规划统一布局;各地方政府在核准设立二手车交易市场及其他形式的二手车经营企业时,应对本区域的经济发展、人均可支配收入、汽车保有量、现有二手车经营企业数量与布局以及二手车交易量等项经济指标综合考虑。且为防止无序竞争的现象,同一城市不宜设多家交易市场。

7) 循序渐进,逐步放开

全国二手车行业组织应积极配合国务院商品流通行政管理部门,在对国内二手车市场充分调查研究的基础上制定二手车交易市场、二手车经营公司、品牌汽车供应商以及品牌经销商的市场准入资质条件。在二手车市场改革中,应坚持先试点后逐步放开的原则,既要考虑市场发展和人民生活需要,又要防止非法车辆通过放开的渠道流入市场,同时还应考虑放开后整个行业的发展问题。

8) 加强法制化、标准化建设,促进市场规范化运营

加快行业法制化、标准化体系的建设步伐,行政管理部门应尽快出台《二手车流通管理条例》并选择重点区域进行试点,分步骤推广,再由全国二手车流通行业组织尽快制定出二手车交易规则、标准化交易流程、售后服务规范,以便各二手车经营企业在统一的标准下开展经营活动。经过一年左右时间的努力,基本实现"五统一"目标,即:合同文本统一、交易税率统一、交易发票统一、交易凭证统一和售后服务标准统一。

除此之外,还要采取简化交易手续、强化售后服务、建立信息网络体系、建立科学规范的鉴定评估体系、加强行业组织体系建设、提高行业管理水平等措施,这样才能建立一个完善的市场化二手车流通体系,保证二手车市场保持良好、健康的发展方向,不断完善,不断进步。

随着我国汽车行业的高速发展,二手车市场的交易量和规模也日益壮大,其巨大的发展潜力也逐渐突现出来,对二手车市场的关注也逐步加强。二手车的发展意义更是愈显重要,它影响着整个汽车产业和社会生活的诸多方面。

我国二手车市场相对于国外来说,起步晚,存在许多不完善和不规范的地方,但是近年来市场的发展相当迅速。在市场的快速发展中,国外市场的发展经验将成为我国二手车市场发展的指明灯,借鉴国外经验,结合我国市场现状,发展符合中国特色的市场体系,成为我国二手车市场发展的一条有效而快速的途径。

7.3.6 我国促进二手车市场发展的政策

1)《节能与新能源汽车产业发展规划》

2009年国家关于《节能与新能源汽车产业发展规划》将"规范和促进二手车市场发展"作为推动二手车市场持续发展的一项重要措施,针对二手车行业存在的突出问题提出了一系列政策措施,包括制定二手车鉴定评估国家标准和建立临时产权登记制度;调整二手车交易的增值税征收方式,即调整现行的"简易办法征收增值税"方式,改为按法定税率对进销差价征收,不增值就可不缴纳增值税;严格经营主体市场准入,大力发展专业的二手车经销企业;提高二手车经营的市场准入条件,清理不具备经营条件和经营不规范的企业;倡导汽车品牌经销商开展以旧换新、以旧换旧等汽车置换业务;取消二手车交易市场的不合理收费,降低交易成本;积极推广二手车交易合同示范文本,保护消费者合法权益;充分发挥行业组织作用,加强行业自律,促进企业诚信经营。

2) 规范二手车市场秩序文件

2009年国家工商总局、商务部、财政部、公安部、工业和信息化部、税务总局、国家发展和改革委员会,就进一步规范二手车市场秩序、促进二手车市场健康发展提出意见,计划采取以下4项措施:

(1) 加强二手车交易市场开办主体监管,严格市场准入条件;依法查处、取缔无照经营二手车的违法行为;优化市场环境,在二手车经营企业登记、税收、车辆转移登记等方面提供高效便捷的服务。

(2) 加强对二手车交易市场、二手车经营企业经营行为的监督管理,督促其建立和完善车辆的索证索票制度,亮照、亮证经营,依法纳税,明码标价,规范使用《二手车销售统一发票》和《二手车买卖合同示范文本》。

(3) 依法打击违法经营行为和违法犯罪活动。重点查处非法销售应报废车辆、虚假宣传、不正当竞争、偷逃税收,以及欺行霸市、强买强卖、恶意串通、敲诈勒索等违法行为。严防走私、非法拼装、盗抢的车辆上市销售。

(4) 将二手车交易市场和二手车经营企业纳入政府部门的诚信建设体系,充分发挥行业协会作用,加强行业自律,倡导公平竞争,树立诚信为荣、失信为耻的行业风尚。建立和完善各项监管制度和机制,创造条件,方便二手车在全国范围内流通。

3) 促进二手车市场健康发展的意见

2009年11月3日,国家工商总局会同商务部等国家7部委联合下发了《关于进一步规范二手车市场秩序,促进二手车市场健康发展的意见》。意见明确规定,今后二手车经营企业要建立和完善车辆的索证索票制度,明码标价。

此次意见也提出,将二手车交易市场和二手车经营企业纳入政府部门的诚信建设体系,建立和完善各项监管制度和机制,创造条件,方便二手车在全国范围内流通。

意见要求二手车经营企业须如实提供车辆在使用、维修、事故、保险以及行驶公里数、报废期限等方面的真实情况和信息。

为拉动汽车消费,促进汽车产业结构调整,二手车交易市场今后将贯彻"严格市场准入"的原则,二手车鉴定评估的技术标准也将做进一步规范。

4) 二手车交易市场升级改造示范工程

根据《国务院办公厅关于搞活流通扩大消费的意见》精神,为建立现代化二手车流通体系,提供公正透明的市场环境,促进二手车流通,商务部、财政部联合下发了《关于开展二手车交易市场升级改造示范工程试点的通知》。我国从2009年起在北京等10个省(市)开展"二手车交易市场升级改造示范工程"试点,通过财政支持,引导企业以提高信息化水平、推进市场服务功能升级、改善交易环境为重点进行技术改造,推动二手车交易市场健康发展,促进二手车交易量持续增长。

项目考核

1. 什么是二手车交易市场?
2. 二手车交易市场的基本功能有哪些?
3. 二手车交易市场设置要求有哪些?
4. 我国二手车市场的特征及存在哪些问题?
5. 发达国家二手车交易市场有哪些特点?

项目 8　二手车交易

项目要求

1. 了解我国二手车交易类型；
2. 了解国内外二手车交易的特点；
3. 知道二手车交易所需的证件；
4. 掌握二手车交易过户、转籍的办理程序；
5. 掌握二手车收购的流程、定价方法和操作技巧；
6. 掌握二手车销售的流程、定价方法和操作技巧；
7. 熟悉二手车置换和拍卖服务业务流程。

任务 1　二手车交易概述

8.1.1　二手车交易的类型

二手车交易是一种产权交易，是实现二手车所有权从卖方到买方的转移过程。二手车必须完成所有权转移登记（即过户）才算是合法的、完整的交易。交易的二手车必须合法。2006年3月24日，商务部为规范二手车交易行为，指导交易各方进行二手车交易及相关活动，根据《二手车流通管理办法》制定《二手车交易规范》（公告 2006 年第 22 号）。规范中明确提出以下情况禁止交易：已报废或者达到国家强制报废标准的车辆；在抵押期间或者未经海关批准交易的海关监管车辆；在法院、检察院、行政执法部门依法查封、扣押期间的车辆；不合法或来历不明的车辆；手续不全的车辆；在本行政辖区以外的公安机关交通管理部门注册登记的车辆；国家法律、行政法规禁止经营的车辆。二手车交易的类型在不同地区略有区别，大致有 4 种常见类型。

1）二手车直接交易

二手车直接交易是指二手车所有人不通过经销企业、拍卖企业和经纪机构将车辆直接出售给买方的交易行为。也就是说不通过中介，买卖双方直接交易。交易可以在二手车交易市场内进行，也可以在场外进行。二手车个人交易无论是直接交易还是通过二手车经纪机构进行交易，卖方不能直接给买方开具二手车销售统一发票。

《二手车流通管理办法》规定，买卖双方达成交易意向后应当到二手车交易市场办理过户业务，由二手车交易市场经营者按规定向买方开具税务机关监制的统一发票，即二手车销售统一发票，以便办理车辆相关证件及手续的变更。

2) 二手车中介经营

二手车中介经营是指二手车买卖双方通过中介方的帮助而实现交易,中介方收取约定佣金的一种交易行为。中介经营包括二手车经纪、二手车拍卖。

(1) 二手车经纪,指二手车经纪机构以收取佣金为目的,为促成他人交易二手车而从事居间、行纪或者代理等经营活动。车主将待转让的车辆委托给二手车中介公司,约定好最低委托销售价格,被买主看中后交易。要点是要在一些正规的二手汽车中介办理这种业务,以免出现风险,如故意拖延错过最佳出售时机、用车主的车骗保险、拆配件卖,甚至骗取车辆证件销售后消失等。

(2) 二手车拍卖,指二手车拍卖企业以公开竞价的形式将二手车转让给最高应价者的经营活动。从事二手车拍卖及相关中介服务活动的机构应按照《拍卖法》及《拍卖管理办法》的有关规定进行。委托拍卖时,委托人应提供身份证明、车辆所有权或处置权证明及其他相关材料。拍卖人接受委托的,应与委托人签订委托拍卖合同。

根据《二手车流通管理办法》规定,二手车拍卖企业也能够直接给买受人开具二手车销售统一发票,所以在拍卖会结束后,买受人和拍卖企业签订成交确认书(相当于二手车交易合同)、交款得到二手车销售统一发票,凭成交确认书到指定地点提车,然后携带发票和要求的证件去相关部门办理车辆相关证件及手续的变更。有些拍卖企业虽然有二手车拍卖业务,但没有开具二手车销售统一发票的资格,此时,在交款后需要到指定的二手车交易市场办理相关过户手续,由市场按规定开具二手车销售统一发票。有关车辆的合法性手续,二手车拍卖企业在接受拍卖委托时已经查验过,可以通过二手车拍卖成交确认书加以保证。

3) 二手车销售

二手车销售是指二手车销售企业收购、销售二手车的经营活动。由于二手车销售企业能够直接给购车者开具二手车销售统一发票,所以只要购车者和二手车销售企业达成交易意向,双方即可签订二手车交易合同,购车者付清车款后,企业按规定给购车者开具二手车销售统一发票,那么购车者就可以携带发票和要求的证件去相关部门办理车辆相关证件及手续的变更。有关车辆的合法性手续,二手车经销企业在收购车时已经查验过,可以通过二手车交易合同加以保证。

二手车典当不赎回情况也可以算作一种二手车销售。二手车典当是指二手车所有人将其拥有的、具有合法手续的车辆质押给典当公司,典当公司支付典当当金,封存质押车辆,双方约定在一定期限内由出典人(二手车所有人)结清典当本息、赎回车辆的一种贷款行为。典当时二手车所有人需持合法有效的手续到典当行办理典当手续,由典当行工作人员和车主当面查验,填写"机动车抵押/注销抵押登记申请表",此申请表必须交到车辆管理所备案,然后封入典当公司的专业车辆库房。如果到约定的赎回期限二手车所有人不赎回车辆,则典当行就可以依据协议自行处置该车,如出售等。

4) 二手车置换

二手车置换也是一种二手车经销行为,是客户在汽车销售公司购买新车时,将目前在用汽车经该公司鉴定估价后,以一定的折价抵扣部分新车款的一种交易方式。目前二手车置换业务主要是在同品牌的车型中开展,汽车销售企业将置换的汽车经过一定的检测、维修后,作为一辆认证二手车卖给消费者。目前,我国已有部分汽车品牌开展了认证二手车销售业务,如上海通用的"诚新二手车"、现代的"首选二手车"、广汽本田的"喜悦二手车"、东风标致的"诚狮二手车"、东风雪铁龙的"龙信二手车"等等。

与国内现有二手车交易市场提供场地、服务来吸引经纪公司入驻,赚取租金和交易手续金的模式不同,"诚新二手车"品牌大卖场是直接从事二手车业务的经营实体,整车厂家和经销商相辅相成,以实现品牌化、标准化、规模化运营的独特优势。车辆置换是汽车4S店拓展业务的发展方向。

5) 二手车市场其他经营模式

一个好的成功的二手车市场,必须是不断地创新、拓展的,模式是多样的,功能是完善的。二手车市场其他的经营模式目前也发展迅猛。

(1) 经营多元化模式。二手车市场在完善市场服务功能的道路上谋求多元化发展,在实现车辆工商验证、过户、保险等基本服务功能的基础上,继续引入了二手车信贷、二手车保险业务、二手车置换业务、二手车竞价拍卖业务及一系列方便买卖双方交易的新举措,其中以二手车竞价拍卖业务最受买卖双方欢迎。

二手车竞价拍卖业务是二手车市场在探索二手车交易新模式过程中的一种全新尝试,它是由市场专门组织场内信誉好的经销商参与,对车主的车辆进行现场投标竞价的一种交易形式,其作用在于为买卖双方之间建立了一条稳妥、便捷、安全的交易渠道。既为经销商解决了产品供应渠道的问题,又为车主提供了一个由市场信誉为保障的交易平台,使得交易过程更加透明、公平,交易价格更加真实。竞价交易模式改变了过去交易信息不对称的局面,有效地杜绝了不良交易行为的发生,使买卖双方的经济利益得到了最大限度的保障。

(2) 市场经营批发二手车业务模式。借助交易市场本身的人力、资金、信息优势,批量采购各地二手车,利用区域性价差,向场内经纪户、经纪公司批发或直接销售。一方面取得利润,另一方面也能带动新生市场活力。该模式解决了各地不同车型销售冷热不均,甚至滞销的状况,加速二手车的流通。由于政策的限制,目前尚未成功,主要是二手车跨地区双重过户收费的问题尚未解决,但是自从全国二手车交易发票统一以后,这一问题解决也不会太远了。这样,随着收费的降低,也促进了这一业务的发展。

(3) 发展相关配套业务。二手车与新车相比,必定有各种各样的大小问题,维修、保养、美容、装饰、配件销售等业务是顺理成章的,其收益也是显而易见的,关键是不能和客户联起手来欺骗消费者,要有坚定不移的实事求是原则,慢慢地就会在消费者心中树立自己的形象。在车辆维修、保养之后,交付时出具专门的市场验收合格证、承诺书,即便是价格高一点,消费者也会购买,看的是信誉,图的是放心。

8.1.2 二手车交易车主类型

二手车可以在任何身份的人群中交易。根据二手车买卖双方身份不同,二手车交易者有以下4种类型:

1) 个人对个人交易

这种交易类型是:二手车所有权为个人,二手车买受人也是个人。买卖双方都是以个人的身份出现的。

2) 个人对单位交易

这种交易类型是:二手车所有权人为个人,二手车买受人是单位。

3) 单位对个人交易

这种交易类型是:二手车所有权人为单位,二手车买受者是个人。

4) 单位对单位交易

这种交易类型是:二手车所有权人为单位,二手车买受人也是单位。

8.1.3 二手车交易的相关规定

根据《二手车交易规范》的规定:

1) 二手车交易地点

二手车应在车辆注册登记所在地交易,也就是说,二手车不允许在异地交易。这项规定有利于规范和管理各地的二手车市场。

2) 二手车办理转移登记手续地点

二手车办理转移登记手续应按照公安部门有关规定在原车辆注册登记所在地公安机关交通管理部门办理。需要进行异地转移登记的,由车辆原属地公安机关交通管理部门办理车辆转出手续,在接收地公安机关交通管理部门办理车辆转入手续。

3) 建立二手车交易档案

交易后,二手车交易市场经营者、经销企业、拍卖公司应建立交易档案。交易档案主要包括以下内容:

(1) 法定证明、凭证复印件。

(2) 购车原始发票或者最近一次交易发票复印件。

(3) 买卖双方身份证明或者机构代码证书复印件。

(4) 委托人及授权代理人身份证或者机构代码证书以及授权委托书复印件。

(5) 交易合同原件。

(6) 二手车经销企业的"车辆信息表"、二手车拍卖公司的《拍卖车辆信息》和《二手车拍卖成交确认书》。

(7) 其他需要存档的有关资料。交易档案保留期限不少于3年。

8.1.4 我国二手车交易存在的问题

我国二手车交易起点低、历史复杂,虽然进步很快,但是在二手车交易体系和二手车经营方面存在诸多问题,制约着二手车市场的发展。

1) 二手车交易体系的问题

(1) 交易形式单一。除了直接交易外,主要是通过二手车市场进行交易,拍卖业不发达,影响交易速度;网络不成熟,缺乏监管,可信度低;二手车专卖店市场空间小,尚未成型;其他经营形式难获国家许可。

(2) 评估体系不健全。我国独立的评估机构是2006年上半年才陆续成立的,但所谓的独立评估机构多数是从属于市场,实际上并不独立,难以公正地对二手车进行评估。政府部门对评估机构以及鉴定评估师的管理尚不成熟,行业操作不规范,评估结论缺乏公信力,结果是消费者不愿意将车拿到二手车市场去交易。客观公正的评估体系有助于消除这种信息上的不对等,增强消费者交易二手车的意愿。

(3) 消费者缺乏信任。"诚信"问题在交易中比较严重,事故隐瞒、车辆维护不规范和不及时、更换的配件质量不佳等,车主将车卖给车行时会有意隐瞒,要判明这些,对于二手车收购人员来说具有相当的难度,即便判明,但出于利益考虑,不告知潜在车主。有的二手车经营者甚至会刻意造假隐瞒,欺瞒消费者。而且绝大多数售出的二手车缺乏售后保障,消费者对二手车技术状况普遍信心不足。

(4) 手续繁琐且暗存隐患。办理过户手续涉及车管所、税务局、公路局、保险公司等多个部门,前后至少需要半个月。而且不同地区车辆管理程序是不一样的,有的地区要等到正式新的行驶证出来以后才给予办理养路费、车辆购置税完税证明、被保险人的变更,往往还要车主提供身份证原件,本人到场,并在工作日内才予办理,十分繁琐。许多地区还要求车主将车辆卖给二手车商时,并不将车辆过户,而是要等到二手车商将车辆卖出以后,直接过户给新车主,这样等待的时间就更长。

有些车因历史原因不可能办理登记证书,或手续不全没有年审、没有机动车登记证书等,这些情况过户费时费力,更有甚者车辆本身就不能过户。而在消费者付款之前不会明确告知,合同上的相关条款非常模糊,一旦消费者交了定金,很难全身而退。

【实例8-1】

2007年1月,梁先生在西丽一通二手车市场买回一辆日本进口的本田里程轿车,为避免受骗,梁先生全程参与办理了车辆的验车过户等手续。车辆通过深圳车管所检验后,梁先生重新为车辆上了深圳的牌号。

7月20日,梁开车回老家茂名,将车停在一停车场上,结果被执勤的茂名市公安局交通警察支队交管大队以"使用其他车辆的机动车号牌"为由暂扣。当地交警部门检验后告知梁先生,该发动机号与车架号都经过修改,涉嫌套牌。

梁先生很奇怪,自己当初买车的时候是经过正当程序和手续的,所有发票一应俱全,而且在深圳车管所还正常过户了,怎么自己的车就"使用其他车辆的机动车号牌"呢?

梁先生立即赶回深圳,向当初卖车的西丽一通二手车市场咨询。但工作人员称,这辆车是经过西丽车管所检验的,没有任何问题,并且当初过户的时候也是在车主、交警和二手车行三方共同在场的情况下办理的。

为了取回这辆车,梁先生想尽了办法。梁先生家住深圳,在深圳工作,而车被扣在了茂名,每次开车从深圳到茂名单程都需要6个小时左右。

由于自己的车被扣,梁先生每次去茂名都是租车。而每次去茂名交管大队时,都要等上好半天,很多次负责人都不在。从车被暂扣至今已经有一个多月了,在这一个多月的时间里,他在深圳到茂名的公路上来回奔波了8次,"来来回回的路费都花了9 000多元"。尽管如此,他的车还是没能取回。

"花几万元买辆车是为了工作和生活更方便一些,没想到现在反而更麻烦了。"梁先生一脸的无奈。他告诉记者,茂名交警大队称,现在他的车每天还需要交20~30元的停车费。加上已经花费的9 000多元路费,开支已经上万元了。

"主要是深圳和茂名两头跑很麻烦,我现在在深圳建工厂,没有那么多时间。长途来回跑也不是很方便。"梁先生很是苦恼。

西丽一通二手车市场的邓先生负责梁先生的二手车交易。他说,梁先生的车在深圳是正常过户的,他买的车是从日本进口的本田里程轿车。

邓先生解释说,车在卖给梁先生之前,发动机和车架都是原装的,卖给他之后有没有改过就不清楚了。"当时他是跟我一起过户的。既然能够上牌,车肯定是没有问题的。"至于具体情况他也不太清楚,要看茂名交警是怎样裁定的。

茂名市公安局交通警察支队交管大队经办此事的张警官说,经过茂名交管大队的验证,梁先生的车的发动机号和车架号都被改过了。"如果发动机号和车架号改动,车主需要办理变更手续。但是梁先生的车却没有,因此我们按规定将他的车暂扣了。"

张警官告诉记者,目前,他们已经把梁先生车的发动机号和车架号资料邮寄到深圳市公安局交警支队车管所档案科,等待他们的最终鉴定。"具体的处理结果还需要等待深圳交警的鉴定结果。如果邮寄过去的车牌号与车架号和档案记载符合,我们就将车交还给车主;如果不符,按规定就要由茂名交管大队做相应的处理。"

(5) 消费观念落后。在许多购车消费者的传统观念中,拥有私人轿车首先是一种地位和身份的象征,其次才是用来代步,购买和使用二手车有损个人形象。这也是制约二手车市场发展的重要原因。

2) 二手车交易经营的问题

(1) 瑕疵车辆当好车卖

个别不法整车销售商将运输中受损车辆修理后充当全新车辆销售,或者将某些试验、试驾用车违规调整里程充当好车销售。

【实例8-2】

2006年7月中旬,高先生在某新车行看中一部价值13.38万元的轿车,当时检查了车头和车身,觉得好像没有多大问题,就买下了。挂上牌后,高先生满心喜悦地开着新车联系业务。但到8月6日,高先生开车时发现车头极其不稳定,左摇右摆得很厉害,从买车到出现问题还不到20天。当天,高先生把车开到车行介绍的特约维修厂进行维修,却被告知,这辆车曾经出过事故,很多零件都是旧的,特别是底盘,明显经过强烈撞击破损,高先生这才知道自己买了一辆破烂"二手车"。维修厂表示,要维修好这辆车,起码要花2万元。

感觉上当受骗的高先生找车行理论,却发现了很多在买车时根本没有注意到的问题。车行有关负责人表示,高先生所买的别克确实是"二手车",前车主是在广东某汽车贸易有限公司买的车,在5月份出过一次事故,因此转手将车卖给车行,所以高先生手上的发票也不是车行的,而是广东某汽车贸易有限公司的,车已售出,车行就不负责任了,而应该找该汽车贸易公司。而广东某汽车贸易有限公司也承认车是公司卖出的,但现在已经转了一次手,也不能由公司承担赔偿责任。结果高先生被推来推去,事情没法解决,只好投诉到广州市12315。高先生懊悔地表示买车时没有找专业人士指导,在网上可以查询到的汽车相关信息和买车的注意事项都没有留意,吃了个闷亏。经过协商,最终车行表示可以赔偿6 000元,而高先生还要倒贴一万多元修车。

广东某律师事务所律师表示,由于汽车属于高档商品,消费者一旦陷入纠纷,容易导致人身、财产受损。有条件的话,最好请一位专业人士陪同签订购车买卖合同,注明车型车况等。高先生遇到的麻烦事主要是由于消费者与经销商之间信息不对称造成的,现在最重要的是看高先生的合同是怎么签的,如果车行在合同中注明是"新车"而实际上是二手车,车行就不仅仅存在欺诈行为,甚至还要担负刑事责任,高先生则不仅可以退车,甚至还可以起诉车行。

(2) 事故修复车当无事故车卖

不法二手车商在收购时按照事故车压低价格进行收购,收购回来修复后伪装成好车进行销售获取高额利润。对于消费者而言,购买事故车会增大车辆出现故障以及发生事故的概率,并危及消费者生命安全。

(3) 出租车当家用车卖

出租车转民用俗称"营转非",出租车相比其他车辆的使用强度要大得多,收购价格相应低很多。不法二手车商将车辆里程调改并作为民用车辆进行售卖,以获得高额利润。

【实例 8-3】

2005 年 6 月 16 日,安阳市殷都区人民法院依法审结了一起因隐瞒真相而导致汽车交易合同被撤销的案件。

2004 年 7 月 18 日,原告吴某和被告杨某签订了一份机动车辆买卖协议,约定由被告将一辆桑塔纳 2000 黑色轿车以 6.6 万元转让给原告,原告先付 0.3 万元,剩余款项在办完过户手续并办理完本地牌照后付清。协议签订后,原告先后分两次付给被告 6.3 万元,并多次催促被告共同办理车辆过户手续,但被告迟迟不予交付车辆流转登记表,使原告对车辆的交易行为产生怀疑。据法院查明的机动车登记证书显示,该车出厂日期为 1997 年 9 月,登记日期为 1997 年 10 月,机动车所有人为北京市双环汽车出租公司,使用性质为出租客运。2000 年 10 月变更为北京市双环汽车有限公司,2002 年 10 月又变更为曹某个人,使用性质为营转非,2002 年 11 月再次变更为张某个人,使用性质为非营运。原告据此认为被告的车辆是转售的出租车,系国家明令强制报废的车辆。售给原告时已经接近报废,故被告行为存在欺诈。

法院审理后认为,车辆流转登记表是记载机动车有关信息的重要凭证,被告与原告签订买车协议时,未向原告交付车辆流转登记表,隐瞒了该车的真实使用性质,按照国家关于旧机动车交易的管理办法规定,机动车交易必须在旧机动车交易中心进行,被告违反规定与原告私下交易,对形成纠纷应负主要责任。依照有关法律规定,依法判决:撤销合同,双方已取得的财产相互返还。

(4) 调改里程

改里程表在许多国家是严重的违法行为,但在国内,目前还仅能从道德层面约束,法律难以约束。不法二手车商就采取这种方式欺骗消费者,以获得更多利润。

【实例 8-4】

2006 年 8 月,胡先生在某二手车市场买了一辆 2004 年 10 月出厂的捷达 GTX,购车时该车的里程表显示行驶了 5.5 万 km,胡先生是一个老驾驶员,凭着自己十几年的驾驶经验判断该车各方面的状况都比较好,经过一番讨价还价后,双方以 8 万元的价格成交。可是当他真正开起这辆车时,才发觉有些不太对劲:该快的时候快不起来,爬坡的时候使不上劲,还经常出现一些不应有的小毛病。在跑了多次修理厂之后,胡先生终于忍不住了,到该车的特约维修站查看其原始资料和维修档案,才发现该车的实际行驶里程是 15.5 万 km,竟然比里程表上的显示数据足足多了 10 万 km!

国外同样存在私下调小里程的行为,对此日本交通省 2004 年规定,机动车年检要在车检证上登记里程表的计数,这样就从制度层面阻止了改动里程表的不法行为,收效显著。从技术层面来说,可采取技术保全措施。德国西门子汽车仪器仪表公司提出,行驶里程在存入里程表的同时,可将数据秘密地存储到汽车其他电控系统中,如 ABS 系统。从这些系统中读取行驶里程数时,须使用专门设备,不同的车型,行驶里程隐含的地方各异,这使偷改里程计数更加困难。双管齐下,可有效遏止这种不法行为。

8.1.5　发达国家二手车交易特点

1) 经营方式多样,购车方便

为了降低经营成本,增加交易量,尽可能减少交易的中间环节,以方便顾客,满足消费者的需求,二手车的经营方式多种多样,灵活方便,主要有品牌专卖、连锁经营、旧车专营、拍卖、二手车超市等多种形式。其交易方式有直接销售、收购、代销、拍卖、置换等,交易手段灵活方便,每个国家均有自己的特色。

(1) 日本

日本的多数二手车是通过经销商完成销售的,对于尚未出手的二手车,经销商会通过拍卖的方式或直接交易的方式,将其转手给其他地区的经销商,加快了二手车流通速度,提高了资金的周转速度,降低了经营风险。

(2) 德国

在德国的一些主要城市,到处都可看到大大小小的二手车经营场所。甚至在小的汽车维修店前,还会摆放几辆待出售的二手车,只要这些车通过法定车检,个人之间就可直接谈判,价格谈妥后,到相关部门办理过户手续,简单便捷。

(3) 美国

在美国,二手车的销售有多种渠道,五花八门,总括起来不外乎有:

① 大的经销商。这些经销商都有良好的仪器设备和训练有素的维修保养技师,能对二手车进行检测、维修。并且它们都有大众认可的企业形象,诚信度高,但价格也较高。

② 二手车连锁店。其出售的二手车也经过一些最基本的维修,价格稍低一些,能提供一段时间的维修服务。

③ 二手车销售点。销售点比连锁店小,在这里买车可以试车,也可以进行检测,但成交后不提供任何保证,所以价格比前两种销售形式更便宜。

④ 刊登卖车广告。这种方式能吸引更多的买主,所以往往能卖个好价钱。但因为鱼龙混杂,什么样的车都有,容易上当受骗,风险较大,需要顾客具备一定的专业知识。

2) 市场规范有序

为了保护消费者的权益,避免上当受骗,各国政府都制定了有关二手车的交易法规。

日本有《旧货经营法》来规范旧货交易,经营二手车业务,必须得到当地公安部门的许可,并要求在经营场所张榜标识,对交易活动必须做出记录以便查询,且要存档保留3年。经营管理人员需有3年以上的工作经验,能够辨识非法车辆,核实二手车的来源。政府部门一旦发现有顾客上当受骗,会张榜公布,并给予严厉处罚。2001年实施的《消费者合同法》规定,若二手车经营者有不当行为,须承担相应的法律责任。如果消费者在不知情的情况下购买到一辆事故车,可要求经营者赔偿。

澳大利亚对二手车的经营管理有极严格的规定。企业的资质由政府管理和审批,每年进行年审。特别对进口的二手车有严格的质量标准和具体的检测措施,并由政府指定的车行进行检测,否则不准出售。

发达国家二手车交易市场具有完善的检测、维修设备和配件供应,普遍采用计算机管理和科学定价的方法,其鉴定评估已进入网络化、信息化、产业化阶段。欧美国家大都有专门的二手车鉴定评估部门,根据当时的市场行情并结合车况,向社会定期公布各类车型的市场价格、技术状况、行驶里程、维修经历等信息,以增强消费者对二手车的信任感,达到繁荣市场的目的。

3) 售后服务完善

国外一般通过制定法规或通过行业协会和品牌汽车制造商来管理、规范经营行为,保证二手车的质量,并制定有关的服务标准,使消费者可以在一定期限内享受到与新车基本相同的售后服务。

在美国已普及二手车的网上销售,消费者只要登录网站查询,二手车的技术状况、性能等情况就一目了然。交易后车主可享受一定的质量保证期。消费者还可自己选定取车地点,在发出订购指令后,48小时内到经销商处试车。若消费者对已购二手车不满意,那么在确认车辆未遭损坏且行驶不足 500 km 或购车不满 3 天的情况下,可全额退款。

日本交易后的二手车均可享受 1 年或 2.5 万 km 的售后服务。如果购车人事后不满意,可在 10 天内或行驶里程不超过 500 km 时退货。

4) 采取各种办法处理和预防违规行为

不管上述介绍的如何规范有序,由于市场经济的固有特性,出售者受利益的驱动,也存在着违规交易现象。二手车的交易中,主要有以下违规行为:

(1) 买卖双方信息不对称。经销商为了获得更高的利润,往往向消费者提供虚假信息。这其中有故意向消费者隐瞒二手车存在的问题,如隐瞒车辆曾经发生过事故或修理过,从而蒙骗消费者。也有的经销商自己也未弄清楚,也没有经过仔细检查和检测,就信口开河,误导消费者。这样的情况,也时有发生。应该说,二手车原车主对车况是最清楚的,应在出售时,有责任如实反映和填写出车辆的技术状态和使用维修情况,不应有任何隐瞒和欺诈行为。但实际情况是车主也想卖个好价钱。所以,现在二手车市场一般均有购销合同,在合同条款中,规定车主应如实地把车辆的状况填写清楚。若成交后发现有不实之处,车主应负相关责任,以保证购销双方对车辆的信息对称,这也是公平市场交易中的起码原则。

(2) 改动行驶里程表的里程数。

任务 2　二手车交易的证件和证件检查

8.2.1　二手车的手续

二手车的手续是指机动车上路行驶后,按照国家法规和地方法规应该办理的各项有效证件和应该交纳的各项税费凭证。二手车属特殊商品,它的价值包括车辆实体本身的有形价值和以各项手续构成的无形价值,只有这些手续齐全,才能发挥机动车辆的实际效用,才能构成车辆的全价值。如果一辆汽车购买使用一段时间后一直不按规定年检、交纳各种税费,那么这辆车只能闲置库房,不能发挥效用,这样的车技术状况再好,其价值也几乎等于零。

8.2.2　二手车交易的证件

1) 机动车来历凭证

机动车来历凭证分新车来历凭证和二手车来历凭证。

新车来历凭证是指经国家工商行政管理机关验证盖章的机动车销售发票。其中，没收的走私车、非法拼(组)装汽车、摩托车的销售发票是国家指定的机动车销售单位的销售发票。

二手车来历凭证是指经国家工商行政管理机关验证盖章的二手车交易发票。除此以外，还有因经济赔偿、财产分割等所有权发生转移，由人民法院出具的发生法律效力的判决书、裁定书、调解书。

从机动车来历凭证可以看出车主购置车辆日期和原始价值。机动车原值是二手车鉴定评估的评估参数之一。从目前情况看，由于二手车鉴定评估没有统一的、科学的定价标准，因此二手车交易凭证不能反映车辆购置日期的重置成本。

2）机动车行驶证

机动车行驶证是由公安车辆管理机关依法对机动车辆进行注册登记核发的证件，它是机动车取得合法行驶权的凭证。农用拖拉机由当地公安交通管理部门委托农机监理部门核发证件。

机动车行驶证是机动车上路行驶必须携带的证件，也是二手车过户、转籍必不可少的证件。机动车行驶证载明的内容如图 8-1 所示。

中华人民共和国机动车行驶证　「标记」

号牌号码 ____________ 车辆类型 ____________

车　　主 ____________

住　　址 ____________

发动机号 ____________ 车 架 号 ____________

厂牌型号： ____________

发证机关　总 质 量 ______ 千克　核定载质量 ______ 千克

核定载客 ______ 人　驾驶室前排共乘 ______ 人

登记日期 ____ 年 ____ 月　发证日期 ____ 年 ____ 月 ____ 日

中华人民共和国机动车行驶证副页

号牌号码 ____________ 车辆类型 ____________

车　　主 ____________

检　　验 ____________

图 8-1　机动车行驶证

3) 机动车号牌

机动车号牌是由公安车辆管理机关依法对机动车辆进行注册登记核发的号牌,它和机动车行驶证一同核发,其号牌字码与行驶证号牌应该一致。公安交通管理机关严禁无号牌的机动车辆上路行驶,机动车号牌严禁转借、涂改和伪造。

4) 轿车定编证

轿车是国家规定的专项控制商品之一,轿车定编证是各地政府落实国务院关于严格控制社会集团购买力的通知精神,由各地方政府控制社会集团购买力办公室签发的证件。国家为了支持轿车工业的发展,后来又发出通知决定取消购买轿车控购审批。各地政府根据当地实际情况,执行控购的情况各不相同。

5) 道路运输证

道路运输证是县级以上人民政府交通主管部门设置的道路运输管理机构对从事旅客运输(包括城市出租客运)、货物运输的单位和个人核发的随车携带的证件,营运车辆转籍过户时,应到运管机构及相关部门办理营运过户有关手续。

6) 准运证

准运证是广东、福建、海南三省口岸进口并需运出三省以及三省从其他口岸进口需销往外省市的进口新、旧汽车,必须经国家内贸局审批核发的证件。准运证一车一证,不能一证多车。

7) 其他证件

其他证件即买卖双方的证明或居民身份证。这些证件主要是向注册登记机关证明机动车所有权转移的车主身份证明和住址证明。

8.2.3 旧车的税费缴纳凭证

1) 车辆购置附加费

车辆购置附加费是由国务院于1985年4月2日发文,决定对所有购置车辆的单位和个人,包括国家机关和单位一律征收车辆购置附加费,其目的是切实解决发展公路运输事业与国家财力紧张的突出矛盾,将车辆购置附加费作为我国公路建设的一项长期稳定的资金来源。车辆购置附加费由交通部门负责征收,基金的使用由交通部按照国家有关规定统一安排。车辆购置附加费的征收标准一般是车辆价格的10%左右。

(1) 车辆购置附加费的征收范围

① 国内生产和组装(包括各种形式的中外合资和外资企业生产和组装的)并在国内销售和使用的大、小客车,通用型载货汽车,越野车,客货两用汽车,摩托车(两轮、三轮),牵引车,半挂牵引车,以及其他运输车(如厢式车、集装箱车、自卸汽车、液罐车、粉状粒状物散装车、冷冻车、保温车、牲畜车、邮政车等)和挂车、半挂车、特种挂车等。

② 国外进口的(新的和旧的)前款所列车辆。

(2) 免征车辆购置附加费的车辆

① 设有固定装置的非运输用车辆。

② 外国驻华使馆自用车辆,联合国所属驻华机构和国际金融组织自用车辆。

③ 其他经交通部、财政部批准免征购置附加费的车辆。

2) 机动车辆保险费

保险费是为了防止机动车辆发生意外事故,避免用户发生较大损失而向保险公司所交付的费用。该项费用各地区有所不同,交纳时按本地区保险费用交付。机动车辆保险,就是各种机动车辆在使用过程中发生事故造成车辆本身以及第三者人身伤亡和财产损失后的一种经济补偿制度。保险险种有6种:车辆损失险、第三者责任险、车辆风窗玻璃单独破碎险、乘客意外伤害责任险、驾驶员意外伤害责任险和机动车辆盗抢险。其中,第三者责任险是强制性的,必须投保。再就是车辆损失险和机动车辆盗抢险两种应重点投保。

3) **车船使用税**

国务院1986年发布的《中华人民共和国车船使用税暂行条例》规定,凡在中华人民共和国境内拥有车、船的单位和个人,都应该依照规定缴纳车船使用税,这项税收按年征收,分期缴纳。

4) **公路养路费**

公路养路费是交通管理部门规定车辆所有者在使用车辆所占道路应交的费用,它是国家按照"以路养路,专款专用"的原则,规定由交通部门向有车单位或个人征收的用于养路和改善公路的专项事业费。拥有车辆的单位和个人,必须按照国家规定,向公路养护部门缴纳养路费,缴纳养路费的车辆发给养路费缴讫证,免征的车辆也要有免缴证,此证是机动车通行公路的必备证件之一。国家规定养路费的征收和减免征收范围如下。

(1) 养路费的征收范围

① 凡领有牌证(包括临时牌证、试车牌证)的各种客货汽车、特种车、专用车、牵引车、简易汽车(含农用运输车)、挂车、拖带的平板车、轮式拖拉机、摩托车(包括两轮、侧三轮)以及领有牌证,从事公路运输的畜力车。

② 军队、公安武警系统参加地方营业运输承包民用工程及包租给地方单位和个人的车辆。

③ 军队、公安、武警系统内企业的车辆。

④ 外资企业、中外合资企业、中外合作企业的车辆。

⑤ 驻华国际组织和外国办事机构的车辆。

⑥ 外国个人在华使用的车辆。

⑦ 临时入境的各种外籍机动车辆。

(2) 暂定免征养路费的车辆

① 按国家正式定编标准配备的县级以上(含县级)党政机关、人民团体和学校使用的,并由国家预算经费直接开支的5座(含5座)以下的小客车。

② 外国使(领)馆自用车辆。

③ 只在由城建部门修建和养护管理的市区道路固定线路上行驶的公共汽车、电车(不包括任何出租车)。

④ 经省级公路主管部门核定设有固定装置的城市环卫部门的清洁车、洒水车;医疗卫生部门专用救护车、防疫车、采血车;环保部门的环境监测车;公安、司法部门的警车、囚车(设有囚箱);消防车;防汛部门的防汛指挥车;铁路、交通、邮电部门的战备专用微波通信车。

⑤ 由国家预算内国防费开支的军事装备性车辆。

⑥ 公路和城市道路养护管理部门的养路专用车辆。

⑦ 经县级公路主管部门核定完全从事田间作业的拖拉机和畜力车。

⑧ 矿山、油田、林场内完全不行驶公路的采矿自卸车,油田设有固定装置的专用生产车,

林场的积材车。

对上述第(2)条第①项所列车辆如改变使用性质、超出使用范围、变更使用单位、参加营业运输的均应缴纳全额养路费。

(3) 对下列车辆暂定减征养路费,但在改变减征条件、超出减征范围时,应缴纳全额养路费:

① 人民团体和学校单位使用的货车和5座以上(不含5座)的客车减半征收。

② 由专用单位自建、自养的专用公路(不包括生产作业道路),其单线里程在20 km以上的农场、林场、油田等单位,可根据其车辆跨行公路情况,适当减征20%～60%。

③ 上述第(2)条第③项规定的公共电、汽车跨行公路在10 km以内的按费额的1/3计征,跨行公路10 km以外、20 km以下按1/2计征,跨行公路20 km以上的按全额计征。

5) 客、货运附加费

客、货运附加费是国家本着取之于民、用之于民的原则,向从事客、货营运的单位或个人征收的专项基金。它属于地方建设专项基金,各地征收的名称叫法不一,收取的标准也不尽相同。客运附加费的征收是用于公路汽车客运站、客运点设施建设的专项基金;货运附加费的征收是用于港航、站场、公路和车船技术改造的专项基金。

8.2.4 二手车交易的证件检查

一般二手车交易应该检查的证件和凭证如下:买卖双方证明或居民身份证、购车发票复印件、机动车行驶证、营运车辆外卖单、车辆购置附加费、公路养路费缴讫证、车辆保险、车船使用税、客运附加费、货运附加费及地方政府规定交纳的税费凭证。有些地方对小汽车进行控购的,还应检查小汽车定编证。由广东、福建、海南三省口岸进口运出三省,以及三省从其他口岸进口需销往外省市的进口二手车,还应检查准运证。检查基本内容如下:

(1) 核实委托评估的车辆产权。上述证件分别是一车一证,一套证件其车主的单位名称或个人姓名、发动机号、车架号等均应该一致。

(2) 检查车辆原始发票或二手车交易凭证,了解购置日期和账面原值,是否经工商行政管理机关验证盖章。

(3) 交易车辆是否到公安车辆管理机关临时检验,查看机动车行驶证副页检验栏目是否盖有检验专用章,填注检验有效时间是否失效。

(4) 查看机动车行驶证上的号牌、发动机号、车架号码与车辆实物是否一致,如发现不一致或有改动、凿痕、挫痕、重新打刻、垫支金属块等人为改变或毁坏的,应及时向公安机关报告,扣车审查。

(5) 车辆购置附加费是否真实有效。

(6) 公路养路费缴讫证是否在有效期内。

(7) 是否缴纳当年的车船使用税。

(8) 是否按国家规定购买第三者责任保险。

(9) 检查营运车辆外卖单。外卖单是营运车辆转籍过户时向运输管理机构及相关部门办理的一套手续,该手续涉及车主各项规费的交纳、是否违法经营等综合管理方面的问题。故这一手续一般由营运单位或个人自己办理后再行交易。

(10) 检查各种证件的真伪。

8.2.5　二手车交易中证件识伪

机动车是高价商品,一方面违法者总是试图从这里寻找突破口,从中获取暴利;另一方面用户利益一旦受到损失,不仅金额巨大,而且往往带来许多难以解决的后续问题。因此,提醒大家要防止假冒欺骗行为。

二手车交易的手续证件和税费凭证,违法者都可能伪造,他们伪造的主要目的有3个:一是将非法车辆挂上伪造牌号,携带伪造行驶证非法上路行使,以蒙骗公安交通管理部门的检查;二是伪造各种税费凭证,企图拖、欠、漏、逃应交纳的各种规费;三是在交易中伪造证件、蒙骗用户,从中获取暴利。常见的伪造证件和凭证有机动车号牌、机动车行驶证、车辆购置附加费、公路养路费票证、准运证。

1) 机动车号牌的识伪

非法者常以非法加工、偷牌拼装等手段伪造机动车号牌。国家规定,机动车号牌生产实行准产管理制度,凡生产号牌的企业,必须申请号牌准产证,经省级公安交通管理部门综合评审,对符合条件的企业发给《机动车号牌准产证》,其号牌质量必须达到公安行业标准。号牌上加有防伪合格标记。因此,机动车号牌的识伪方法:一是看号牌的识伪标记;二是看号牌底漆颜色深浅;三是看白底色或白字体是否涂以反光材料;四是查看号牌是否按规格冲压边框,字体是否模糊等。

2) 机动车行驶证的识伪

国家对行驶证的制作也有统一规定,为了防止伪造行驶证,行驶证塑封套上有用紫光灯可识别的不规则的与行驶证卡片上图形相同的暗记,并且行驶证上应按要求粘贴车辆彩色照片,因此机动车行驶证最好的识伪方法就是查看识伪标记。第二是查看车辆彩照与实物是否相符。最后检查行驶证上的印刷字体字号、纸质、印刷质量,与车辆管理机关核发的行驶证式样进行比较认定。一般来说,伪造行驶证纸质差,印刷模糊。

3) 车辆购置附加费和公路养路费凭证的识伪

车辆购置附加费单位价值大,曾经有一段时间,有些单位和个人千方百计逃避附加费的征收,造成漏征现象。也有些地方少数不法分子伪造、倒卖车辆购置附加费凭证。他们对那些漏征、来历不明或欠缴、漏缴养路费的车辆在交易市场上以伪造凭证蒙骗坑害用户,从中获取暴利。车辆购置附加费和公路养路费凭证真伪的识别一是以对比法进行认定,二是到征收机关查验。

4) 准运证的识伪

一段时期以来,伪造准运证的现象十分突出,有时这些假证还会在路途检查中蒙混过关。因此,内地购买这类车辆时要注意这些证件的真伪和有效性。鉴别方法:一是请当地市级以上工商行政管理机关、内贸管理部门或公安车辆管理部门帮助认定;二是自己寻找现行的由国家内贸部门会同有关部门下发的准运证式样进行对比认定。国家内贸部门发放的准运证式样是不定期更换的,要注意准运证的时效性。

任务3　二手车交易过户、转籍的办理程序

1997年5月20日,公安部《关于印发〈机动车注册登记工作规范〉的通知》中,规范了二手

车交易过户、转籍登记行为,由于各地区情况不一,全国车辆管理机关在执行这一法定程序时,根据实际情况略有变化。对二手车鉴定评估人员来说,除了掌握二手车交易过户、转籍的办理程序以外,也有必要熟悉新机动车牌号、行驶证的核发程序。

8.3.1 新车注册登记

没有注册的机动车辆应向公安车辆管理机关申请号牌和行驶证的登记。

1) 准备事项

(1) 领取和填写《机动车登记表》一式三份,经单位、自检组盖章,填写自检组代码,私车还需填写车主居民身份证号码并带车主居民身份证复印件一份。

(2) 提供车辆合法来历证明。车辆销售发票(须经工商行政管理机关验证盖章)、车辆合格证(或货物进口证明书及商检证或没收证明书)。

(3) 在当地财产保险公司参加第三者责任法定保险。

(4) 在当地车辆购置附加费办公室办理"缴费凭证"或"免缴凭证"。

(5) 提供车辆编控证明。

① 轿车型、旅行型、吉普型小客车及其改装的专用车需"小汽车定编证"和"控购证明"。

② 大货车需"载重汽车新增审批证明"。

③ 大客车、摩托车(除正三轮摩托车外)需"控购证明"。

④ 出租客运小汽车须办"小汽车定编证"和"客运出租汽车经营审批证明"(三资企业、私营企业、私人自用车辆、小型特种车均不需"控购证明")。

2) 办理程序

车辆检验——登记审核——核发号牌——固封号牌——车辆照相——核发行驶证。

(1) 车主持登记表、车辆发票、合格证到车辆管理所办理"市内移动证",车辆应到车辆管理所的机动车安全技术检测站进行安全技术检验(对部分国产车型不再进行安全性能检测,仅确认车辆型号、车身颜色、车架号码、发动机号码),领取车辆检测记录单。

(2) 车主持上述资料到车辆管理所办理登记审核手续并交费后,领取机动车行驶证《待办凭证》,凭《待办凭证》领取新号牌,将车开到车辆管理所"车辆装牌、照相处"接受安装、固封号牌和车辆照相,15天内凭《待办凭证》到车辆管理所领取行驶证。

车主领到行驶证后还应办理车船使用税的纳税事宜、"小汽车定编证"回执登记、"车辆购置附加费"回执登记和养路费交纳事宜。

8.3.2 旧车转籍登记

1) 车辆转入

车辆转入是指在外地登记注册的车辆办理转出手续后,持外地车辆管理所封装的档案在本市申领号牌和行驶证。应符合下列条件:

(1) 外地转入的机动车档案。

(2) 车辆财产转移证明或车主工作地址变动申请入籍报告。

(3) 属于规定需定编的车辆持新办"小汽车定编证"或"控购证明"。

(4) 领填《机动车登记表》一式三份,经单位、自检组盖章,填写自检组代码,私车还须填写居民身份证号码并带车主居民身份证复印件一份。

车主持上述资料在车辆管理所办理转入档案的审核,经审核符合要求并签注意见后,车主参照新车初次注册登记程序依次进行。

2) 车辆转出

车辆转出是指本市已注册登记的车辆,因车主工作地址变动或车辆转往外地时办理的车辆档案转出。

(1) 车主持双方证明和行驶证在车辆管理所签发《机动车辆交易申请单》后到机动车交易市场取得交易发票。

(2) 凭车辆财产转移证明(交易发票、调拨证明、司法证明、政府批文、车主工作地址变动申请报告)到原车主所辖交通大队提取该车《机动车登记表》。

(3) 出让方填写《机动车定期检验表》一份并加盖公章,填写《机动车档案异动卡》一份。

(4) 机动车行驶证和号牌。

持上述资料到车辆管理所办理转出手续后,领取临时号牌并交费盖章,最后领取密封好的车辆转出档案。

各类机动车辆办理车辆转出手续后,持车辆财产转移证明或工作地址变动申请报告、转出车辆档案到各有关部门办理"小汽车定编证"、"车辆购置附加费凭证"、"车辆养路费证"的转出事宜或注销事宜。

8.3.3 二手车过户

1) 跨区过户

准备事项:

(1) 车主持双方证明和行驶证在车辆管理所签发《机动车辆交易申请单》后到机动车交易市场取得交易发票。

(2) 新车主(受让方)填写《机动车登记表》一式三份,经单位、自检组盖章,填写自检组代码,私车还须填写车主居民身份证号码并带车主居民身份证复印件一份。

(3) 凭车辆财产转移证明(交易发票、调拨证明、司法证明、政府批文)到原车主所辖交通大队提取该车《机动车登记表》。

(4) 属定编车辆的持新办"小汽车定编证"或"控购证明"。

(5) 车辆原号牌和行驶证。

车主持上述资料到车辆管理所办理过户登记手续,领取《待办凭证》,凭《待办凭证》领取新号牌,将车开到车辆管理所"车辆装牌、照相处"接受安装、固封号牌和车辆照相。15天内凭《待办凭证》到车辆管理所领取新行驶证。

2) 本区过户

准备事项:

(1) 车主持双方证明和行驶证在车辆管理所签发《机动车辆交易申请单》后到机动车交易市场取得交易发票。

(2) 新车主(受让方)填写《机动车过户审批申请表》一式两份,经单位、自检组盖章,填写自检组代码,私车还须填写车主居民身份证号码并带新车主居民身份证复印件一份。

(3) 机动车行驶证。

(4) 属定编车辆的持新办"小汽车定编证"或"控购证明"。

(5) 交易发票或调拨证明、司法证明、政府批文。

车主持上述资料到车辆管理所办理过户登记手续,领取《待办凭证》后,将车开到车辆管理所车辆装牌、照相处进行车辆照相。15天内凭《待办凭证》到车辆管理所领取新行驶证。

各类机动车过户领取行驶证后,新车主须持车辆财产转移证明到各主管部门办理"小汽车定编证"、"车辆购置附加费凭证"和"车辆养路费证"的过户、回执事宜。

任务4 二手车收购

8.4.1 二手车收购基本流程

1) 收购接待

这个环节主要是对车主身份以及相关证件进行初步的核对,彼此间有个初步的了解,判断交易是否可靠。

2) 车辆鉴定

首先初步判定该车是否具备交易的合法性,主要是车辆的各项手续判断,然后判断这辆车各项功能的技术状态。经验不足的评估师一旦在这个环节出现失误,将会给企业带来直接的损失。

3) 商谈价格

不一定是完全按照车辆的客观评估价格成交,而是通过双方商谈决定最终成交价。

4) 签订协议

作为保障双方权益的法律文件,许多地区已经采用了政府提供的参考文本。

5) 查档刑侦

车辆管理部门对车辆的身份进行核实,未能通过的车辆将不允许进行交易,这是收购合法车辆最有效的保证。

6) 支付车款

为了保证原车主在车辆过户时能及时配合(我国许多地区规定,在车辆过户时,需原车主提供身份证明,否则不予过户),收购方往往会留扣部分押金。同时,在原车主将车辆交付收购方之前,可能该车有交通违章尚未处理,这部分押金还可用于支付该由原车主承担的交通违章等费用。

7) 收车入库

双方对车辆进行交接,收购方验收车、证及建档的过程。

8.4.2 二手车收购定价

二手车收购以赢利为目的,估价太低,收购不成功,估价太高,没有利润。准确的、具有市场竞争力的收购定价尤为重要。二手车收购定价与二手车鉴定估价并不一样,下面具体介绍二手车的收购定价思路及方法。

1) 确定收购基准价

在市场交易中,常用的收购基准价计算方式主要有以下两种:

(1) 以现行市价法、重置成本法、成新率计算法确定收购价格采用重置成本法进行收购时,要考虑原车主的感受,除了参考当前新车的售价以外,也要考虑该车的原始价格,以平衡买卖双方的利益。

【实例8-5】

某车是在半年前购买的,发票上注明的价格是11.58万元,而该车当时的厂家指导价为11.98万元,由此可见是优惠了0.4万元后购买的。而在半年后,厂家和4S店加大了对该车型的优惠幅度,优惠达到1.5万元,目前提车时,发票上所注价格为10.48万元。那么,根据重置成本法中有关重置成本方面的要求,需要按10.48万元作为重置成本评估标准。假使按第一年折旧率15%～20%来计算,该车的收购行情价约在8.4万元至8.9万元之间。那么就与该车主原购买价有近3.2万元的差距。试想一下,11万多元购买的新车,使用仅半年,且车况良好,卖车时损失近3.2万元,车主显然是无法接受的。

在二手车交易具体环节中,买卖双方都会追求自身利益的最大化,只有交易双方达成一致、认可价格的基础上,才能达成交易。对于上述这辆车,如果二手车经营者想达成交易,就要保证车主的损失不应过大,至少应该在其可以接受的范围之内。所以,比较现实的做法就是依据购车发票上的原始价格,即11.58万元来进行价值评估,评估价范围在9.2万元至9.8万元之间。

当然,如果收购价格达到9.8万元,与当前新车优惠后的购买价,即10.48万元过于接近,对二手车经营者来说,必然造成经营风险,所以现实中是采取"折中"的办法,一般会选择9.2万元的价格,或适当再高一些的价格。因为选择"9万出头"这样的收购价,二手车商家再转手时,例如增加0.7万元至0.9万元的利润,销售价也不会超过10万元,这让消费者在心理上也可以接受。如果收购价超过9.5万元,那么想不超过10万元转手,利润最多不会超过0.5万元。这样对于二手车经营者而言,利润显然太薄了。但如果转手价超过10万元,就与新车售价(即10.48万元)非常接近,消费者是很难接受的。

(2) 以销售预期价为基础的计算方法

这是交易中非常实用的计算方法:

$$收购基准价 = 销售期望价 - 纯利润期望值 - 经营成本$$

销售期望价是评估师对这辆车将来可能成交价格的判断;利润期望值是评估师收购以后的最低获利期望,还应充分考虑收购至销售过程中该车的总成本费用。总成本费用由固定成本费用和变动成本费用之和构成。

例如,评估师认为这辆2003年年底初次入户的1.8 L帕萨特手动标准版售价预期为9万元(带牌),期望利润为5 000元,同时测算出收购至销售过程将付出成本5 000元,那么该车的收购基准价就是8万元。

这种方式对评估师要求较高,要求其具有丰富的市场经验,了解市场行情及发展趋势。不同的评估师对销售的预期价判断不同,不同的经营者对利润的要求也不同,于是收购定价体现出不确定性。

2) 影响定价的主要因素

(1) 品牌知名度和维修服务条件

不同品牌的二手车由于其品牌知名度和售后服务质量的不同,收购价格往往不同。桑塔纳、捷达、富康、凯越、伊兰特、海马一直是交易的主力车型,市场占有率接近一半。这些品牌多年来以良好的质量、品牌知名度、广泛的售后服务网络和低廉的维修费用赢得了消费者的认同,收购价格相当稳定,容易评估,风险不大。但是,有些市场上少见的车型,维修麻烦,配件贵,二手车的价格就会偏低,这种情况多出现在原装进口车及一些停产车型上。例如,2003年一辆进口的斯柯达康比二手车,仅行驶了85 km,使用了15天的时间,27万元新车购置价,拍卖时消费者最高出价仅19万元。而同样27万元新车购置价的凯美瑞,已使用了1个月,行驶了1 400 km,成交价格居然达到26万元。

(2) 车身颜色与配置

上海通用的GL8二手车,红色远不如蓝色和银色容易被客户接受,收购差价达到数万元。而我国对车身外观管理较严,不允许私自改动车身颜色,因此评估师在收购时需要考虑消费者对车身颜色的接受程度。

配置对车辆收购价的影响主要体现在导航、DVD、天窗等豪华配置上,高配新车的价格比标配一般贵2万～3万元。但二手车的消费者通常比较务实,二手车的价格达不到以上的差价,因此豪华版车型的降价幅度会远大于简装版以及标准版。

(3) 市场宏观环境

二手车收购要注意国家宏观政策、国家和地方法规的变化所导致的无形贬值。如国家发改委对燃油价格的政策,对大排量车型的影响不容忽视。

(4) 市场微观环境

主要指新车价格的变动和新车型的上市。新车一旦降价,同品牌的二手车收购价格就会迅速下降。

(5) 经营者自身因素

二手车经营者根据库存车辆的多少来调节车辆的收购价,某种车型畅销,出现断档,经营者会马上提高该车型的收购价以保证库存的稳定;反之,如果某车型出现积压,就要降低收购价以减少库存。有时场地尚有空余,经营者也会提高该车型的收购价增加库存,充分利用销售场地。

3) 其他费用

(1) 交易费用。二手车售价中包含交易费用,在收购定价时,应将其纳入到收购成本中一并考虑。

(2) 营销准备费用。出于客户对车辆外观以及性能方面的考虑,二手车商要对车辆进行全面的维护和翻新美容,以及刊登广告的费用。

(3) 其他费用。二手车商还要支出停车费、货币利息等。车辆滞留的时间越长,支出就越大。

8.4.3 二手车收购合同的订立

下面介绍一种针对二手车收购的合同作为参考。

二手车收购合同

合同编号:

签约地址:

车主方(以下简称甲方)：
收购方(以下简称乙方)：

第一条　目的
依据有关法律、法规和规章的规定,甲、乙双方在自愿、平等和协商一致的基础上,就二手车买卖和完成其他服务事项,签订本合同。

第二条　当事人及车辆情况
(一)甲方基本情况：
1. 单位代码证号　□□□□□□□—□　法定代表人
经办人　　　　　身份证号码□□□□□□□□□□□□□□□□□□
单位地址
邮政编码　　　　　　　联系电话
2. 自然人身份证号码□□□□□□□□□□□□□□□□□□
现居住地址
邮政编码　　　　　　　联系电话

(二)乙方基本情况：
1. 单位代码证号　□□□□□□□—□　法定代表人
经办人　　　　　身份证号码□□□□□□□□□□□□□□□□□□
单位地址
邮政编码　　　　　　　联系电话
2. 自然人身份证号码□□□□□□□□□□□□□□□□□□
现居住地址
邮政编码　　　　　　　联系电话

(三)车辆基本情况：
车辆牌号　　　　　　　　　　车辆类型
厂牌、型号　　　　　　　　　颜　色
初次登记日期　　　　　　　　登记证号
发动机号码　　　　　　　　　车架号码
行驶里程　　　　　km　　使用年限至　　年　月　日
车辆年检签证有效期至　　　　年　月　　排放标准
车辆购置税完税证明证号　　　　　　(征税、免税)
车船使用税纳税缴付截止期　　　　年　月
车辆养路费交讫截止期　　　　　　年　月(证号
车辆保险险种
保险有效期截止日期　　　　　年　月　日
配　置
其他情况

第三条　车辆价款
本车价款为人民币　　　　　元(大写　　　　　　元),其中包含车辆、备胎以及等款项。双方确认本车价款是基于以上第二条的基础上确定的。

第四条　车辆价款的支付方式以及车辆交付

（一）乙方应于本合同签订时,支付人民币　　　　　元(大写　　　　　　元)作为定金支付给甲方。

（二）甲方应于本合同签订后　　日内,将本车办理过户□/转籍□所需的有关证件原件及复印件交付给乙方(做好签收手续),并协助乙方负责办理该车辆的刑侦核查手续。

（三）在确认该车辆可以合法交易后　　日内,乙方应向甲方支付车价款人民　　　元(大写　　　　　　　　　元),同时,甲方将车辆及所有车辆证件交付乙方。双方办理交接手续,确定交接时刻。

（四）因该车辆过户时间可能较长,为保证乙方能顺利办理过户□/转籍□手续,甲方应及时提供本车办理过户□/转籍□所需的有关证件原件及复印件外,另同意将车价款中人民币　　　　　元(大写　　　　　　　元)作为履约押金,待该车辆全部办理完过户手续以后　　日内再支付给甲方。非甲方原因,该押金支付期限为自本协议签订之日起最长时间不超过　　天。

第五条　双方的权利义务

（一）甲方承诺出卖车辆不存在任何权属上的法律问题和尚未处理完毕的道路交通安全违法行为或者交通事故；应提供车辆的使用、维修、事故、检验以及是否办理抵押登记、海关监管、交纳税费期限、使用期限等真实情况和信息。

（二）双方对车辆使用责任以车辆交接时签署的交接时刻为界,车辆交接以后发生的各项道路交通安全违法行为或者交通事故与甲方无关,车辆交接以后产生的各项费用与甲方无关。

（三）双方应在约定的时间内提供各类证明、证件并确保真实有效。

第六条　违约责任

（一）违反本合同第四条第（二）、（四）款以及第五条第（三）款,致使车辆不能过户、转籍,合同无法继续履行的,本合同解除。甲方违约的,甲方向乙方双倍返还定金并赔偿乙方相应损失；乙方违约的,则乙方无权要求返回定金并赔偿甲方相应损失。

（二）违反本合同第四条第（三）款,乙方未按合同约定支付的,应按延期天数向甲方支付违约金每天人民币　　　　元。

（三）违反本合同第四条第（三）款,甲方延期交付过户、转籍的有关证件或车辆的,应按延期天数向乙方支付违约金每天人民币　　　　元。

（四）违反本合同第五条第（一）款,乙方有权解除本合同,甲方应无条件接受退回的车辆并退回乙方全部车款,双倍返还定金并赔偿乙方相应损失。

第七条　风险及责任承担

本合同签订后,车辆由：

（一）甲方使用和保管的,由甲方承担风险责任。

（二）乙方使用和保管的,由乙方承担风险责任。

第八条　争议解决方式

因本合同发生的争议,由双方协商解决,或向有关行业组织及消费者权益保护委员会申请调解。

当事人不愿协商、调解,或协商、调解不成的,按下列第　　种方式解决:
(一)向　　　　　　仲裁委员会申请仲裁;
(二)向人民法院起诉。

第九条　其他
(一)本合同未约定的事项,按照《中华人民共和国合同法》、《二手车流通管理办法》以及有关的法律、法规和规章执行。
(二)双方因履行本合同而签署的补充协议及提供的其他书面文件,均为本合同不可分割的一部分,具有同等法律效力。
(三)本合同经双方当事人签字或盖章后生效。本合同一式三份,由甲方、乙方和二手车交易市场各执一份,具有同等法律效力。

甲方(签章):　　　　　　　　　　　　　　　　　乙方(签章):
法定代表人(签章):　　　　　　　　　　　　　　法定代表人(签章):
经　办　人:　　　　　　　　　　　　　　　　　经　办　人:
开户银行:　　　　　　　　　　　　　　　　　　开户银行:
账　　　号:　　　　　　　　　　　　　　　　　账　　　号:
签约时间:　　年　月　日　　　　　　　　　　　签约时间:　　年　月　日

协议填写过程中的注意事项:
(1)由于历史原因,许多车辆的实际车主并非行驶证登记的车主,在法律意义上,非行驶证登记的车主本人签署的车辆交易协议是无效的,因此,协议上必须注明相关内容及责任条款。
(2)为控制风险,支付定金时一般1 000~2 000元即可,支付完毕以后,视交车时间的长短,同时最好能收取车主部分不需随车使用的证件作为履约保证,例如保险单、维修保养手册、养路费单据、车辆购置税完税证明等。
(3)由于在交易过后相当长的时间里都需要车主的配合,因此,为保证原车主的配合,收购方一般会要求扣留车主部分押金。为节省费用及缩短时间,一般是当该车辆销售出去以后再直接过户到新车主名下。由于销售时间的不确定(一般销售周期是15~25天),需原车主配合的具体时间也无法确定,在此必须与原车主解释清楚,并详细讲解后续流程,以免日后产生不必要的纠葛。

8.4.4　二手车收购风险防范

1)新车型不断下线

当前新车型投放速度明显加快,技术含量和配置越来越高,致使老车型加快贬值甚至被淘汰。捷达经历了多次改款,虽然生产平台未变,但是早期的捷达与现在的捷达在装备上不可同日而语。因此,收购旧车时应以最新款的技术装备和价格做参考。

2)车市频繁降价

新车的降价是二手车经营中最大的风险之一。在全国范围内几乎每天都有厂家和经销商对价格进行调整。本田雅阁、别克君威、马自达M6从推出到现在的降价都超过了6万元,伊兰特、凯越从12万~15万元下滑到8万~12万元,捷达、爱丽舍从9万~11万元下滑到6万~9万元等。车商需广泛收集市场信息,合理调整库存结构,加快交易频率,适度降低利润标准,缩短销售周期,以降低经营风险。

3) 车辆潜在故障

不同车辆的技术状况不同,出现故障的概率也不相同。例如,车辆行驶了一定公里数需要更换正时皮带,若不及时更换,后果严重。但二手车收购人员很难准确了解该车正时皮带的磨损状况,对这类故障的判断就需要相当丰富的经验。

4) 二手车收购的合法性

要防止收购偷盗车、伪劣拼装车,以及伪造手续凭证、车辆档案的车辆。

5) 政策法律环境

密切关注国家和地方有关二手车的政策与法规的变化,未雨绸缪,预测二手车价格的变动趋势,及时调整收购价格,降低风险。

8.4.5　二手车收购经营技巧

二手车的收购来源就是经营者生存之源,而成交率是收购的关键指标,如何拓展业务来源以及提高成交率是需要关注的重要环节。

1) 拓展业务来源

(1) 店面收购。选址决定成败,"店多成市",应选择在二手车交易较为集中的区域(集散地)或者是在车辆管理所附近设置店面。

(2) 4S店。许多4S店目的是新车销售,开展二手车业务但并不具备收购能力,缺乏相应的专业人才或者销售渠道,于是往往直接转让给二手车商,有的直接让二手车商派人驻点服务,收购业务转包。

(3) 维修厂。车主卖车的原因往往是维修成本高,在卖车前都会流露出一些换车信号,比如换件维修时偏于保守,不急于换和修,经常打听和关心新的品牌车辆的相关信息。精明的二手车商应与维修厂保持联系,获得二手车车源。

(4) 网络报纸广告。报纸广告需争取到好版面,而且成本较高;网络渠道可以考虑,如易车网、51汽车、车海网等。

(5) 老客户资源。历史成交客户是重要资源,定期联络,既可关心客户用车情况,解决疑难问题,提高服务形象,也可提醒车主换车或推荐客户,一举两得。

2) 提高成交率

(1) 规范操作,提高诚信度。由于历史原因造成的二手车行业诚信度低、从业人员素质不高的现状,车主总是带着怀疑的心态,导致成交困难。专业的服务形象、规范的操作流程、合适的商业礼仪有助于消除客户疑虑,顺利成交。

(2) 把握客户心态,解决客户疑虑。客户卖车时并不一定只关注价格,也关注车款的支付效率、手续是否简便。把握客户心态,采取适当方案,消除客户疑虑,有助于提高成交率。

(3) 娴熟的鉴定手法,坚定的报价。拙劣的评估能力会造成客户的不满,模棱两可的报价会加深客户的疑虑,"价格还有很大的商量余地,收购人员在试探我",导致成交困难。

(4) 准确报价。这一点难度较大,可以采取两人同行的方式,一个评估师在鉴定车辆时,另一个评估师可以进行有针对性的价格咨询,获得车主的心理价位,提供给鉴定车辆的评估师参考。

(5) 莫因贪小利而刻意压低收购价格。有些收购人员为500元的差价而与客户进行长时间的纠缠,没有必要。赢得客户满意,挖掘其周边客户资源可以获得更大利益。

任务5　二手车销售

8.5.1　二手车销售基本流程

二手车销售过程和新车销售过程区别不大。但由于二手车的独特性以及二手车的展示方式不同,因此销售过程要做一些小的调整。二手车销售的步骤大致有以下几个方面:

1) 招呼顾客

初步接触二手车的潜在顾客与接触新车顾客不同,因为和二手车顾客接触通常发生在当他们检查展示中的某一辆二手车时。大部分有经验的营销人员都会延迟打招呼直到他们觉得顾客已经看过了存货中的一些产品。招呼顾客过于匆忙只会让顾客感到烦躁。一旦招呼顾客,就应像招呼新朋友一样。欢迎、介绍以及出示自己的业务卡这些工作都必须像招呼新车顾客一样,谈论天气或者顾客选出的车辆是打破僵局的好办法,问顾客姓名的最好时间是在打招呼时。当销售员介绍完自己后,就应询问顾客的姓名并找机会把姓名记下来。温暖、诚挚的招呼正是销售过程的开始。

2) 询问和面谈

询问顾客对二手车的有关需要、期望是整个销售过程必不可少的一部分,但也不一定是整个销售过程所分出的完全独立的一部分。营销人员首先要知道:顾客是否想购买二手车,顾客想要哪种型号的二手车,车辆将被用作何种用途,顾客想要开多少公里里程数,二手车的哪些性能特点较重要,顾客能承受的预算价格范围或每月支付额是多少,顾客多久就要用车等。

随着销售过程的深入,营销人员在了解顾客特定需求、欲望的基础上还要问一些其他重要问题。每一个问题及其回答都是顾客购买或不购买的因素的提示。

3) 推销自己和经销企业

在销售过程中,营销人员还要积极提供顾客感兴趣的关于经销商、销售人员和产品的有关情况。这些情况应包括销售人员自己的经历背景和个人成就。此外,销售人员还应谈到经销商的成熟性以及价值观。整个销售过程都应设计好并反复练习,以确保顾客对营销人员和经销商的信心。

4) 推荐产品

一旦顾客选定车辆,销售人员就应发动这辆车驶出展台停泊的位置,以便顾客和销售人员有足够的空间绕车走动,全面检查车辆。就像营销人员为新车作六点走动介绍一样,以同样的步骤为二手车做介绍。

5) 演示

观察完后,下一步很自然是邀请顾客坐进车子进行演示性驾驶。销售人员应确保顾客愿意驾车试试看。当然,驾驶还得由销售人员先进行,并且在驾驶途中要不断变换使用车辆主要的零部件。事先应有设计好的演示路线,包含有各种路况,但为安全起见,不宜有左手拐弯的道路。

6）服务部之行

演示驾驶结束返回经销部后,应引导顾客去服务部门。这也可以在演示驾驶返回途中将示范车停在服务部附近。顾客走访服务部非常重要,这样他们才会相信经销商会在售后提供服务。

7）检验步骤

此时,销售人员需要暂时中断销售过程,因为销售人员需要回顾一下其现在处在销售过程中的哪一步,有没有选出正确的车辆,顾客是否接受价格,顾客是否会立即购买。换句话说,就是销售人员是否正在向成功达成交易前进,如果不是,应立即采取哪些措施。顾客也需要时间来讨论他们的决定。这个中断正是顾客做出决定所需要的。

如果所有为完成交易的各项上述情况都正常,销售人员可以继续下面的步骤。如果情况不适合立即达成交易,营销人员和经理就应决定该采取哪些措施使顾客考虑将来再与经销商达成交易。

8）签约

签约是销售过程的自然延续,它将关于车辆交易所有的口头协议都变成书面的。这一步中销售人员还要报价。很多情况下,高级销售员和一般销售员的区别主要就在于报价能力的高低。价格和付款方式写在文件上,通常称之为"买方报价"。保质期以及顾客的其他权利和要求都将被讨论。

9）交货

这对销售人员和顾客来说是"黄金时刻"。交付的车辆对销售人员来说可能是旧的,但对顾客来说却是新的。在完成所有必要的手续后,车辆应再提供给顾客看一看。检查车辆的所有性能以及演示各个零部件将使整笔交易变得更为具体、实在。就像交付新车一样,顾客应被介绍给服务部经理或其助手(一个专门的服务助手),并约好第一次售后服务的时间。这不仅使交货成为顾客印象深刻的仪式,而且还在顾客和服务部之间建立了良好的关系。

10）售后追踪

交货后5天内,销售人员应和顾客联系一次。现在的技术手段已使售后追踪提醒变得非常简单和有条理。经理人员应确保售后追踪被执行。汽车零售行业一直提倡这样的早期售后追踪,但目前很少这样做。销售人员应非常关注顾客的满意度。售后追踪不仅使顾客对自己的购买决定更加满意,而且还会吸引其他顾客。买主购车后很自然会向其朋友和邻居展示他的"新"车。如果顾客对交易印象深刻,他们自然会向大家推荐这家经销商和营销人员。

追踪某一特定的销售会产生较高的签约率,导致更高的销售量。成熟的营销人员会把握这一销售过程所提供的机会。对于缺乏经验的营销人员,必须有一个经理来掌握销售过程,以实现交易。

8.5.2　二手车销售定价

出于不同目的,定价也会不一样,绝大多数的销售定价一般是在消费者可接受的范围内追求利润最大化的过程,这个过程比较复杂,没有标准,只有方法,需要定价者具有丰富的市场经验。

1) 定价的目标

(1) 利润最大化。这种定价目标需要对需求和成本的把握准确,制定确保当期利润最大化的价格。

(2) 获取适度利润。又称"满意利润目标",是一种使企业经营者和股东(所有者)都感到比较满意的利润目标。采用这种定价目标,通常是以下几种情况:为保全自己,减少风险,抛弃高利企图,维持平均利润;根据企业自身的实力,追求适度的利润水平;其他定价目标难以保证营销目标的实现。

(3) 取得预期投资收益。又称"目标投资利润目标",指企业确定一定的投资收益率或资金利润率,在成本的基础上加入企业预期收益即为产品定价。

(4) 保持或扩大市场占有率。市场占有率是企业经营状况和企业竞争力的直接反映。这种定价目标下的企业往往采用长时间的低价策略来保持和扩大市场占有率,增强企业竞争实力,获得最优利润。

2) 定价应考虑的因素

(1) 市场需求。二手车的销售定价首先必须基于市场可接受的基础上,必须适应市场对该产品的供需变化,遵守供求价格规律。

(2) 竞争状况。要考虑本地区同行业竞争对手的价格状况,根据自己的市场地位和资源条件,确定自己的价格计划,如选择与竞争对手相同的价格,甚至低于竞争对手的价格进行定价。

(3) 成本因素。产品的最高价格取决于市场需求,最低价格取决于这种产品的成本费用。在最高价格和最低价格的幅度内,则取决于竞争对手产品的价格水平。

3) 定价的方法

(1) 需求导向定价法

又称顾客导向定价法、市场导向定价法。它不是根据产品成本状况来定价,而主要考虑市场需求状况和消费者对产品的感觉差异来确定价格。产品的销售价格随需求的变动而变化,在消费者可接受的范围内追求利润最大化。

(2) 竞争导向定价法

企业根据自身的竞争力、参考成本和供求情况,将价格定得高于、等于或低于竞争者价格,以实现企业定价目标和总体经营战略目标,谋求企业的生存和发展。

(3) 成本加成定价法

这种方法是成本导向定价法大类中的一种,公式为:

$$二手车销售价格 = 单位完全成本 \times (1 + 成本加成率)$$

采用成本加成法的关键在于确定成本加成率,二手车的需求弹性较大,应该把价格定得低一些,加成率宜低,薄利多销。若用进货成本来衡量,其中加成率=毛利(加成)/进货成本。单位完全成本是指一辆二手车的总成本费用,它包括这辆车应摊销的固定成本和变动成本之和。

4) 定价的策略

二手车销售定价策略是指二手车经营者根据市场中不同变化因素对二手车价格的影响程度采用不同的定价方法,制定出适合市场变化的二手车销售价格,进而实现定价目标的营销战术。

(1) 阶段定价策略

阶段定价策略就是根据产品寿命周期各阶段不同的市场特征而采用不同的定价目标和对策。投入期以打开市场为主,成长期以获取目标利润为主,成熟期以保持市场份额、利润总量最大为主,衰退期以回笼资金为主,兼顾不同时期的市场行情,相应修改销售价格。

(2) 心理定价策略

心理定价策略就是在补偿成本的基础上,按不同的需求心理确定价格水平和变价幅度。尾数定价策略就是企业针对消费者的求廉心理,定价时有意定一个与整数有一定差额的价格,如标价 99 800 元。价格尾数的微小差别,具有强烈诱惑作用,能够明显影响消费者的购买行为。

(3) 折扣定价策略

灵活运用价格折扣策略,可以鼓励需求、刺激购买,提高经济效益。经营者采用这个策略,之前往往会抬高报价。

(4) 市场反馈定价策略

某部二手车的价格,经销商在该车辆卖出之前很难准确预测,于是有的二手车商先标一个相对较高的价格,根据消费者还价的情况再适度调整售价和成交价。

(5) 成交定价策略

根据既有的成交价调整下一辆车销售定价的策略。当车辆定价以后两三天内就卖出,说明定价偏低,倘若相当长的时间后仍未成交则说明定价偏高,因此确定合适的销售周期作为定价参考非常有必要。一般来说,5 万元以内的常见车型 1 周内为合理周期,10 万元的常见车型 2 周左右为合理周期,20 万元以上则要 3 周左右,价格越贵、品牌越"冷",销售周期就会越长。

8.5.3 二手车整备翻新

1) 成本控制

对车辆进行维修整备是对回收车辆进行价值提升的过程,如何控制费用、缩短时间在这个环节非常重要,详见表 8-1。

表 8-1 单车成本控制表

库存编号		品牌/车型/颜色	
VIN		出厂年份	
来源		里程数	
收购日期		整修完成日期	
展示日期			
收购成本			

续表 8-1

		预计费用	实际费用
整修成本	机械电器		
	钣金油漆		
	饰件		
	整备		
	其他		
	小计		
认证费		其他费用	
成本总计		预计利润	
预定售价		实际利润	
价格调整一		实际利润	
价格调整二		实际利润	
处理价格			
备注：			

2）整备要求与方法

整备除了机电维修以外就是对车辆的外观及内饰进行翻新、清洁与装饰，给客户"整旧如新"的感觉。这是个非常细致的工作环节，除了重新需要喷漆的部位，仅清洁与美容两项，一辆车需要 2 名专业人员 6～7 小时的时间才能完成。表 8-2 列出了车辆整备的基本流程及具体步骤。

表 8-2 车辆整备操作标准

部 位	目 的	步 骤
全车外表	去除黏附在车身的柏油及排气油垢	1. 用清水洗净车身外部灰尘 2. 擦干全车水渍 3. 喷上去柏油剂 4. 约 15 分钟之后以海绵擦拭全车
轮圈	清洁	1. 喷上铝合金轮圈专用清洁液 2. 等待数分钟之后刷洗干净 3. 检查胎压是否足够
发动机室	清洁及检查	1. 打开引擎盖检查各项油品（机油、刹车油、变速箱油、动力方向盘油）以及水箱水、电瓶水、雨刷水等是否足够且干净 2. 用清洗液清洗干净（需注意高压线圈、计算机点火系统及保险丝盒的防水效果） 3. 检查并整理引擎室线路 4. 检查火花塞导线及各类皮带有否破损

续表 8-2

部 位	目 的	步 骤
轮胎、门坎和保险杠下方	去除泥垢及检查锈蚀	1. 用高压水管冲洗车轮部分及底盘部分 2. 用刷子清洗前后叶子板内侧、车胎、轮圈细缝、前后保险杠下方、门坎下方及门框内侧 3. 查看底盘有否掉漆及锈蚀现象。若有,先刮除锈斑,用砂纸磨过后再同色补漆
车厢内部	清洁	1. 拿出车内所有的物品(包括地毯、脚垫、座椅套等)并清洗 2. 用吸尘器将车厢内部全部吸干净 3. 有污垢的地方用内饰清洁剂刷洗干净
仪表板和中控台	清洁	1. 用吸尘器将仪表板、中控台及座椅吸干净 2. 用棉花棒沾清洁液清洗各通风口的细缝凹槽 3. 以内饰专用清洁剂开始清理内饰,顺序为车顶内衬板、仪表板、中控台、门内衬板、座椅、地毯
行李厢	清洁及整理随车工具	1. 清出行李箱内所有物品 2. 将备胎及行李箱地毯拿出来清洗 3. 用吸尘器将这些地方仔细吸干净 4. 喷上清洁液擦洗干净 5. 将随车工具归位 6. 检查并整理音响线路及刹车车灯线路
门框	清洁及防水检查	1. 打开车门看车内有无漏水 2. 清除车门框四周边缘及防水胶条上的水迹、泥垢 3. 检查门框防水条有无破损,如有破损立即更换 4. 检查门框边缘有无锈斑。若有,先刮除锈斑,再用砂纸磨过后涂上同色漆
车门下方	清洁及排水检查	1. 检查车门底下是否有泥土及锈蚀 2. 清除泥土及锈蚀 3. 检查并确保车门底下的排水孔通畅
车厢内部	上色	1. 内饰上保养液。皮革、塑料、绒布等不同材质需分别处理 2. 将洗干净的脚垫及座椅套装好
车辆外观	抛光打蜡	1. 用海绵打上一层粗蜡或烤漆白蜡,要以直线方式进行,由车顶、引擎盖、行李箱盖、车身左右等部位处理 2. 保险杠是黑色塑料材质且无烤漆的则不要上蜡 3. 再用海绵打上一层细蜡,方法相同 4. 一个地方打完蜡再打下个部位,否则上蜡时间太久打光时很累且留下蜡痕
全车	终检	1. 全车玻璃喷上清洁液后用干布擦拭干净 2. 检查车辆内外有无缺损的零件 3. 查看车身是否有擦伤掉漆。若有,用同色补漆小心修补,涂上几层即可 4. 用牙刷去除全车标志细缝及玻璃凹槽内的残留蜡渍 5. 轮胎喷上轮胎液

8.5.4 二手车销售及合同签署

1) 销售准备

销售前需进行销售包装:价格牌、基本信息表、挡车牌、特殊车辆特殊包装(如越野车贴车贴),就绪后将车辆放在指定位置开始展示。

2) 销售展示

消费者往往是根据自己的购买力来确定车辆,须将卖场进行价格分区。统计历史客户动线,并设计规划客户新动线,然后根据客户动线调整规划车辆摆放。

3) 销售谈判

首先,二手车车况的不确定性决定了销售顾问向客户介绍时,不能保证其质量完全没问题,即使该车辆已经检测维修过;其次,同一卖场有几部同品牌近型号的车,往往最先卖出去的是车况最好、价格最高的车,因此卖场里不宜同时摆放过多此类车型;其三,由于过户流程较复杂,且部分环节需要原车主配合,必须向客户详细讲解过户流程及相关注意事项,得到新车主的理解和支持,以免日后不必要的纠葛。

4) 合同签署

《二手车买卖合同》(示范文本)
国家工商行政管理总局制定

使用说明:

一、本合同文本是依据《中华人民共和国合同法》、《二手车流通管理办法》等有关法律、法规和规章制定的示范文本,供当事人约定使用。

二、本合同所称二手车,是指从办理完注册登记手续到达到国家强制报废标准之前进行交易并转移所有权的汽车(包括三轮汽车、低速载货汽车,即原农用运输车)、挂车和摩托车。

三、本合同签订前,买卖双方应充分了解合同的相关内容。卖方应向买方提供车辆的使用、修理、事故、检验以及是否办理抵押登记、缴纳税费、报废期等真实情况和信息;买方应了解、查验车辆的状况。

四、双方当事人应结合具体情况选择本合同协议条款中所提供的选择项,空格处应以文字形式填写完整。

五、本合同"其他约定"条款,供双方当事人自行约定。

六、本合同示范文本由国家工商行政管理总局负责解释,并在全国范围内推行使用。

二手车买卖合同

合同编号:

卖方:

住所:

法定代表人:

(如为自然人)身份证号码:

电话号码:

买方:

住所：
法定代表人：
(如为自然人)身份证号码：
电话号码：

根据《中华人民共和国合同法》、《二手车流通管理办法》等有关法律、法规、规章的规定，就二手车的买卖事宜，买卖双方在平等、自愿、协商一致的基础上签订本合同。

第一条　车辆基本情况
1. 车主名称：　　　　　；车牌号码：　　　　　　；厂牌型号：　　　　　。
2. 车辆状况说明见附件一。
3. 车辆相关凭证见附件二。

第二条　车辆价款、过户手续费及支付时间和方式
1. 车辆价款及过户手续费
本车价款(不含税费或其他费用)为人民币：　　　　　元(小写：　　　元)。
过户手续费(包含税费)为人民币：　　　　元(小写：　　　元)。
2. 支付时间、方式
待本车过户、转籍手续办理完成后　　个工作日内，买方向卖方支付本车价款(采用分期付款方式的可另行约定)。
过户手续费由　　方承担。　　方应于本合同签订之日起　　个工作日内，将过户手续费支付给双方约定的过户手续办理方。

第三条　车辆的过户、交付及风险承担
　　方应于本合同签订之日起　　个工作日内，将办理本车过户、转籍手续所需的一切有关证件、资料的原件及复印件交给　　方，该方为过户手续办理方。
卖方应于本车过户、转籍手续办理完成后　　个工作日内在　　　　　　　　(地点)向买方交付车辆及相关凭证(见附件一)。
在车辆交付买方之前所发生的所有风险由卖方承担和负责处理；在车辆交付买方之后所发生的所有风险由买方承担和负责处理。

第四条　双方的权利和义务
1. 卖方应按照合同约定的时间、地点向买方交付车辆。
2. 卖方应保证合法享有车辆的所有权或处置权。
3. 卖方保证所出示及提供的与车辆有关的一切证件、证明及信息合法、真实、有效。
4. 买方应按照合同约定支付价款。
5. 对转出本地的车辆，买方应了解、确认车辆能在转入所在地办理转入手续。

第五条　违约责任
1. 卖方向买方提供的有关车辆信息不真实，买方有权要求卖方赔偿因此造成的损失。
2. 卖方未按照合同的约定将本车及其相关凭证交付买方的，逾期每日按本车价款总额的　　%向买方支付违约金。
3. 买方未按照合同约定支付本车价款的，逾期每日按本车价款总额的　　%向卖方支付违约金。

4. 因卖方原因致使车辆不能办理过户、转籍手续的,买方有权要求卖方返还车辆价款并承担一切损失;因买方原因致使车辆不能办理过户、转籍手续的,卖方有权要求买方返还车辆并承担一切损失。

5. 任何一方违反合同约定的,均应赔偿由此给对方造成的损失。

第六条 合同争议的解决方式

因本合同发生的争议,由当事人协商或调解解决;协商或调解不成的,按下列第　　种方式解决:

1. 提交　　　　　仲裁委员会仲裁;

2. 依法向人民法院起诉。

第七条 合同的生效

本合同一式　　份,经双方当事人签字或盖章之日起生效。

第八条 其他约定

附件一:车辆状况说明书(车辆信息表)

附件二:车辆相关凭证

1.《机动车登记证书》

2.《机动车行驶证》

3. 有效的机动车安全技术检验合格标志

4. 车辆购置税完税证明

5. 车船使用税缴付凭证

6. 车辆养路费缴付凭证

7. 车辆保险单

8. 购车发票

卖方:　　　　　(签章)

卖方开户银行:

账号:

户名:

买方:　　　　　(签章)

买方开户银行:

账号:

户名:

签订地点:

签订日期:　　　年　　月　　日

填写说明:

一、车辆基本信息

(一)"表征里程"项的内容,按照车辆里程表实际显示总里程数填写。

(二)"其他法定凭证、证明"项的内容,根据实际提交证明文件,在对应项前"□"内打"√",未列明的填入"其他"项中。

二、重要技术配置及参数

"其他重要参数":根据实际情况如实填写相关配置信息。

三、是否为事故车

如实明示是否为事故车,在对应项前"□"内打"√"。如果"是",需在"损伤位置及损伤状况"项中描述损伤位置及损伤状况。损伤位置为可以影响到车辆整体结构的位置,主要为A、B、C、D柱,翼子板内板、前纵梁、地板等。损伤状况包括变形、烧焊、扭曲、锈蚀、褶皱、更换过等。如果"否",则无需填写后项内容。

四、车辆状况描述

仅描述静态状况,应包括如下内容:

(一)车身外观状况:需描述外观的损伤位置及损伤状况。

损伤位置包括翼子板、车门、行李箱盖、行李箱内侧、车顶、保险杠、格栅、玻璃、轮胎、备胎等。

损伤状况包括状态和程度两部分。

损伤状态包括伤痕、凹陷、弯曲、波纹、锈斑、腐蚀、裂纹、小孔、调换、做漆、痕迹、条纹等。

损伤程度包括1元硬币可覆盖、10 cm×10 cm纸可覆盖、20 cm×20 cm纸可覆盖、A4纸可覆盖、A4纸无法覆盖、花纹深度少于1.6 mm(轮胎损伤)。

(二)发动机舱内状况:需描述发动机外观状态,各液面状态、线路状况。

(三)车内及电器状况:需描述内饰是否有破损,车内是否清洁,仪表是否正常,各部分电器是否工作正常,车窗密封及工作状况是否正常等。

(四)底盘状况:发动机油底壳、变速箱、减震器是否有渗漏油现象,转向臂球销、三角臂球销是否松动,传动轴防尘罩是否有破损。

以上部分,如果无任何问题,填写"车辆状况良好"。如果有任何问题,均需明确注明。

五、质量保证

明示车辆是否提供质量保证,在对应项前"□"内打"√"。如果"是",需在"质保范围"项中填写质保内容。如果"否",则无需填写后项内容。

附件:

车辆状况说明书　（车辆信息表）

车辆基本信息	厂牌型号		牌照号码		
	初次登记日期	年　月　日	表征里程		万km
	品牌名称	□进口　□国产	车身颜色		
	年检证明	□有(至　年　月)□无	养路费交付证明	□有(至　年　月)□无	
	车船使用税完税证明	□有(至　年　月)□无	交强险	□有(至　年　月)□无	
	使用性质	□家庭用车　□公务用车　□营运用车　□其他			
	其他法定凭证、证明	□号牌　□行驶证　□登记证书　□保险单　□其他			
重要配置	燃料		排量/缸径	缸　数	
	发动机功率		排放标准	变速器形式	
	气囊		驱动方式	ABS	□有　□无
	其他重要参数				

续表

是否为事故车	□有 □否	损伤位置及损伤状况	
车辆状况描述			
质量保证	□有 □无	质保范围	

说明书出具人(签章):　　　　　　　　　　　鉴定评估师(签章):
　　　　　　　　　年　月　日　　　　　　　　　　　　　　　年　月　日

声明	1. 本车辆符合《二手车流通管理办法》有关规定,属合法车辆,可以进行交易。 2. 本表所描述车辆状况为说明书出具人填表日车辆的静态状况。 3. 本表所列各项内容买卖双方均进行了逐一核对并确认。

买方(签章)　　　　　　　　　　　　　　　卖方(签章)
　　　　　　　　　年　月　日　　　　　　　　　　　　　　　年　月　日

备注	1. 本表由卖方填写,若卖方为二手车经纪、经销企业时,应由注册二手车鉴定评估师根据行业有关法规及标准进行填写并标明鉴定评估师的注册证书编号。 2. 本表一式三份,一份用于车辆展示,其余作为二手车买卖合同的附件。

协议填写过程中的注意事项:
1. 一般情况下,二手车的销售价格是包含过户费用的;
2. 许多二手车商为回避销售以后的麻烦,往往在"车辆状况说明书"上关于车辆技术状况等相关内容填写较为模糊;
3. 由于二手车价格具时效性,为控制风险,支付定金一般至少1 000元,保留时间最高不超过1周,一般情况下,定金越多,客户违约的可能性就越少,而且定金在一般情况下是不予退还的;
4. 由于在交易过后相当长的时间里都需要车主的配合,因此,出于对原车主负责的态度,业内一般是当该车辆销售出去办理过户(出代理证)以后再交车给客户,在此必须与原车主解释清楚,并详细讲解后续流程,以免日后产生不必要的纠葛。

任务6　二手车置换

二手车置换简单来说就是以旧换新,由经销商在4S店或各级网点进行,通过满足车主换车的需求,开展二手车的收购业务,用二手车的价值来补足车主购买新车的价款,并提供相关服务,从而促进新车销售。二手车置换业务实质上是为了将二手车业务和新车销售业务紧密结合起来。

8.6.1　二手车置换业务

1) 二手车置换业务发展背景

车辆更新比较繁琐,车主首先要到二手车市场把车卖掉,其中要经历了解市场行情、咨询二手车价格、与经纪公司讨价还价直至成交、办理各种手续和等待回款,至少要好几天,等拿到钱后再到新车市场买新车,又是一番周折。更新一辆车比买一辆新车麻烦得多。在生活节奏日益加快的今天,人们期盼有一种便捷的以旧换新业务,使他们在选择新车的同时,很方便地处理掉旧车。于是,二手车置换业务孕育而生。

二手车置换业务既可以帮助经销商促进新车销售,经销商也可以从二手车的收购和销售过程中获得相当丰厚的利润,消费者也可以通过置换获得便捷可靠的换车服务,并可能获得更加优惠的价格。

汽车置换业务在中国市场主要是作为新车市场的一个辅助市场和竞争手段。最早开展二手车置换业务的是2002年上海通用推出的二手车品牌——"诚新二手车"。在通用的大力支持下,"诚新二手车"的二手车品牌活动也迅速在全国各大城市展开。随后,各大汽车生产厂商也纷纷推出自己的二手车置换业务品牌,并对经销商的置换业务给予政策扶持。

当前置换业务的主要目标还是加快车辆更新周期,刺激新车消费,这和国外市场的经营宗旨有所区别,具有鲜明的中国特色。各大汽车生产厂商为扶持这一新市场,在经营模式、品牌形象、车辆供应、资金配套、储运分流、售后服务协调以及广告宣传方面给予了有力的支持,这使得置换业务能在竞争激烈的汽车市场迅速打开局面。

各经销商在开展置换业务时并不限制置换的旧车是否是本品牌,但如果是本品牌置换,将会提供更加优惠的政策。"诚新二手车"在开展置换业务时,上海大众生产的POLO汽车来置换别克君越,仅能享受新车保修期延长1年10 000 km的优惠,而通用的凯越置换别克君越,将享受新车保修期延长1年20 000 km的优惠。

2) 二手车置换的价值和意义

(1) 对二手车车主而言

① 交易便捷。二手车置换服务将消费者淘汰旧车和购买新车的过程结合在一起,一次完成甚至一站完成,为用户解决了先要卖掉旧车再去购买新车的麻烦。

② 新车经销商的让利置换,旧车增值。新车经销商们在生产厂商的支持和授权下,将车辆置换作为顾客购买新车的一项增值服务,与顾客将旧车出售给二手车经纪公司不同,经销商通常是以二手车交易市场二手车收购的最高价格甚至更高的价格,确定二手车价格,置换的钱款直接冲抵新车的价格。

③ 享受"全程一对一"的置换服务。从旧车定价、过户手续,到新车的贷款、购买、保险、牌照等过程都由二手车置换经销商公司内部的专业部门完成,保证效率和服务水准。

④ 完善而有保障的售后服务。通过置换购买的新车,汽车置换授权经销商将提供包括保险、救援、替换车、异地租车等服务在内的完善服务。有的经销商还提供更加个性化的车辆保值回购计划,使顾客可以无需考虑再次更新时的车辆残值,安心使用车辆。

(2) 对新车生产厂商及其经销商而言

① 促进新车销售。在国外发达市场,二手车置换率(指二手车置换新车占整个新车销售总量的比例)高达70%。"诚新二手车"的二手车置换率已经超过10%,其他品牌的经销商置换率也基本达到5%左右,二手车置换对新车的销售促进作用日渐凸显,发展空间极大。

② 获得更大利润。新车经销商为了开展二手车置换业务往往会推出让利置换、旧车增值的促销活动,其收购价格偏高,表面上减少了利润,但实际上经销商在品牌增值上同样能获得利润。

③ 提升品牌价值。新车生产厂商积极开展置换业务,鼓励经销商抬高价格收购本品牌的二手车,其目的是提高本品牌车辆的残值,提升品牌价值,增强消费者对其品牌的信任,从而获得长远利益。

3) 国内主要二手车置换品牌简介

(1) 上海通用"诚新二手车"

上海通用是国内厂商中最早推出品牌认证二手车的厂商,目前在全国250多家4S授权经销商,约1/3的经销商可以经营"诚新二手车"业务。在服务经验、规范化程度以及开展的业务等方面比较领先,其"诚新二手车"品牌已逐渐成为二手车市场的一个标杆。

(2) 奥迪"AAA"二手车

奥迪"AAA"二手车是目前最高端的品牌认证二手车服务,作为中国市场上最为成功的豪华车品牌,奥迪在该市场上保有量最大,残值率较高。一般奥迪A6三年的二手车残值率可达70%。

（3）上海大众"特选二手车"

上海大众集团早在2003年11月就推出了自己的二手车交易品牌——上海大众特选二手车。上海大众在20年的时间里累计销售出287万辆汽车,目前保有量达到230多万辆,稳居全国第一。车源和用户丰富也是上海大众进行二手车交易(包括旧车置换业务)的优势。

（4）广州本田"喜悦二手车"

广州本田于2007年推出了"喜悦二手车"业务,虽然推出的时间比较短,但是二手车认证是目前所有厂家中比较严格的。它以覆盖全国的服务网络和24小时的紧急救援服务为优势,实行全品牌置换,强调每一个用车环节让用户感受到信心、省心和悦心。

（5）东风日产二手车

东风日产二手车(北京)交易中心是中国首家由汽车制造厂和经销商共同投资组建的二手车经营实体,由于厂家的深层次介入,要比一般的4S店兼营更加专业。"中心"除了销售东风日产品牌认证二手车外,还经营达到一定质量标准的其他品牌二手车。

二手车置换业务作为促进新车销售的有力模式,在未来将成为新车生产厂商掌握市场的重要武器。抓住市场机遇,加强二手车品牌的运作,对新车生产厂商与品牌经销商至关重要。

8.6.2 二手车置换的服务程序

（1）顾客通过电话或直接到二手车置换授权经销商处(一般是4S店或二级销售网点)进行咨询,也可以在二手车置换授权经销商的网站进行置换登记。

（2）二手车鉴定评估定价。

（3）二手车置换授权经销商的新车销售顾问陪同选订新车。

（4）签订二手车购销协议以及置换协议。

（5）置换二手车的钱款直接冲抵新车的车款,顾客补足新车差价后,办理提车手续,或由二手车置换授权经销商的销售顾问协助在指定的经销商处提取所订车辆,二手车置换授权经销商提供一条龙服务。

（6）顾客如需贷款购新车,则置换二手车的钱款作为新车的首付款,二手车置换授权经销商为顾客办理购车贷款手续,建立提供因汽车消费信贷所产生的资信管理服务,并建立个人资信数据库。

（7）二手车置换授权经销商办理旧车过户手续,顾客提供必要的协助和材料。

（8）二手车置换授权经销商为顾客提供全程后续服务。

【实例8-6】

上海通用诚新二手车置换步骤

1. 可换车辆、置换方法与形式

可换车辆:上海通用汽车生产的别克(BUICK)品牌和雪佛兰(CHEVROLET)品牌车辆。

置换方法：

（1）上海通用品牌车辆置换上海通用品牌新车；

（2）其他品牌车辆(包括进口车辆品牌)置换通用品牌新车。

置换形式:分为置换优惠和非置换优惠两种形式。

2. 二手车业务置换流程

如图8-2所示。

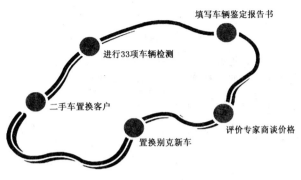

图 8-2　二手车业务置换流程图

（1）顾客通过电话或直接到二手车置换授权经销商处（一般是 4S 店或二级销售网点）进行咨询，也可以在二手车置换授权经销商的网站进行置换登记。

（2）专业二手车鉴定评估师对车辆进行 33 项免费车辆检测。见表 8-3。

表 8-3　上海通用"诚新二手车"33 项鉴定估价表

33 项鉴定估价表

客户名：		电话：				日期：	
VIN：		发动机号：		牌照：		车型：	
出厂年月：		排量：CC	颜色：		变速箱：手/自	里程：	km

鉴定结果及预估维修费用							
车身外部油漆和钣金件	前引擎盖/水箱护罩前围板		车厢内部及静态检查	安全带、安全气囊驻车系统			
	前后四翼子板			空调冷暖工作系统/温度效果			
	前后四车门			油箱、行李箱、前盖锁止机构			
	前后保险杠			点火启动状况及风窗雨刮器			
	后围板、后盖箱			离合器、刹车、油门踏板行程			
	车顶、顶边、ABC柱		引擎盖下侧	前围/前纵梁及翼子板内侧			
	前后全车灯罩			发动机怠速运转状况/点火正时			
	全车风窗玻璃			变速箱状况/离合器换挡/油面			
	全车门密封条及装饰条			方向机助力系统/液压管路			
	发动机、车架号码、铭牌标牌			冷却及空调管路系统			
车厢内部及静态检查	车内饰顶/内饰板/遮阳板/储物箱			点火系统/蓄电池/保险丝盒			
	四座椅及其功能			四轮制动性能及刹车助动系统			
	仪表装置及指示灯/车内外照明		其他	四避震系统/驱动半轴/横拉杆			
	全车门锁拉手及儿童锁止装置			四轮胎/钢圈/轮罩帽			
	收音机及音响喇叭系统			底盘大梁/消声器/三元催化			
	电动窗机及天窗装置			后盖箱/备胎/随车工具			

续表 8-3

加装配置:	□____CD	□功放	□VCD	□低音炮	□GPS
路试检查:启动—离合器分离能力—加速—手/自动换挡质量—转向—刹车—怠速—手刹车—喇叭—速度表—空调暖气—轮胎振动—发动机运转温度					

新车市场价:		车辆年限折旧:		里程折旧:		车况折旧:	
价格波动:		其他因素:		当地牌照费用:			
评估价格:				此估价　　天内有效			
估价员签名:		车辆出售者签名:					
备注:							

（3）专业二手车鉴定评估师如实填写车辆鉴定报告书。

（4）评估师提出评估价格,双方协商一致后签订置换协议。

（5）置换二手车的钱款直接冲抵新车的车款,顾客补足新车差价后,办理提车手续。

如果置换客户符合上海通用的条件,后续的工作将还包括置换优惠申请操作。

3. 置换优惠的对象及相应置换的申请文件

上海通用为了推广"诚新二手车"品牌,促进置换业务的发展,鼓励车主积极参与置换,提供了独有的优惠方案,即对不同条件的客户提供延长其所置换的新车保修期的优惠政策。具体操作如下:

（1）私车置换

私车置换:旧车车主与置换后新车车主必须是同一个人或是直系亲属(即包括父子、母子、父女、母女、夫妻、爷孙/孙女等法律规定的直系关系);如果旁系亲属(亲兄弟、亲姐妹)为置换双方的,要提供户口簿或当地派出所(警署)出示的证明原件扫描。

申请文件:

① 车辆置换表,见表 8-4。

表 8-4　诚新二手车车辆置换表

车辆置换表

	卖出旧车相关信息	购进新车相关信息
客户/公司名		
联系地址		
邮政编码		
联系电话		
客户身份证/公司代码		
车辆品牌		
车辆型号/配置号		
车辆牌照		

续表 8-4

VIN			
发动机编号			
发动机排量			
变速箱	手/自动		手/自动
行驶里程数			
颜色			
车辆出厂年月			
初次购车日期			
新车销售/旧车过户发票号码			
新车销售/旧车收购价格			
付款方式	旧车款折价加余款全部用现钞支付		
	旧车款作为首付,其余分期付款支付		
	其他支付方式		

旧车卖主签名/日期：　　　　　　　新车买主签名/日期：

备注：

置换申请

经销商代码：

经销商二手车经理签字：

申请日期：

② 33项鉴定估价表。
③ 置换车主的身份证或户口簿。
④ 如直系亲属或亲兄弟、亲姐妹间置换,提供相应法律证明文件。
⑤ 置换新车购车发票或置换新车登记证。
⑥ 原件机动车登记证或行驶证。
⑦ 旧机动车过户证明。

(2) 公车置换

旧车车主与置换后新车车主必须是同一单位(子公司和母公司、分公司和总公司,法律上具有不相同的法定代表人,不能享有上海通用汽车的置换优惠政策)。

申请文件：
① 车辆置换表。
② 33项鉴定估价表。

③ 置换车辆的公司的营业执照或组织机构代码证。
④ 如置换车辆公司已更名,应提供官方的合法证明文件。
⑤ 置换新车购车发票或置换新车登记证。
⑥ 原机动车登记证或行驶证。
⑦ 旧机动车过户证明。

(3) 私人和单位

若置换双方为私人和单位(国营或民营),则私人必须是该公司(国营或民营)的法定代表人才能享有上海通用汽车的置换优惠政策。

申请文件:
① 车辆置换表。
② 33项鉴定估价表。
③ 置换一方的营业执照或组织机构代码证。
④ 置换一方的身份证或户口簿。
⑤ 置换新车购车发票或新车登记证。
⑥ 原机动车登记证或行驶证。
⑦ 旧机动车过户证明。

(4) 标准流程及说明
① 客户提出置换需求申请。
② 客户旧车评估及收购。
③ 二手车部协助置换客户完成新车购买,客户如果符合SGM(上海通用)置换优惠方案的条件,业务助理为客户向SGM(上海通用)提出申请,并提供准确的最终用户联系电话和邮寄地址。
④ SGM(上海通用)将审批结果通知授权经销商。

任务7 二手车拍卖

二手车拍卖是指二手车拍卖企业以公开竞价的形式将客户委托的二手车转让给最高应价者的经营活动。目前,二手车拍卖的方式是许多国家普遍采用的一种交易方式,较其他的交易形式,二手车拍卖最突出的特点就是成交快、成本低、成交价最贴近市场真实价格,发达国家大多数二手车交易都是通过拍卖的方式完成的。比如在日本,分布在全国的六七个二手车拍卖场,每周要组织十几场拍卖会,每天大约拍卖10 000多辆二手车。但我国的二手车拍卖行业成交量极低,尚处于培育阶段,但未来潜力巨大。

8.7.1 二手车拍卖概述

1) 拍卖
是指以公开竞价的形式,将特定物品或者财产权利转让给最高应价者的买卖方式。
2) 委托人
是指委托拍卖人拍卖物品或者财产权利的公民、法人或者其他组织。
3) 拍卖人
是指依照《中华人民共和国拍卖法》和《中华人民共和国公司法》设立的从事拍卖活动的企

业法人——拍卖人,即拍卖公司。其在法律关系中的地位是受委托人,其行为应符合合同法和拍卖法的规则。

4) 竞买人

是指参加竞购标的的公民、法人或者其他组织。法律、行政法规对拍卖标的的买卖条件有规定,竞买人应当具备规定的条件——竞买人可以自行参加竞买,也可以委托其代理人参加竞买。竞买人有权了解拍卖标的的瑕疵,有权查验拍卖标的和查阅有关拍卖资料。竞买人一经应价,不得撤回,当其他竞买人有更高应价时,其应价即丧失约束力。竞买人之间、竞买人与拍卖人之间不得恶意串通,损害他人利益。

5) 买受人

是指以最高应价购得拍卖标的的竞买人——买受人应当按照约定支付拍卖标的的价款,未按照约定支付价款的,应当承担违约责任。买受人未能按照约定取得拍卖标的的,有权要求拍卖人或者委托人承担违约责任。买受人未按照约定受领拍卖标的的,应当支付由此产生的保管费用。

6) 底价

也称拍卖标的的底价,指出卖拍卖标的的最低价格,如果应价低于这一价格则拍卖标的不予出售。底价应当由委托人提出。

7) 起拍价

是指拍卖时就某一标的的开始拍卖时第一次报出的价格。起拍价可能低于底价,可以等于底价,也可以高出底价,因此底价与起拍价二者属于两种不同的价格现象。

8.7.2 二手车拍卖准备

1) 委托拍卖所需材料

车辆行驶证、购置证、养路费通行费缴费凭证、车船税证、车辆所有人证件(私人为身份证、户口本;企事业单位为企业代码证)。

2) 参加竞买所需材料

竞买人身份证明(私人为身份证;企事业单位为企事业单位代码证)和保证金(按每次拍卖会规定的标准交付)。拍卖人接受委托的,应与委托人签订委托拍卖合同。

3) 车辆技术状况信息

《二手车交易规范》第三十条规定,委托人应提供车辆真实的技术状况即《车辆信息表》(见表8-5),拍卖人应如实填写《拍卖车辆信息表》(见表8-6)。如对车辆的技术状况存有异议,拍卖委托双方经商定可委托二手车鉴定评估机构对车辆进行鉴定评估。

表8-5 车辆信息表

质量保证类别			
车　牌　号			
经销企业名称			
营业执照号码		地　址	

续表 8-5

车辆基本信息	车辆价格	元	品牌型号		车身颜色	
	初次登记	年 月 日	行驶里程	公里	燃 料	
	发动机号		车架号码		生产厂家	
	出厂日期	年 月	年检到期	年 月	排放等级	
	结构特点	□自动挡　　□手动挡　　□ABS　　□其他					
	使用性质	□营运　□出租车　□非营运　□营转非　□出租营转非　□教练车　□其他					
	交通事故记录 次数/类别/程度					
	重大维修记录 时间/部件					
	法定证明、凭证	□号牌　□行驶证　□登记证　□年检证明　□车辆购置税完税证明 □养路费缴付证明　□车船使用税完税证明　□保险单　□其他					

车辆技术状况	
质量保证	
声明	本车辆符合《二手车流通管理办法》有关规定,属合法车辆。

买方(签章)　　　　　　　　　　　经销企业(签章)
　　　　　　　　　　　　　　　　　经办人(签章)

　　　　　　　　　　　　　　　　　　　　　　　　　　年　月　日

备注	1. 本表由经销企业负责填写。 2. 本表一式三份,一份用于车辆展示,其余作为销售合同附件。

表 8-6　拍卖车辆信息表

拍卖企业名称			
营业执照号码		地址	
拍卖时间	年 月 日	拍卖地点	

续表 8-6

车辆的基本信息	车牌号		品牌型号		车身颜色	
	初次登记日期	年 月 日	行驶里程	公里	燃料	
	发动机号			车架号		
	出厂日期	年 月		发动机排量		
	年检到日期	年 月		生产厂家		
	结构特点	□自动挡　　□手动挡　　□ABS　　□其他				
	使用性质	□营运　□出租车　□非营运　□营转非　□出租营转非　□教练车　□其他				
	交通事故记录次数/类别/程度					
	重大维修记录					
	其他提示					
法定证明、凭证	□号牌　□行驶证　□登记证　□年检证明　□车辆购置税完税证明　□养路费缴付证明　□车船使用税完税证明　□保险单　□其他					

车辆技术状况	
	检测日期　　　　　　　　　　检测人

质量保证	本车辆符合《二手车流通管理办法》有关规定，属合法车辆。

其他载明事项	
	拍卖人(签章)：

备注	1. 本表由拍卖人填写。 2. 本表一式三份，一份用于车辆展示，其余作为拍卖成交确认书附件。

8.7.3 二手车拍卖业务流程

1) 接受委托

(1) 审查车辆来源的合法性

对委托拍卖车辆的行驶证、产权证、销售发票、企业代码或身份证等有关证件资料进行真伪鉴别,并对这些证件资料逐一登记,填写《拍卖车辆信息表》(见表 8-6),以便进一步核实。

(2) 审查车辆的处置权

在接受委托拍卖前,必须对车辆的处置权进行审核,审查委托人是否对委托拍卖的机动车具有处理权。

(3) 审查车辆的手续、证照及缴纳的各种税费是否齐全

对委托拍卖车辆的各种手续要审查是否齐备,特别是进口车和罚没车要审查是否带有海关进口证明书、商检局检验证书、罚没证明、法院的有关裁决书及有关批文等;另外还要检查车辆的附加费、养路费、保险等是否齐全,落实要取得行驶权需要办理哪些手续、缴纳哪些税费以及税费数额。

(4) 对车辆进行静态和动态检查

对委托拍卖的车辆要进行详细的静态和动态检查,并对每项检查做好登记记录,填写《车辆情况表》,主管人员要签字审核。

(5) 确定委托底价(即拍卖底价)

在对车辆手续、车辆检查完毕和确定符合拍卖条件后,由评估师、拍卖师和委托人三方根据当前市场行情确定拍卖底价,但是底价不作为成交价。

2) 签订《机动车委托拍卖合同》

检查工作完成后,拍卖人如果决定接受委托人的拍卖委托,应与委托人签署《机动车委托拍卖合同》,一式两份。

3) 机动车拍卖公告的发布

《二手车交易规范》第三十一条规定拍卖人应于拍卖日 7 日前发布公告。拍卖公告应通过报纸或者其他新闻媒体发布,并载明下列事项:拍卖的时间、地点;拍卖的车型及数量;车辆的展示时间、地点;参加拍卖会办理竞买的手续;需要公告的其他事项,如号牌号码、初次登记时间、拍卖咨询电话和联系人等,并详细告之。

4) 车辆展示

在机动车拍卖前必须进行至少 2 日的公开展示,并在车辆显著位置张贴《拍卖车辆信息》。在展示期间必须要有专业人员在现场进行解答,并做好宣传工作。

如有意参加拍卖会,经审核符合竞买人要求,则必须提前办理入场手续,如交验竞买人的个人资料,填写竞买登记表,缴纳竞买押金,领取拍卖手册、入场号牌等。

5) 拍卖实施

在拍卖实施当天,竞买人经工作人员审查确认后,方可提前半小时进入会场。拍卖方可根据车辆情况及竞买人到场情况,以有声增价拍卖的方式进行,但最后的成交价不得低于委托人的底价。拍卖成交后,以拍卖人的"成交确认书"作为交易市场开具交易发票的价格依据。

6）收费

拍卖成交后，收取委托方和买受方一定的佣金（收费标准按成交价的百分比确定，一般为双方各5%）并开具拍卖发票。

拍卖车辆在整个拍卖活动中发生的相关费用由委托人和买受人双方分别承担（以成交确认作为界定，成交前由委托人承担，成交后由买受人承担）。

7）过户手续办理以及车辆移交

机动车拍卖成交后，买受人和拍卖人应签署《二手车拍卖成交确认书》，办理车辆过户手续，在买受人付清全部车款后，方可填写《机动车拍卖车辆移交清单》，办理车辆移交手续。移交方式（含办理过户、转出、转入等相关手续）由委托人、买受人和拍卖人具体商议决定。

机动车委托拍卖合同   合同编号：

委托人（甲方）：
拍卖人（乙方）：

根据《中华人民共和国合同法》、《中华人民共和国拍卖法》和其他有关规定，经甲乙双方协商一致，就拍卖下列车辆达成如下协议：

第一条：委托拍卖车辆的基本信息。

序号	车牌号码	所有人	品牌型号	发动机号码	车辆识别代号	拍卖底价（RMB元）	备 注
1							
2							
3							
4							
5							

第二条：为促成车辆成交，根据现场竞价情况，甲方同意将拍卖底价下调_____元或_____%。

第三条：处分权。甲方保证对委托拍卖车辆拥有100%的所有权或处分权，向乙方提供有关证明材料完全真实、合法、有效。

第四条：现状、评估。甲方保证上述表中所填写的车辆基本信息完全真实，不存在未明示的重大问题，并同意乙方免费进行车况检测。

第五条：价格。乙方不得以低于拍卖底价的价格拍卖成交，但事先征得甲方同意的除外，双方均不得将底价向外泄露。

第六条：佣金、佣金率。若拍卖车辆成交，甲方同意按拍卖成交价的_____%向乙方支付佣金，由乙方从代收拍卖款中予以扣除。

第七条：拍卖方式为有声增价拍卖。

第八条：乙方承诺在_____年___月___日之前在_____举行拍卖会。

第九条：乙方协助双方办理车辆过户，并按以下标准向甲方收取过户费（含过户税费）：

成交价(人民币:P万元)	P<10	10≤P<20	20≤P<50	50≤P
过户费(人民币:元)				

第十条:在车管部门出具《行驶证待办凭证》当天,甲方同意乙方与买受人办理车辆交接手续。在车管部门出具《行驶证待办凭证》后的第4～5个工作日,乙方将拍卖款扣除佣金和其他约定费用后以转账方式支付给甲方。

第十一条:相关责任

(一)甲方应于_____年___月___日之前将上述拍卖车辆交付给乙方,交付地点为_____,因甲方延期交付车辆而影响乙方拍卖的,甲方承担乙方因此而发生的一切费用。

(二)在合同生效之后拍卖开始之前,甲方撤回拍卖车辆,应征得乙方同意,并承担乙方因此实际支付的一切费用;无故撤回委托拍卖车辆,应向乙方支付拍卖车辆底价5%的违约金。甲方保证不参与同时也不委托他人代为参与竞买自己委托的拍卖车辆。

(三)车辆在保管期间损坏的,乙方应根据损坏程度予以赔偿;车辆在保管期间灭失的,乙方应按车辆拍卖底价赔偿。

(四)因甲方或车辆本身原因造成不能过户,甲方除无条件接受买受人退回的车辆并全额退还拍卖款给乙方外,还应向乙方支付拍卖底价5%的佣金(最低1 500元)和评估、拍卖、过户过程中所发生的一切费用。

(五)与该车有关的一切法律纠纷、交通事故、交通违章处罚、债务等民事或刑事责任,在交车之前发生的,由甲方负责。

(六)甲方委托拍卖法律法规禁止拍卖、没有处置权和依法不得处分的车辆,应赔偿乙方因此所造成的损失;甲方对已知的拍卖车辆瑕疵未加说明的,应赔偿乙方因此所造成的损失;甲方要求保密的,乙方应予以保密。

(七)拍卖成交后3个工作日内,甲方应按照车管部门的要求向买受人提供该车过户所需要的全部证件、资料并积极配合车辆过户工作。合同期内拍卖车辆没有成交,甲方在拍卖后2日内无条件收回车辆,双方互不承担责任。逾期收回车辆,乙方不承担被盗、损坏等任何责任。

第十二条:本合同未约定事宜或因本合同发生的纠纷,由双方协商解决,协商不成,双方同意向_____市_____人民法院起诉。

第十三条:本合同一式两份,甲乙双方各执一份,自双方签字盖章之日起生效,由双方共同遵守。

第十四条:其他约定事项。

甲方签字(盖章):   乙方(盖章):
代理人签字: 代理人签字:
联系电话: 联系电话:
传真号码: 传真号码:

合同签订日期: 年   月   日

二手车拍卖成交确认书

拍卖人：
买受人：
签订地点：
签订时间：

经审核，本拍卖标的手续齐全，符合国家有关规定，属于合法车辆。

拍卖人于　　年　月　日在　　　　　　　　举行的拍卖会上，竞标号码为　　　　的竞买人　　　　　　　　，经过公开竞价，成功竞得　　　　　　　　。拍卖标的物的详情见附件《拍卖车辆信息》。依照《二手车流通管理办法》、《中华人民共和国拍卖法》及有关法律、行政法规之规定，双方签订拍卖成交确认书如下：

一、成交拍卖标的：拍卖编号为　　　　　　的二手机动车，车牌号码为　　　　　　。

二、成交价款及佣金：标的成交价款为人民币大写　　　　　　元(￥　　　　　　)，佣金比例为成交总额的　　％，佣金为人民币大写　　　　　　元(￥　　　　　　)，合计大写　　　　　　元(￥　　　　　　)。

三、付款方式：拍卖标的已经拍定，其买受人在付足全款后方可领取该车。

四、交接：拍卖人在买受人付足全款后，应将拍出的车辆移交给买受人，并向买受人提供车辆转移登记所需的号牌、《机动车登记证书》、《机动车行驶证》、有效的机动车安全技术检验合格标志、车辆购置税完税证明、养路费缴付凭证、车船使用税缴付凭证、车辆保险单等法定证明、凭证。

五、转移登记：买受人应自领取车辆及法定证明、凭证之日起 30 日内，向公安机关交通管理部门申办转移登记手续。

六、质量保证：　　　　　　　　　　　。

七、声明：买受人已充分了解拍卖标的全部情况，承认并且愿意遵守《中华人民共和国拍卖法》和国家有关法律、行政法规之各项条款。

八、其他约定事项：

买受人(签章)：　　　　　　　　　　　　　　　　　　拍卖人(签章)：
法定代表人：　　　　　　　　　　　　　　　　　　　法定代表人：

8.7.4　二手车拍卖实例

机动车拍卖比较复杂，要求拍卖企业要严格按照《拍卖法》运作，慎之又慎，以便顺利完成拍卖，避免经济纠纷的困扰。

【实例 8-7】
拍卖车辆：长城 CC6470
登记日期：2003 年 1 月。
手续情况：养路费 2005 年 4 月，车船使用税 2005 年度。
车况简介：车辆状况一般，有比较大的重新喷漆。
拍卖底价：3.8 万元。

成交价格：4.6万元。

车主预想价格：4.2万元。

成交分析：由于近期汽油价格上涨影响了越野车的成交价格，所以拍卖越野车成交价格不会很高。这款长城汽车使用时间比较短，车辆状况较好，同时由于排量不大油耗不高，是一些越野入门者的选购车型，价格略有上涨。4S店置换给出的二手车价格仅为3.8万元，车主不满意，于是尝试拍卖，直接高出预期4 000多元，车主很满意。

【实例8-8】

某拍卖行接受人民法院的委托，对其查封扣押的某市一进口轿车进行拍卖。拍卖行对该车的行驶证、购置附加费证进行了认真审查，并到当地车管部门验证，确定无误后，依法进行了拍卖，最终被该市一竞买者买走。该买受人在办理完行驶证过户手续后，又去办理车辆购置附加费手续时，被告知该车没交附加费，必须补交附加费。于是该买主上诉至当地法院，要求拍卖行赔偿损失。拍卖行称：该车是人民法院依法查封扣押委托拍卖的，人民法院提供的手续中，行驶证、购置附加费证都是真实的，并且国家车辆管理部门规定，申领机动车牌证，必须交验购置附加费证。既然该车有行驶证、牌号，说明该车附加费已交，交通部门说附加费未交是不正确的，除非这里有舞弊现象，那也应该追究交通部门的责任。但法院最终判决拍卖行败诉，理由是没认真审核委托人提供的有关文件。拍卖行不服，于是陷入官司中。

这是一起特殊的案件，也是机动车拍卖中最麻烦、最容易有纠纷的情况，这在拍卖具体过程中也经常遇到。由于个别车辆管理部门的原因，导致一些车辆（特别是进口车辆）手续潜在的不全，使其一旦手续变更，便会带来诸多麻烦。所以，拍卖企业在接受此类委托时，一定要引以为戒，慎之又慎。首先，要确认审核委托车辆各种证照的完备，最主要的是对行驶证、购置附加费证要认真审核，在核实证件真实、齐全后，应该对发动机及底盘的号码进行检查，然后还必须到公安局车辆管理部门查阅该车的档案资料，进一步核实该车是否真实合法，对该车验明正身。

项目考核

1. 二手车交易主要有哪些类型？
2. 我国二手车交易存在哪些问题？
3. 简述二手车过户流程。
4. 二手车拍卖有哪些过程？
5. 二手车收购定价的影响因素有哪些？
6. 二手车销售定价的方法有哪些？

项目 9　二手车鉴定评估机构和人员

项目要求

1. 了解二手车鉴定评估机构的职能；
2. 熟悉二手车鉴定评估机构的特征；
3. 了解对二手车鉴定评估机构的要求；
4. 了解二手车鉴定评估机构的设立；
5. 了解对二手车鉴定评估师的基本要求；
6. 了解二手车鉴定评估师的报名条件；
7. 了解二手车鉴定评估师的职业等级。

任务 1　二手车鉴定评估机构

9.1.1　二手车鉴定评估机构的职能

1) 评估职能

二手车鉴定评估机构与其他公估人一样具有一种广义的评估职能，包括评价职能、勘测职能、鉴定职能、估价职能等。二手车鉴定评估机构对二手车进行评估，得出评估结论，并说明得出结论的充分依据和推理过程，体现其评估职能。评估职能是二手车评估机构的关键职能。

2) 公证职能

二手车鉴定评估机构对二手车评估结论做出符合实际、可以信赖的证明。二手车鉴定评估机构之所以具有公证职能，是因为以下两点：

(1) 二手车鉴定评估机构有丰富的二手车评估知识和技能，在判断二手车评估结论准确与否的问题上最具资格和权威性。

(2) 作为当事人之外的第三方，二手车鉴定评估机构完全站在中立、公正的立场上就事论事，科学办事。

3) 中介职能

二手车鉴定评估机构作为中介人，从事评估经济活动，并参与相关利益的分配，为当事人提供服务，具有鲜明的中介职能。

9.1.2　二手车鉴定评估机构的特征

由于汽车是高科技产品，二手车流通又属于特殊的商品流通，这就使得二手车鉴定评估机构具有鲜明的特征：

1) 经济性

二手车鉴定评估机构通过相关的专业技术人员，接受当事人（如保险公司、车主等）的委托，处理不同类型的评估业务，积累汽车评估经验，提高汽车评估水平，从而帮助当事人降低成本，提高经济效益；同时，通过高质量的服务使自身也获得一定的经济效益。

2) 专业性

二手车鉴定评估机构的市场定位是向当事人提供专业的汽车鉴定评估服务。由于是对二手车这一特定的对象进行评估，而二手车种类繁多、技术含量高，当事人的要求又千差万别，所以汽车评估比一般商品鉴定评估人员在评估技术方面要求更专业，经验更丰富。

3) 超然性

二手车评估机构作为汽车保险市场、二手车交易市场、汽车碰撞事故双方的中介，易被双方当事人所接受，因而可以缓解当事人双方的矛盾冲突。也可以说，二手车评估机构是减少双方当事人之间摩擦的润滑剂。

4) 严肃性

二手车评估机构因工作失误而对当事人造成损失的，二手车鉴定评估机构要负相应的法律责任。

5) 广泛性

除了上述特征之外，二手车鉴定评估机构的有些具体业务领域，对从业人员的知识要求还具有广泛性，汽车评估人员除应具有汽车专业技术知识外，还需要懂得一些财务、会计、法律、经济、金融、保险等知识，如需从事汽车保险公估业务，其从业人员还必须通过保险公估资格考试，获得《保险公估资格证书》，持证上岗。

9.1.3 二手车鉴定评估机构的要求

按照我国 1991 年 11 月颁布的《国有资产评估管理办法》第九条的规定，资产评估公司、会计师事务所、审计事务所、财务咨询公司，必须持有省级以上国有资产评估资格证书，才能从事国有资产评估业务。依照国家计委颁布的《价格评估机构管理办法》设立的价格评估机构，有资格对流通中的二手车商品——事故车辆进行鉴定和评估。

9.1.4 二手车鉴定评估机构的设立

1) 二手车鉴定评估机构的设立条件与手续办理

（1）二手车鉴定评估机构的设立条件

根据《二手车流通管理办法》规定，汽车鉴定评估机构的设立应当具备下列条件：

① 是独立的中介机构。

② 必须有固定的经营场所和从事经营活动的必要设施。

③ 必须有三名以上从事二手车鉴定评估业务的专业人员（包括本办法实施之前取得国家职业资格证书的汽车鉴定评估师）。

④ 必须有规范的规章制度。

此外，也可以根据《价格评估机构资质认定管理办法》的要求，进行价格评估机构的申报。

(2) 二手车鉴定评估机构应办理的手续

申请人向拟设立二手车鉴定评估机构所在地省级商务主管部门提出书面申请,并提交符合《二手车流通管理办法》第九条规定的相关材料。省级商务主管部门自收到全部申请材料之日起 20 个工作日内做出是否予以核准的决定,对予以核准的,颁发《二手车鉴定评估机构核准书》;不予以核准的,应当说明理由。申请人持《二手车鉴定评估机构核准书》到工商行政管理部门办理登记手续。

2) 外商二手车鉴定评估机构的设立条件与手续办理

外商投资设立二手车交易市场、经销企业、经纪机构、鉴定评估机构的申请人,应当分别持《二手车流通管理办法》第八条、第九条规定和《外商投资商业领域管理办法》有关外商投资法律规定的相关材料报省级商务主管部门。省级商务主管部门进行初审后,自收到全部申请材料之日起一个月内上报国务院商务主管部门。合资中方有国家计划单列企业集团的,可直接将申请材料报送国务院商务主管部门。国务院商务主管部门自收到全部申请材料三个月内会同国务院工商行政管理部门,做出是否予以批准的决定,对予以批准的,颁发或者换发《外商投资企业批准证书》;不予以批准的,应当说明理由。

申请人持《外商投资企业批准证书》到工商行政管理部门办理登记手续。

设立二手车拍卖企业(含外商投资二手车拍卖企业)应当符合《中华人民共和国拍卖法》和《拍卖管理办法》有关规定,并按《拍卖管理办法》规定的程序办理。

外资并购二手车交易市场和经营主体及已设立的外商投资企业增加二手车经营范围的,应当按《二手车流通管理办法》第十一条、第十二条规定的程序办理。

任务 2　二手车鉴定评估人员

9.2.1　市场需求

随着我国汽车保有量的逐渐增加,二手车交易市场发展很快,已逐步成为流通领域充满生机和活力的朝阳产业。遍布全国的机动车销售、拍卖、租赁、卖新收旧、以旧换新等企事业单位直接吸纳二手车从业人员数量庞大,对促进二手车行业的发展起到了积极的作用。

二手车属于特殊商品,涉及车辆管理、交通安全管理、社会治安管理、环境保护管理等多个方面,必须加强管理。但是,由于我国二手车交易起步较晚,一些问题和矛盾在发展过程中逐渐显现出来,特别是在鉴定评估这一环节上,普遍存在着缺乏统一标准、从业人员知识技能偏低等问题,对二手车鉴定评估有的能力不足,有的仅凭经验,总体水平高低不一,非常混乱,也使一些走私、拼装、组装等非法车辆流入社会,不仅制约了二手车交易市场的健康发展,也使广大消费者的合法权益得不到有效保障,使国家利益蒙受巨大损失。

为了推动二手车业务的健康发展,确保国家关于二手车政策法规的顺利实施,确保消费者的合法权益,需要一大批适应市场需求的、优秀的二手车评估人员。

9.2.2　二手车鉴定评估人员的素质结构

要想成为一个优秀的二手车鉴定评估人员,必须具备完整的素质结构,包括完整的业务知识、娴熟的专业技能和高尚的道德修养,如图 9-1 所示。

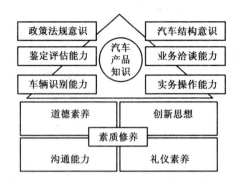

图 9-1 二手车评估人员的素质结构图

9.2.3 二手车鉴定评估人员的知识结构

二手车鉴定评估涉及一系列相关专业知识,是一个比较完整的结构,包括资产评估学、经济管理学、市场营销学、汽车构造、汽车维修等基础知识。

1) 机动车构造与理论方面应具备的知识

在机动车构造与理论方面要求掌握:机动车分类、编号和识别代号(VIN)知识;汽车总体构造、原理、技术参数和性能指标;汽车发动机、汽车底盘、汽车车身、汽车电气与电子等基本知识。

2) 汽车使用与维修方面应具备的知识

在汽车使用与维修方面要求掌握:汽车技术状况与使用寿命知识;汽车使用性能知识;汽车定期检验要求必需的知识;汽车检测维修相关知识。

3) 二手车评估基础方面应具备的知识

在二手车评估基础方面要求掌握:二手车鉴定评估要素、方法、流程等相关知识。

4) 事故车鉴定评估方面应具备的知识

在事故车的鉴定评估方面要求掌握:车辆损伤、泡水、火烧,以及其他各种损伤的鉴定评估知识。

5) 鉴定委托合同方面应具备的知识

在鉴定委托合同方面要求掌握:合同效力、合同履行、合同责任等知识。

6) 机动车市场信息方面应具备的知识

在机动车市场信息方面要求掌握:市场调查、数据处理的知识。

7) 相关法律法规知识方面应具备的知识

在相关法律法规知识方面要求掌握:《二手车流通管理办法》的相关知识;机动车登记规定的相关知识;机动车强制报废规定标准的相关知识;汽车安全、排放、节能等相关标准;其他有关的法律、法规。

9.2.4 二手车鉴定评估人员的专业技能

二手车鉴定评估人员应具备的专业技能主要有:

1) 专业岗位资格

二手车鉴定评估从业人员应具备鉴定评估专业知识和鉴定评估的实践经验,并应按规定接受继续教育，充实和更新业务知识，提高鉴定评估的技能。

2）客户服务技能

二手车鉴定评估从业人员应熟悉和掌握国家有关政策和法规、行业管理制度及有关技术标准，注意收集与鉴定评估有关的业务信息，以提供完善服务。

二手车鉴定评估机构与委托单位（方）在承接和委托业务上，应实行双向选择。汽车鉴定评估从业人员应以良好的服务质量赢得客户，而不得以任何方式限制、利诱或干预委托单位（方）对汽车鉴定评估机构的选择，也不得采取回扣、提成、压价竞争和抬高自己贬低他人等不正当手段招揽业务。

3）科学评估方法

二手车鉴定评估从业人员在执行业务时应严肃认真，采用恰当科学的评估方法，按照规定的评估程序，完成承接的鉴定评估业务，履行汽车鉴定评估协议书中规定的各项职责。

4）提供可靠依据

二手车鉴定评估从业人员对鉴定评估的结果和撰写的评估报告书必须提供可靠、充实的依据，手续核实、技术鉴定、评定估算等评估过程均应形成文字工作底稿，采用的数据信息资料均应注明来源渠道。

5）同行协调能力

二手车鉴定评估从业人员在本行业中应团结合作，不得以不正当手段损害同行的专业信誉。二手车鉴定评估从业人员承接业务，均应由汽车鉴定评估机构受理，不得以个人名义接受委托，承办业务。

6）坚持原则立场

二手车鉴定评估从业人员不得允许其他人用本人名义接受委托、承办业务，也不得为其他人的鉴定评估结果签字盖章。

7）严格保守秘密

二手车鉴定评估从业人员对于委托单位（方）提供的数据资料和评估结果，应当严格保守秘密。除非得到委托单位（方）的书面允许或依法律法规要求公布的，否则，不得将任何资料或情况提供或泄漏给第三者。

9.2.5 二手车鉴定评估人员的道德修养

为维护和增进公众对评估必须具备的信任，评估人员必须高度严格地遵守职业道德规范，严守职业道德既是评估执业中的要求，也是法律法规对评估人员的要求，同时也是评估客户和评估结果使用者在评估合同中的要求。为规范注册二手车鉴定评估师执业行为和职业道德行为，提高注册二手车鉴定评估师职业道德素质，保证执业质量，明确执业责任，维护社会公共利益和二手车鉴定评估人员各方当事人合法权益，中国二手车鉴定评估人员协会制定了《二手车鉴定评估人员准则——基本准则》和《二手车鉴定评估人员职业道德准则——基本准则》，作为注册二手车鉴定评估师，必须严格遵守该准则。

1）二手车鉴定评估人员的基本要求

二手车鉴定评估要求鉴定评估人员必须遵守以下原则：

（1）二手车鉴定评估人员执行二手车鉴定评估业务，应当遵守相关法律法规和二手车鉴定评估人员准则，具有良好的职业道德。

(2)二手车鉴定评估人员执行二手车鉴定评估业务,应当勤勉尽责,恪守独立、客观、公正的原则。

(3)二手车鉴定评估人员应当经过专门教育和培训;具备相应的专业知识和经验,能够胜任所执行的评估业务。

(4)二手车鉴定评估人员执行二手车鉴定评估业务,可以聘请专家协助工作,但应当采取必要措施确信专家工作的合理性。

(5)二手车鉴定评估人员应当对业务助理人员进行指导,并对业务助理人员工作结果负责。

(6)二手车鉴定评估人员执行二手车鉴定评估业务,采用不同于二手车鉴定评估人员准则规定的程序和方法时,不得违背准则的基本要求,应当确信所采用程序和方法的合理性,并在评估报告中明确说明。

2) 二手车鉴定评估人员的操作准则

二手车鉴定评估人员进行二手车鉴定评估操作时必须遵守以下原则:

(1)二手车鉴定评估人员执行二手车鉴定评估业务,应当根据业务具体情况选择适当的评估程序。

(2)二手车鉴定评估人员执行二手车鉴定评估业务,应当根据评估目的等相关条件选择适当的价值类型,并对价值类型予以明确定义。

(3)二手车鉴定评估人员应当熟知、理解并恰当运用评估方法。二手车鉴定评估的基本方法前面已有介绍。

(4)二手车鉴定评估人员执行二手车鉴定评估业务,应当根据评估对象、价值类型、资料收集情况等相关条件,分析三种二手车鉴定评估基本方法的适用性,恰当选择评估方法,形成合理的评估结论。

(5)二手车鉴定评估人员执行二手车鉴定评估业务应当科学合理地使用评估假设,并在评估报告中说明评估假设及其对评估结论的影响。

(6)二手车鉴定评估人员执行二手车鉴定评估业务,应当形成能够支持评估结论的工作底稿。

3) 二手车鉴定评估人员的报告准则

二手车鉴定评估人员出具评估报告时必须遵守以下原则:

(1)二手车鉴定评估人员应当在执行必要的评估程序后编制评估报告,并由所在评估机构出具。

(2)二手车鉴定评估人员应当在评估报告中提供必要的信息,使评估报告使用者能够合理理解评估结论。

(3)二手车鉴定评估人员应当根据评估业务具体情况,提供能够满足委托方和其他评估报告使用者合理需求的评估报告。

4) 二手车鉴定评估人员的职业道德

二手车鉴定评估人员应当了解职业道德的基本知识,同时严格遵守职业守则,包括:遵纪守法,廉洁自律;客观独立,公正科学;诚实守信,规范服务;客户至上,保守秘密;团队合作,锐意进取;操作规范,保证安全。

任务3　二手车鉴定评估从业资格

目前,国内二手车评估交易专业人才缺口在逐年扩大,当前人才缺口已达30万人。为满足汽车行业对二手车评估人才的迫切需求,各地区有计划地组织"二手车鉴定评估师"培训,职业资格的考核、鉴定、注册等,统一由各省职业技能鉴定部门协同中国汽车流通协会组织认证实施。二手车鉴定评估师是国务院批准的六类资产评估职业(注册资产评估师、房地产估价师、土地估价师、矿业权评估师、二手车鉴定评估师、保险公估从业人员)之一,是资产评估的重要组成部分。随着换车时代的到来,二手车鉴定评估师将成为未来最具发展潜力的朝阳职业。2012年1月,国家商务部发布《关于促进汽车流通业"十二五"发展的指导意见》,其中着重强调要积极培育规范二手车市场,促进二手车发展,推动产业升级,对二手车买卖交易鉴定评估机构、二手车从业人员资格做出了更加具体的要求和明确的规定。资质证照健全、水平过硬的经营机构,将在二手车交易行业得以进一步发展,而资质不全、专业欠缺的机构,在市场整顿和竞争大潮中,必将被无情淘汰。

9.3.1　二手车鉴定评估师的定义和作用

1)二手车鉴定评估师定义

二手车鉴定评估师指运用目测、路试及借助相关仪器设备对二手车的技术状况进行综合检验和检测,结合车辆相关文件资料对二手车的技术状况进行鉴定,并根据评估的特定目的,选择适用的评估标准和方法进行二手车价格评估工作的专业汽车评估和管理人员。

我国从1999年开始旧机动车(现在的称谓是二手车)鉴定估价师职业资格证书培训工作,出台了《旧机动车鉴定估价师国家职业标准》(1999年4月30日试行)。为了顺应二手车评估行业的快速发展,2005年《二手车流通管理办法》的实施,进一步加强了对旧车流通工作的规范化管理。《二手车流通管理办法》规范了二手车的评估鉴定工作,还对二手车鉴定评估师实行了职业资格制度,并同时将旧机动车鉴定估价师正式更名为二手车鉴定评估师。

从事二手车鉴定评估经营活动的人员必须通过统一等级考试,取得人力资源和社会保障部(或者劳动和社会保障部)颁发的二手车鉴定评估师等级职业资格证书。未取得二手车鉴定评估师等级职业资格证书的人员,不得从事二手车鉴定评估经营活动。

在二手车交易中,价格问题实际上是最核心的问题,消费者购买二手车,往往面临质量欺诈、价格欺诈、购买非法车辆等风险,其结果是,整个二手车市场都难以取得消费者的信赖。在这个时候,二手车的鉴定评估就成为非常有价值的一个环节。

我国的二手车鉴定评估不再局限于二手车产权交易,已经扩展到二手车的纳税、保险、抵押、典当、司法鉴定等非产权交易,目前不仅厂家的汽车4S店需要二手车评估师,而且资产评估事务所、会计师事务所、银行、公安机关、法院和保险公司等也很需要业务过硬的二手车评估师。而专门服务于个人的类似咨询师的二手车鉴定评估师更少。因此,需要大批二手车鉴定评估师专业人才。

为使二手车交易市场规范有序、健康发展,并服务于社会,迫切需要建立培训鉴定机构。二手车鉴定评估师考核经国家认证试点,按照国家职业资格管理规则,现已下放到地方鉴定。各地的省级人力资源和社会保障厅职业技能鉴定中心,负责颁发省级职业资格证书(直辖市由劳动局职业技能鉴定中心颁发二手车鉴定评估师职业资格证书）。二手车评估师用专业知识和真诚服务，为购车者辨别一个个陷阱，为二手车市场透明规范运营做出自己的努力，优秀的二手车评估师将成为市场炙手可热的人才之一。

2）二手车鉴定评估师的作用

二手车市场是汽车市场的重要组成部分，二手车交易将逐渐成为汽车市场的经济增长点。2012年我国二手车年交易量达到480万辆，二手车市场刚刚起步，发展潜力很大。国内二手车市场在未来几年内将出现爆发式增长。二手车经营相对于新车经营来说，利润十分可观。各主要汽车厂家、经销商、服务商都纷纷上马二手车业务，越来越多的汽车行业人员选择从业于二手车领域。二手车鉴定评估师就是在这样的时代背景下，依据国家劳动法律法规、相关管理条例和政策而推出的，旨在推动二手车市场规范经营、健康发展的职业资格考评体系。

二手车鉴定评估师在交易中起着承前启后的作用，即桥梁作用。在二手车交易中，大部分车主和买主都不能客观地对车辆的现值做出确定。二手车鉴定评估师在交易中起着引导的作用。在交易双方对车辆的各种状况无甚了解的情况下，往往要参考二手车鉴定评估师等专业人士的意见，特别是买车者会较为注重估价师的意见。

二手车鉴定评估师在交易中起着平衡双方利益的作用。二手车鉴定评估师评估价的质量起着促进二手车交易量的作用。判断一个评估价质量的好坏，应该做到合理、合适，使被评估车辆的状况反映出合适的价格。

二手车鉴定评估师在企业产权转移时发挥作用。为防止二手车的非法交易、辨别真伪发挥作用，为二手车抵押贷款的评估发挥作用。二手车抵押贷款是近几年新兴起的一种交易方式，指的是买车者在二手车交易市场购买二手车，并提供有效的抵押担保，向可以提供贷款的商业银行提出贷款申请，用以支付购买二手车所需部分款项的交易方式。

9.3.2 二手车鉴定评估师的基本要求

二手车鉴定评估师的工作场所包括开展以旧换新业务的各品牌汽车经销商、各旧机动车交易中心（市场）、旧机动车鉴定评估机构、资产评估机构等中介评估机构。其他从事机动车租赁、拍卖、报废回收、置换业务的企事业单位，以及有关车辆检测鉴定机构和从事机动车贷款、抵押、典当、保险、理赔、维修等业务都是二手车鉴定评估师的工作场所。二手车鉴定评估人员要知识面广，汽车鉴定估价理论和方法以资产评估学为基础，涉及经济管理、市场营销、金融、价格、财会及汽车原理、汽车构造等多方面知识，技术含量高。因此，汽车技术鉴定的依赖性较强，政策性强。

二手车鉴定评估人员实践和技能水平的高低直接影响着评估的准确度。从业人员应不仅会驾驶汽车，而且还能使用检测仪器和设备，并能通过目测、耳听、手摸等手段判断二手车外观、总成的基本状况，能够通过路试判断汽车各系统等工作情况。评估质量的高低取决于评估人员掌握的信息、知识结构和经验，体现评估人员的主体性。二手车鉴定评估动态特征明显。目前，汽车产品更新换代快，结构升级、技术创新层出不穷，加之市场经济条件下市场行情的多变难测，使二手车鉴定估价工作具有极强的动态性和时效性。

1）对评估师职业道德的要求

热爱本职工作，遵守职业道德，具有较高的政治素质和法制观念，从事业务要保证公正、公平、公开，不得利用职业之便损害国家、集体和个人利益。具体表现在以下7个方面：

(1) 遵守法律、法规和有关规定。
(2) 爱岗敬业,忠于职守,自觉履行各项职责。
(3) 工作认真负责,严于律己。
(4) 刻苦学习,钻研业务,努力提高思想和科学文化素质。
(5) 谦虚谨慎,团结协作,主动配合。
(6) 严格执行工艺文件,保证质量。
(7) 重视安全、环保,坚持文明生产。

2) 对评估师技能的基本要求

(1) 具有扎实的二手车鉴定评估基础知识。需要掌握汽车分类、车辆识别代号编码、主要技术参数和性能指标。掌握汽车构造,运用电子商务收集各类汽车信息。具备二手车价格及营销知识、机动车驾驶技术。关注国家关于二手车管理的政策及法规的调整和变化。

(2) 熟悉二手车鉴定评估的前期准备工作与现场手续检查。诸如,二手车客户接待业务,二手车手续检查、洽谈业务等前期准备工作和现场手续检查等。

(3) 具备检测汽车技术状况的技能。能通过简单的仪器和目测手段了解车况并定价。能检测乘用车汽车技术状况并可以分析判断排除汽车简单故障。评定乘用车主要部件和整车技术状况,评定与估算汽车价格。

3) 二手车鉴定评估师岗位职责

(1) 遵守二手车鉴定评估从业人员工作守则,认真履行岗位职责。
(2) 接待二手车交易客户,受理客户鉴定估价的委托。
(3) 接受客户对二手车交易的咨询,引导客户合法交易。
(4) 负责检查二手车交易的各项证件。
(5) 负责收集二手车鉴定估价的政策法规资料、车辆技术资料和市场价格信息资料。
(6) 负责收集二手车的技术鉴定、估算价格。
(7) 不准盗抢、走私、非法拼装、报废车辆进场交易。
(8) 负责报告鉴定估价结果,与客户商定确认评估价格。
(9) 撰写二手车鉴定评估报告。

9.3.3 二手车鉴定评估师的职业等级

国家职业资格证书是国家证书制度的一个组成部分,它是通过国家法律、法令和行政条规的形式,以政府的力量来推行,由政府委托和授权专门的机构来实施,在全国范围内通用的,对劳动者的从业资格进行认定的国家证书。它是表明劳动者具有从事某一职业所必须具备的学识和技能的证明,是对劳动者具有和达到某一职业所要求的知识和技能标准,通过职业技能鉴定的凭证,是职业标准在社会劳动者身上的体现和定位。

按照国家现有的职业等级,二手车鉴定评估师职业共设立两个等级,分别为二手车鉴定评估师(国家职业资格四级)、高级二手车鉴定评估师(国家职业资格三级)。

1) 二手车鉴定评估师(国家职业资格四级)

职业等级四级(中级),要求能通过简单的仪器和目测手段了解车况并定价。需要掌握汽车商品知识,如汽车分类、车辆识别代号编码、主要技术参数和性能指标、汽车构造,运用电子商务收集各类汽车信息等;能检测汽车技术状况,如直观或仪器检查发动机排量在 2.0 L 及以下乘用车技术状况;评定汽车技术状况,如掌握2.0 L以下乘用车主要部件和整车技术状况;最后评定与估算汽车价格。

2) 高级二手车鉴定评估师(国家职业资格三级)

职业等级三级(高级)需要掌握目前汽车新技术,能操作、调用二手车评估的相应软件;能洽谈业务,做好前期准备和现场手续检查;能直观和用仪器检测各类汽车技术状况;掌握汽车主要部件和整车技术状况;最后估算价格。此外,还需要掌握汽车相关英语。

一般来说,二手车评估师是一项看重经验的职业,从事相关行业的人才有机会通过学习培训成为一名专业的评估师。有汽车营销、汽车商务、市场营销、汽车运用、汽车维修与检测、汽车运用技术、汽车工程、企业管理等相关背景,有二手车交易、二手车拍卖、汽车贸易、汽车销售、汽车服务、汽车维修、汽车检测、汽车制造等行业从业经验的人才,都可以成为二手车鉴定评估师。

9.3.4　二手车鉴定评估师的报名条件

1) 二手车鉴定评估师

申请参加二手车鉴定评估师职业资格培训人员要符合《二手车鉴定评估师国家职业标准》,本职业所规定的申报条件为持有"中华人民共和国机动车驾驶证"C1照以上并具备以下条件之一者:

(1) 连续从事本职业工作5年以上。

(2) 具有中等专科学校非机动车专业和非评估类专业毕业证书,连续从事本职业工作4年以上。

(3) 具有中等专科学校机动车专业或评估类专业毕业证书,连续从事本职业工作3年以上。

(4) 具有大专以上非机动车专业毕业证书,连续从事本职业工作2年以上。

(5) 具有大专以上机动车专业毕业证书,连续从事本职业工作1年以上。

2) 高级二手车鉴定评估师

申请参加高级二手车鉴定评估师职业资格培训人员要符合《二手车鉴定评估师国家职业标准》,本职业所规定的申报条件为持有"中华人民共和国机动车驾驶证"C1照以上并具备以下条件之一者:

(1) 连续从事本职业工作8年以上。

(2) 取得二手车鉴定评估师职业资格证书后,连续从事本职业工作4年以上。

(3) 具有大专以上学历证书,取得二手车鉴定评估师职业资格证书后,连续从事本职业工作2年以上。

9.3.5　二手车鉴定评估师职业资格考试

二手车鉴定评估师证是经人力资源和社会保障部确认的国家职业资格,由国家人力资源和社会保障部颁发相应等级的职业资格证书,并实行统一编号等级管理,是相关人员求职、任职、晋升、出国等法律上的有效证件,可记入档案,全国通用。

1) 二手车鉴定评估师证书用途

随着二手车市场的进一步发展和规范,二手车鉴定评估师职业资格证书将成为进入二手车经营领域的通行证,其作用不可低估。

(1) 国家劳动法及《二手汽车流通管理办法》都明确规定二手车估价实行职业资格准入制度,只有持二手车鉴定评估师(2005年前称谓和证书名称为旧机动车鉴定估价师)职业资格证书者,才能合法从事二手车鉴定评估职业。作为评估机构的执业鉴定评估师,从事具备法律效力的评估,签署和开具评估报告,收取相应的手续费,并承担评估法律责任。

(2) 注册二手车鉴定公司、二手车评估机构等,必须有3名以上取得国家职业资格证书的二手车鉴定评估师,地方工商行政管理局才受理核发营业执照。上述注册的公司在年检、核查或者产生法律纠纷取证时,二手车鉴定评估师职业资格都可作为有效合法的证明和证据。

(3) 可满足就业上岗的需要,在4S店二手车部门、二手车经营公司、二手车经纪公司等经营机构从事二手车相关业务及简单的车价评估工作。

2) 二手车鉴定评估师证书考试方式

二手车鉴定评估从业资格证的获取,需要参加"二手车鉴定评估师理论知识"理论考试和"二手车鉴定评估师实操知识"专业能力考核。理论知识考试采用闭卷笔试方式;专业能力考核采用闭卷模拟现场(包含评估报告撰写、现场勘测及检验车辆)考核的方式。理论知识考试和专业能力考核均实行百分制,成绩达60分以上者为合格。

项目考核

1. 二手车鉴定评估机构的职能是什么?
2. 提高二手车鉴定评估人员素质修养有何意义?
3. 二手车鉴定评估人员的专业技能包含哪些部分?
4. 二手车鉴定评估人员的道德修养由哪些部分组成?
5. 二手车鉴定评估师的报名条件有哪些?

附录A 二手车交易规范

商务部公告 2006 年第 22 号

第一章 总 则

第一条 为规范二手车交易市场经营者和二手车经营主体的服务、经营行为,以及二手车直接交易双方的交易行为,明确交易规程,增加交易透明度,维护二手车交易双方的合法权益,依据《二手车流通管理办法》,制定本规范。

第二条 在中华人民共和国境内从事二手车交易及相关的活动适用于本规范。

第三条 二手车交易应遵循诚实、守信、公平、公开的原则,严禁欺行霸市、强买强卖、弄虚作假、恶意串通、敲诈勒索等违法行为。

第四条 二手车交易市场经营者和二手车经营主体应在各自的经营范围内从事经营活动,不得超范围经营。

第五条 二手车交易市场经营者和二手车经营主体应按下列项目确认卖方的身份及车辆的合法性:

(一)卖方身份证明或者机构代码证书原件合法有效;

(二)车辆号牌、机动车登记证书、机动车行驶证、机动车安全技术检验合格标志真实、合法、有效;

(三)交易车辆不属于《二手车流通管理办法》第二十三条规定禁止交易的车辆。

第六条 二手车交易市场经营者和二手车经营主体应核实卖方的所有权或处置权证明。车辆所有权或处置权证明应符合下列条件:

(一)机动车登记证书、行驶证与卖方身份证明名称一致;国家机关、国有企事业单位出售的车辆,应附有资产处理证明;

(二)委托出售的车辆,卖方应提供车主授权委托书和身份证明;

(三)二手车经销企业销售的车辆,应具有车辆收购合同等能够证明经销企业拥有该车所有权或处置权的相关材料,以及原车主身份证明复印件,原车主名称应与机动车登记证、行驶证名称一致。

第七条 二手车交易应当签订合同,明确相应的责任和义务。交易合同包括:收购合同、销售合同、买卖合同、委托购买合同、委托出售合同、委托拍卖合同等。

第八条 交易完成后,买卖双方应当按照国家有关规定,持下列法定证明、凭证向公安机关交通管理部门申办车辆转移登记手续:

(一)买方及其代理人的身份证明;

(二)机动车登记证书;

（三）机动车行驶证；

（四）二手车交易市场、经销企业、拍卖公司按规定开具的二手车销售统一发票；

（五）属于解除海关监管的车辆，应提供《中华人民共和国海关监管车辆解除监管证明书》。

车辆转移登记手续应在国家有关政策法规所规定的时间内办理完毕，并在交易合同中予以明确。

完成车辆转移登记后，买方应按国家有关规定，持新的机动车登记证书和机动车行驶证到有关部门办理车辆购置税、养路费变更手续。

第九条　二手车应在车辆注册登记所在地交易。二手车转移登记手续应按照公安部门有关规定在原车辆注册登记所在地公安机关交通管理部门办理。需要进行异地转移登记的，由车辆原属地公安机关交通管理部门办理车辆转出手续，在接收地公安机关交通管理部门办理车辆转入手续。

第十条　二手车交易市场经营者和二手车经营主体应根据客户要求提供相关服务，在收取服务费、佣金时应开具发票。

第十一条　二手车交易市场经营者、经销企业、拍卖公司应建立交易档案。交易档案主要包括以下内容：

（一）本规范第五条第二款规定的法定证明、凭证复印件；

（二）购车原始发票或者最近一次交易发票复印件；

（三）买卖双方身份证明或者机构代码证书复印件；

（四）委托人及授权代理人身份证或者机构代码证书以及授权委托书复印件；

（五）交易合同原件；

（六）二手车经销企业的《车辆信息表》，二手车拍卖公司的《拍卖车辆信息》和《二手车拍卖成交确认书》；

（七）其他需要存档的有关资料。

交易档案保留期限不少于3年。

第十二条　二手车交易市场经营者、二手车经营主体发现非法车辆、伪造证照和车牌等违法行为，以及擅自更改发动机号、车辆识别代号（车架号码）和调整里程表等情况，应及时向有关执法部门举报，并有责任配合调查。

第二章　收购和销售

第十三条　二手车经销企业在收购车辆时，应按下列要求进行：

（一）按本规范第五条和第六条所列项目核实卖方身份以及交易车辆的所有权或处置权，并查验车辆的合法性；

（二）与卖方商定收购价格，如对车辆技术状况及价格存有异议，经双方商定可委托二手车鉴定评估机构对车辆技术状况及价值进行鉴定评估，达成车辆收购意向的，签订收购合同，收购合同中应明确收购方享有车辆的处置权；

（三）按收购合同向卖方支付车款。

第十四条　二手车经销企业将二手车销售给买方之前，应对车辆进行检测和整备。

二手车经销企业应对进入销售展示区的车辆按《车辆信息表》的要求填写有关信息，在显要位置予以明示，并可根据需要增加《车辆信息表》的有关内容。

第十五条　达成车辆销售意向的,二手车经销企业应与买方签订销售合同,并将《车辆信息表》作为合同附件。按合同约定收取车款时,应向买方开具税务机关监制的统一发票,并如实填写成交价格。

买方持本规范第八条规定的法定证明、凭证到公安机关交通管理部门办理转移登记手续。

第十六条　二手车经销企业向最终用户销售使用年限在3年以内或行驶里程在6万公里以内的车辆(以先到者为准,营运车除外),应向用户提供不少于3个月或5000公里(以先到者为准)的质量保证。质量保证范围为发动机系统、转向系统、传动系统、制动系统、悬挂系统等。

第十七条　二手车经销企业向最终用户提供售后服务时,应向其提供售后服务清单。

第十八条　二手车经销企业在提供售后服务的过程中,不得擅自增加未经客户同意的服务项目。

第十九条　二手车经销企业应建立售后服务技术档案。售后服务技术档案包括以下内容:

(一)车辆基本资料。主要包括车辆品牌型号、车牌号码、发动机号、车架号、出厂日期、使用性质、最近一次转移登记日期、销售时间、地点等。

(二)客户基本资料。主要包括客户名称(姓名)、地址、职业、联系方式等。

(三)维修保养记录。主要包括维修保养的时间、里程、项目等。

售后服务技术档案保存时间不少于3年。

第三章　经　纪

第二十条　购买或出售二手车可以委托二手车经纪机构办理。委托二手车经纪机构购买二手车时,应按《二手车流通管理办法》第二十一条规定进行。

第二十一条　二手车经纪机构应严格按照委托购买合同向买方交付车辆、随车文件及本规范第五条第二款规定的法定证明、凭证。

第二十二条　经纪机构接受委托出售二手车,应按以下要求进行:

(一)及时向委托人通报市场信息;

(二)与委托人签订委托出售合同;

(三)按合同约定展示委托车辆,并妥善保管,不得挪作他用;

(四)不得擅自降价或加价出售委托车辆。

第二十三条　签订委托出售合同后,委托出售方应当按照合同约定向二手车经纪机构交付车辆、随车文件及本规范第五条第二款规定的法定证明、凭证。

车款、佣金给付按委托出售合同约定办理。

第二十四条　通过二手车经纪机构买卖的二手车,应由二手车交易市场经营者开具国家税务机关监制的统一发票。

第二十五条　进驻二手车交易市场的二手车经纪机构应与交易市场管理者签订相应的管理协议,服从二手车交易市场经营者的统一管理。

第二十六条　二手车经纪人不得以个人名义从事二手车经纪活动。二手车经纪机构不得以任何方式从事二手车的收购、销售活动。

第二十七条　二手车经纪机构不得采取非法手段促成交易,以及向委托人索取合同约定佣金以外的费用。

第四章 拍 卖

第二十八条 从事二手车拍卖及相关中介服务活动,应按照《拍卖法》及《拍卖管理办法》的有关规定进行。

第二十九条 委托拍卖时,委托人应提供身份证明、车辆所有权或处置权证明及其他相关材料。拍卖人接受委托的,应与委托人签订委托拍卖合同。

第三十条 委托人应提供车辆真实的技术状况,拍卖人应如实填写《拍卖车辆信息》。

如对车辆的技术状况存有异议,拍卖委托双方经商定可委托二手车鉴定评估机构对车辆进行鉴定评估。

第三十一条 拍卖人应于拍卖日7日前发布公告。拍卖公告应通过报纸或者其他新闻媒体发布,并载明下列事项:

(一)拍卖的时间、地点;
(二)拍卖的车型及数量;
(三)车辆的展示时间、地点;
(四)参加拍卖会办理竞买的手续;
(五)需要公告的其他事项。

拍卖人应在拍卖前展示拍卖车辆,并在车辆显著位置张贴《拍卖车辆信息》。车辆的展示时间不得少于2天。

第三十二条 进行网上拍卖,应在网上公布车辆的彩色照片和《拍卖车辆信息》,公布时间不得少于7天。

网上拍卖是指二手车拍卖公司利用互联网发布拍卖信息,公布拍卖车辆技术参数和直观图片,通过网上竞价,网下交接,将二手车转让给超过保留价的最高应价者的经营活动。

网上拍卖过程及手续应与现场拍卖相同。网上拍卖组织者应根据《拍卖法》及《拍卖管理办法》有关条款制定网上拍卖规则,竞买人则需要办理网上拍卖竞买手续。

任何个人及未取得二手车拍卖人资质的企业不得开展二手车网上拍卖活动。

第三十三条 拍卖成交后,买受人和拍卖人应签署《二手车拍卖成交确认书》。

第三十四条 委托人、买受人可与拍卖人约定佣金比例。

委托人、买受人与拍卖人对拍卖佣金比例未作约定的,依据《拍卖法》及《拍卖管理办法》有关规定收取佣金。

拍卖未成交的,拍卖人可按委托拍卖合同的约定向委托人收取服务费用。

第三十五条 拍卖人应在拍卖成交且买受人支付车辆全款后,将车辆、随车文件及本规范第五条第二款规定的法定证明、凭证交付给买受人,并向买受人开具二手车销售统一发票,如实填写拍卖成交价格。

第五章 直接交易

第三十六条 二手车直接交易方为自然人的,应具有完全民事行为能力。无民事行为能力的,应由其法定代理人代为办理,法定代理人应提供相关证明。

二手车直接交易委托代理人办理的,应签订具有法律效力的授权委托书。

第三十七条　二手车直接交易双方或其代理人均应向二手车交易市场经营者提供其合法身份证明,并将车辆及本规范第五条第二款规定的法定证明、凭证送交二手车交易市场经营者进行合法性验证。

第三十八条　二手车直接交易双方应签订买卖合同,如实填写有关内容,并承担相应的法律责任。

第三十九条　二手车直接交易的买方按照合同支付车款后,卖方应按合同约定及时将车辆及本规范第五条第二款规定的法定证明、凭证交付买方。

车辆法定证明、凭证齐全合法,并完成交易的,二手车交易市场经营者应当按照国家有关规定开具二手车销售统一发票,并如实填写成交价格。

第六章　交易市场的服务与管理

第四十条　二手车交易市场经营者应具有必要的配套服务设施和场地,设立车辆展示交易区、交易手续办理区及客户休息区,做到标识明显,环境整洁卫生。交易手续办理区应设立接待窗口,明示各窗口业务受理范围。

第四十一条　二手车交易市场经营者在交易市场内应设立醒目的公告牌,明示交易服务程序、收费项目及标准、客户查询和监督电话号码等内容。

第四十二条　二手车交易市场经营者应制定市场管理规则,对场内的交易活动负有监督、规范和管理责任,保证良好的市场环境和交易秩序。由于管理不当给消费者造成损失的,应承担相应的责任。

第四十三条　二手车交易市场经营者应及时受理并妥善处理客户投诉,协助客户挽回经济损失,保护消费者权益。

第四十四条　二手车交易市场经营者在履行其服务、管理职能的同时,可依法收取交易服务和物业等费用。

第四十五条　二手车交易市场经营者应建立严格的内部管理制度,牢固树立为客户服务、为驻场企业服务的意识,加强对所属人员的管理,提高人员素质。二手车交易市场服务、管理人员须经培训合格后上岗。

第七章　附　则

第四十六条　本规范自发布之日起实施。

附录 B 二手车流通管理办法

第一章 总 则

第一条 为加强二手车流通管理,规范二手车经营行为,保障二手车交易双方的合法权益,促进二手车流通健康发展,依据国家有关法律、行政法规,制定本办法。

第二条 在中华人民共和国境内从事二手车经营活动或者与二手车相关的活动,适用本办法。

本办法所称二手车,是指从办理完注册登记手续到达到国家强制报废标准之前进行交易并转移所有权的汽车(包括三轮汽车、低速载货汽车,即原农用运输车,下同)、挂车和摩托车。

第三条 二手车交易市场是指依法设立、为买卖双方提供二手车集中交易和相关服务的场所。

第四条 二手车经营主体是指经工商行政管理部门依法登记,从事二手车经销、拍卖、经纪、鉴定评估的企业。

第五条 二手车经营行为是指二手车经销、拍卖、经纪、鉴定评估等。

(一)二手车经销是指二手车经销企业收购、销售二手车的经营活动;

(二)二手车拍卖是指二手车拍卖企业以公开竞价的形式将二手车转让给最高应价者的经营活动;

(三)二手车经纪是指二手车经纪机构以收取佣金为目的,为促成他人交易二手车而从事居间、行纪或者代理等经营活动;

(四)二手车鉴定评估是指二手车鉴定评估机构对二手车技术状况及其价值进行鉴定评估的经营活动。

第六条 二手车直接交易是指二手车所有人不通过经销企业、拍卖企业和经纪机构将车辆直接出售给买方的交易行为。二手车直接交易应当在二手车交易市场进行。

第七条 国务院商务主管部门、工商行政管理部门、税务部门在各自的职责范围内负责二手车流通有关监督管理工作。

省、自治区、直辖市和计划单列市商务主管部门(以下简称省级商务主管部门)、工商行政管理部门、税务部门在各自的职责范围内负责辖区内二手车流通有关监督管理工作。

第二章 设立条件和程序

第八条 二手车交易市场经营者、二手车经销企业和经纪机构应当具备企业法人条件,并依法到工商行政管理部门办理登记。

第九条 二手车鉴定评估机构应当具备下列条件:

（一）是独立的中介机构；

（二）有固定的经营场所和从事经营活动的必要设施；

（三）有3名以上从事二手车鉴定评估业务的专业人员（包括本办法实施之前取得国家职业资格证书的旧机动车鉴定估价师）；

（四）有规范的规章制度。

第十条 设立二手车鉴定评估机构，应当按下列程序办理：

（一）申请人向拟设立二手车鉴定评估机构所在地省级商务主管部门提出书面申请，并提交符合本办法第九条规定的相关材料；

（二）省级商务主管部门自收到全部申请材料之日起20个工作日内作出是否予以核准的决定，对予以核准的，颁发《二手车鉴定评估机构核准证书》；不予核准的，应当说明理由；

（三）申请人持《二手车鉴定评估机构核准证书》到工商行政管理部门办理登记手续。

第十一条 外商投资设立二手车交易市场、经销企业、经纪机构、鉴定评估机构的申请人，应当分别持符合第八条、第九条规定和《外商投资商业领域管理办法》、有关外商投资法律规定的相关材料报省级商务主管部门。省级商务主管部门进行初审后，自收到全部申请材料之日起1个月内上报国务院商务主管部门。合资中方有国家计划单列企业集团的，可直接将申请材料报送国务院商务主管部门。国务院商务主管部门自收到全部申请材料3个月内会同国务院工商行政管理部门，作出是否予以批准的决定，对予以批准的，颁发或者换发《外商投资企业批准证书》；不予批准的，应当说明理由。

申请人持《外商投资企业批准证书》到工商行政管理部门办理登记手续。

第十二条 设立二手车拍卖企业（含外商投资二手车拍卖企业）应当符合《中华人民共和国拍卖法》和《拍卖管理办法》有关规定，并按《拍卖管理办法》规定的程序办理。

第十三条 外资并购二手车交易市场和经营主体及已设立的外商投资企业增加二手车经营范围的，应当按第十一条、第十二条规定的程序办理。

第三章 行为规范

第十四条 二手车交易市场经营者和二手车经营主体应当依法经营和纳税，遵守商业道德，接受依法实施的监督检查。

第十五条 二手车卖方应当拥有车辆的所有权或者处置权。二手车交易市场经营者和二手车经营主体应当确认卖方的身份证明，车辆的号牌、《机动车登记证书》、《机动车行驶证》，有效的机动车安全技术检验合格标志、车辆保险单、交纳税费凭证等。

国家机关、国有企事业单位在出售、委托拍卖车辆时，应持有本单位或者上级单位出具的资产处理证明。

第十六条 出售、拍卖无所有权或者处置权车辆的，应承担相应的法律责任。

第十七条 二手车卖方应当向买方提供车辆的使用、修理、事故、检验以及是否办理抵押登记、交纳税费、报废期等真实情况和信息。买方购买的车辆如因卖方隐瞒和欺诈不能办理转移登记，卖方应当无条件接受退车，并退还购车款等费用。

第十八条 二手车经销企业销售二手车时应当向买方提供质量保证及售后服务承诺，并在经营场所予以明示。

第十九条 进行二手车交易应当签订合同。合同示范文本由国务院工商行政管理部门制定。

第二十条 二手车所有人委托他人办理车辆出售的,应当与受托人签订委托书。

第二十一条 委托二手车经纪机构购买二手车时,双方应当按以下要求进行:

(一)委托人向二手车经纪机构提供合法身份证明;

(二)二手车经纪机构依据委托人要求选择车辆,并及时向其通报市场信息;

(三)二手车经纪机构接受委托购买时,双方签订合同;

(四)二手车经纪机构根据委托人要求代为办理车辆鉴定评估,鉴定评估所发生的费用由委托人承担。

第二十二条 二手车交易完成后,卖方应当及时向买方交付车辆、号牌及车辆法定证明、凭证。车辆法定证明、凭证主要包括:

(一)《机动车登记证书》;

(二)《机动车行驶证》;

(三)有效的机动车安全技术检验合格标志;

(四)车辆购置税完税证明;

(五)养路费缴付凭证;

(六)车船使用税缴付凭证;

(七)车辆保险单。

第二十三条 下列车辆禁止经销、买卖、拍卖和经纪:

(一)已报废或者达到国家强制报废标准的车辆;

(二)在抵押期间或者未经海关批准交易的海关监管车辆;

(三)在人民法院、人民检察院、行政执法部门依法查封、扣押期间的车辆;

(四)通过盗窃、抢劫、诈骗等违法犯罪手段获得的车辆;

(五)发动机号码、车辆识别代号或者车架号码与登记号码不相符,或者有凿改迹象的车辆;

(六)走私、非法拼(组)装的车辆;

(七)不具有第二十二条所列证明、凭证的车辆;

(八)在本行政辖区以外的公安机关交通管理部门注册登记的车辆;

(九)国家法律、行政法规禁止经营的车辆。

二手车交易市场经营者和二手车经营主体发现车辆具有(四)、(五)、(六)情形之一的,应当及时报告公安机关、工商行政管理部门等执法机关。

对交易违法车辆的,二手车交易市场经营者和二手车经营主体应当承担连带赔偿责任和其他相应的法律责任。

第二十四条 二手车经销企业销售、拍卖二手车时,应当按规定向买方开具税务机关监制的统一发票。

进行二手车直接交易和通过二手车经纪机构进行二手车交易的,应当由二手车交易市场经营者按规定向买方开具税务机关监制的统一发票。

第二十五条 二手车交易完成后,现车辆所有人应当凭税务机关监制的统一发票,按法律、法规有关规定办理转移登记手续。

第二十六条 二手车交易市场经营者应当为二手车经营主体提供固定场所和设施,并为客户提供办理二手车鉴定评估、转移登记、保险、纳税等手续的条件。二手车经销企业、经纪机构应当根据客户要求,代办二手车鉴定评估、转移登记、保险、纳税等手续。

第二十七条 二手车鉴定评估应当本着买卖双方自愿的原则,不得强制进行;属国有资产的二手车应当按国家有关规定进行鉴定评估。

第二十八条 二手车鉴定评估机构应当遵循客观、真实、公正和公开原则,依据国家法律法规开展二手车鉴定评估业务,出具车辆鉴定评估报告;并对鉴定评估报告中车辆技术状况,包括是否属事故车辆等评估内容负法律责任。

第二十九条 二手车鉴定评估机构和人员可以按国家有关规定从事涉案、事故车辆鉴定等评估业务。

第三十条 二手车交易市场经营者和二手车经营主体应当建立完整的二手车交易购销、买卖、拍卖、经纪以及鉴定评估档案。

第三十一条 设立二手车交易市场、二手车经销企业开设店铺,应当符合所在地城市发展及城市商业发展有关规定。

第四章 监督与管理

第三十二条 二手车流通监督管理遵循破除垄断,鼓励竞争,促进发展和公平、公正、公开的原则。

第三十三条 建立二手车交易市场经营者和二手车经营主体备案制度。凡经工商行政管理部门依法登记,取得营业执照的二手车交易市场经营者和二手车经营主体,应当自取得营业执照之日起2个月内向省级商务主管部门备案。省级商务主管部门应当将二手车交易市场经营者和二手车经营主体有关备案情况定期报送国务院商务主管部门。

第三十四条 建立和完善二手车流通信息报送、公布制度。二手车交易市场经营者和二手车经营主体应当定期将二手车交易量、交易额等信息通过所在地商务主管部门报送省级商务主管部门。省级商务主管部门将上述信息汇总后报送国务院商务主管部门。国务院商务主管部门定期向社会公布全国二手车流通信息。

第三十五条 商务主管部门、工商行政管理部门应当在各自的职责范围内采取有效措施,加强对二手车交易市场经营者和经营主体的监督管理,依法查处违法违规行为,维护市场秩序,保护消费者的合法权益。

第三十六条 国务院工商行政管理部门会同商务主管部门建立二手车交易市场经营者和二手车经营主体信用档案,定期公布违规企业名单。

第五章 附 则

第三十七条 本办法自2005年10月1日起施行,原《商务部办公厅关于规范旧机动车鉴定评估管理工作的通知》(商建字〔2004〕第70号)、《关于加强旧机动车市场管理工作的通知》(国经贸贸易〔2001〕1281号)、《旧机动车交易管理办法》(内贸机字〔1998〕第33号)及据此发布的各类文件同时废止。

附录C 中国汽车流通协会《旧机动车鉴定估价师注册登记管理办法(试行)》

第一条 为加强对旧机动车鉴定评估师的长期动态管理,不断提高旧机动车鉴定评估师的职业技术水平,更好地发挥其在旧机动车鉴定评估中的作用,根据原国家经贸委、劳动和社会保障部《关于规范旧机动车鉴定评估工作的通知》(国经贸贸易〔2002〕825号)通知,制定本办法。

第二条 本办法中所称旧机动车鉴定估价师是指经全国统一考核合格,取得劳动和社会保障部颁发的、由劳动和社会保障部培训就业司和劳动和社会保障部职业技能鉴定中心用印的旧机动车鉴定评估师职业资格证书的人员。

第三条 中国汽车流通协会是旧机动车鉴定估价师职业资格的注册管理机构。商务部、劳动和社会保障部对旧机动车鉴定估价师职业资格的注册和使用情况有检查、监督的责任。

第四条 已取得旧机动车鉴定估价师职业资格的人员,每两年应接受继续教育或业务培训,不断更新知识,以保持较高的专业水平。

第五条 旧机动车鉴定估价师职业资格注册有效期为一年。有效期满前一个月,持证人将劳动和社会保障部统一颁发的"旧机动车鉴定估价师职业资格证书"和中国汽车流通协会统一颁发的"旧机动车鉴定评估师注册登记证"及由单位领导签字并加盖公章的"旧机动车鉴定估价师注册登记表"寄到中国汽车流通协会或协会委托的地方行业协会,办理注册登记手续。

对有争议或群众反映强烈的持证者,中国汽车流通协会将调查核实并征求地方人民政府负责管理旧机动车鉴定评估业的部门的意见,再决定是否对其办理注册登记手续。

第六条 旧机动车鉴定估价师只能在一个评估机构或相关企业执业,不得以其鉴定估价师身份在其他企业兼职。旧机动车鉴定估价师调离原单位,仍继续从事旧机动车鉴定评估工作者,须在一个月内凭调入、调出单位有关证明到中国汽车流通协会或协会委托的地方行业协会重新办理注册登记手续。

第七条 旧机动车鉴定估价师职业资格注册后,有下列情形之一的,应由所在单位向中国汽车流通协会提出注销注册申请,并将"旧机动车鉴定估价师注册登记证"寄回中国汽车流通协会。

1. 完全丧失民事行为能力者;
2. 死亡或失踪者;
3. 受刑事处罚者;
4. 因严重违反职业道德或其他原因不宜继续从事旧机动车鉴定评估工作者。

第八条 旧机动车鉴定估价师有下列情形之一的,由中国汽车流通协会视其情节轻重,给予警告、暂停从业、注销注册的处分:

(一)在执业期间,因违反法律法规规定对国家、委托人所造成的经济损失有直接责任者。

(二)利用执行业务之便,索取、收受委托人不正当的酬金或其他财物,或者谋取不正当的利益。

(三)允许他人以本人名义执行业务。

(四)同时在两个或者两个以上的旧机动车鉴定评估机构执行业务。

(五)旧机动车鉴定估价师工作变动,未在规定期限到中国汽车流通协会办理变更或注销手续。

(六)旧机动车鉴定估价师职业资格未按规定注册。

(七)违反法律、法规的其他行为。

第九条　申请人对其不予注册、警告、暂停从业、注销注册的处分如有异议,可在收到通知20天内向中国汽车流通协会申请复议。

第十条　本办法由中国汽车流通协会负责解释。

第十一条　本办法自2003年6月1日起执行。

附录 D　国家汽车报废新标准

根据国家经济贸易委员会、国家发展计划委员会、公安部、国家环境保护总局《关于调整汽车报废标准若干规定的通知》(国经贸资源〔2000〕1202号)和公安部《关于实施〈关于调整汽车报废标准若干规定的通知〉有关问题的通知》(公交管〔2001〕2号)精神，1997年制定的汽车报废标准中，非营运载客汽车和旅游载客汽车的使用年限及办理延缓报废的标准调整为：

1. 9座(含9座)以下非营运载客汽车(包括轿车，含越野型)使用15年。达到报废标准后要求继续使用的，不需要审批，经检验合格后可延长使用年限，每年定期检验2次，超过20年的，从第21年起每年定期检验4次。

2. 旅游载客汽车和9座以上非营运载客汽车使用10年。达到报废标准后要求继续使用的按现行规定程序办理，但可延长使用年限最长不超过10年。延缓报废使用的旅游载客汽车每年定期检验4次；延缓报废使用的9座以上非营运载客汽车每年定期检验2次，超过15年的，从第16年起每年定期检验4次。

3. 营运大客车的使用年限调整为10年，达到报废标准后要求继续使用的按现行规定程序办理。延缓报废使用不超过4年，延长使用期间每年定期检验4次。

4. 上述车辆定期检验时，一个检验周期连续3次检验都不符合国家标准《机动车运行安全技术条件》(GB 7258—1997)规定的，收回号牌和行驶证，通知机动车所有人办理注销登记。达到报废标准后，不得办理注册登记和转籍过户登记。

5. 营运车辆转为非营运车辆和非营运车辆转为营运车辆一律按营运车辆的规定年限(8年)报废。

6. 没有调整的内容和其他类型的汽车，仍按照国家经贸委等部门《关于发布〈汽车报废标准〉的通知》(国经贸经〔1997〕456号)和《关于调整轻型载货汽车报废标准的通知》(国经贸经〔1998〕07号)执行(注：轻型载货汽车是指厂定总质量大于1.8 t小于等于6 t的载货汽车)。右置方向盘汽车报废的管理，按照公安部《关于加强右置方向盘汽车管理的通知》(公交管〔2000〕183号)执行。

7. 对按规定需办理审批手续的延缓报废车辆，仍按现行规定程序办理；对原已办理延缓报废手续，但未达到新的报废标准的，按普通正常车辆管理，重新打印行驶证副证，并按规定办理年检签章，不再加盖延缓报废检验合格印章；对按照原报废标准应当报废但未办理完毕注销登记的车辆，按照新规定执行的年限可继续使用。

参考文献

[1] 许华林.二手车鉴定及评估[M].北京:冶金工业出版社,2012
[2] 姚东伟.二手车鉴定与评估[M].哈尔滨:哈尔滨工程大学出版社,2010
[3] 岳国防.二手车鉴定、评估与交易.[M].西安:西北工业大学出版社,2011
[4] 刘文霞.二手车鉴定与评估[M].哈尔滨:哈尔滨工业大学出版社,2014
[5] 庞昌乐.二手车评估与交易实务[M].北京:北京理工大学出版社,2007
[6] 刘仲国.二手车交易与评估[M].北京:机械工业出版社,2008
[7] 李书江,陈连成,张继鹏.二手车鉴定评估与贸易[M].沈阳:东北大学出版社,2013
[8] 张克明.汽车评估[M].北京:机械工业出版社,2002
[9] 邱翠榕,冯赟.汽车文化[M].南京:南京大学出版社,2012
[10] 王忠良.二手车鉴定评估及贸易[M].天津:天津科学技术出版社,2012